AI 전략 수업

AI 시대의 유일한 인간 생존 로드맵

AI 시대의 유일한 인간 생존 로드맵
AI 전략 수업

리더인 (이다인) 지음

HIGHEST

프롤로그

당신은 페라리를 자전거처럼 타고 있다. 엔진의 성능은 압도적인데, 운전법을 몰라서 옆 차선의 전동 킥보드에도 추월당한다. 이 장면이 우스갯소리처럼 들릴지 모르지만, AI 시대를 외면한 우리의 모습이 딱 그렇다. AI를 잘 쓰는 사람과 못 쓰는 사람의 격차는 이미 벌어지기 시작했다. 이제 AI는 선택이 아니라 생존이다. 쓰지 않는 사람은 뒤처지는 정도가 아니라 도태될 수밖에 없다.

실제 수치는 더 냉정하다. 2025년에 실시된 한 국내 조사에 따르면 AI를 매일 1회 이상 활용하는 직장인의 67.4%가 AI를 사용한 결과, "생산성이 50% 이상 향상됐다"라고 답했다. 반면 AI를 거의 활용하지 않는 사람 중 같은 응답은 6.9%에 불과했다. 미래의 부와 권력이 AI를 다루는 사람들에게 돌아갈 것이라는 예측은 더 이상 놀라운 이야기가 아니다. 당신은 지금, 그 거대한 갈림길의 한복판에 서 있다.

그런데 우리는 왜 이렇게 강력한 도구를 제대로 쓰지 못할까? 이유는 단순하다. 배운 적이 없기 때문이다. 학교도, 회사도 AI 사용법을 제대로 가르쳐 주지 않았다.

　이 책은 AI 시대에 혼자 막막함을 느끼는 사람들을 위한 책이다. 나 역시 처음 AI를 접했을 때 AI의 강력함을 깨닫지 못했다. "이건 그냥 똑똑한 검색창이겠지"라고 착각했다. 그래서 "좋은 책 추천해 줘", "효과적인 공부법 알려 줘" 같은 간단한 질문만 던졌다. 돌아오는 답은 나쁘지 않았지만, 삶을 송두리째 바꿀 만한 변화는 일어나지 않았다. 문제는 답이 아니라 질문이었다. 질문의 깊이가 달라지자, 대화가 달라졌다. 대화가 달라지자, 사고가 확장됐다. 사고가 확장되자, 마침내 인생이 달라지기 시작했다. 그때 깨달았다. AI는 모두에게 열려 있지만, 누구나 잘 쓰는 건 아니라는 냉정한 사실을.

　이 책은 수많은 AI 중에서도 챗GPT를 기본 예시로 다룬다. 매일 수십 개의 AI 모델들이 출시되고 있지만 통계는 솔직하다. 전 세계 생성형 AI 시장에서 챗GPT의 점유율은 압도적이다. 가장 많은 사람이 쓴다는 것은 곧 가장 빠르게 발전한다는 뜻이다. 챗GPT를 사용하면 AI의 최신 기능, 신뢰할 만한 사용 사례, 풍부한 노하우를 가장 먼저 익힐 수 있다. 더 중요한 것은 챗GPT로 AI 기본기를 익히면 다른 모델 사용법은 자연스레 따라온다는 점이다. 운전면허가 있는 사람이 차종을 가리지 않듯, 기본 원리를 아는 사람에게는 GPT-5든, 베오3든 모두 친숙한 도구일 뿐이다.

　현재 시중에 있는 AI 관련 책들은 대부분 두 가지 함정에 빠져 있다.

　첫째, "프롬프트 모음집"이라는 물고기를 준다. 하지만 물고기는 금세 썩는다. AI는 매달 업데이트되며, 어제는 완벽했던 프롬프트가 오늘은 쓸모없어질 수 있다.

둘째, AI의 기술적 원리나 미래 전망만 장황하게 설명한다. 독자는 읽다가 지쳐서 책을 덮는다. 당장 내일 써먹을 수 있는 실용적인 내용은 찾기 어렵다.

이 책은 다르다. 낚싯대를 다루는 법과 물때를 읽는 법, 즉 '흔들리지 않는 기본 원리'를 가르친다. 모델이 챗GPT든, 클로드든, 제미나이든, 낚싯대만 제대로 쥐면 어떤 물고기도 잡을 수 있다. 실제로 내가 아는 AI 고수들을 관찰해 보면 흥미로운 공통점이 있다. 그들은 새로운 AI 도구가 나와도 금세 적응한다. 특별한 재능이 있어서가 아니다. 결코 흔들리지 않는 기본기가 있기 때문이다.

물론 시작은 두렵다. 하지만 진실을 숨길 수는 없다. 지금 이 순간에도 누군가는 AI로 당신의 몇 달치 월급을 하루 만에 벌고 있고, 누군가는 당신이 일주일 걸릴 일을 한 시간 만에 끝내고 있다. 노력으로는 이길 수 없는 상대가 나타났다. 아무리 열심히 망치질해도 드릴을 든 사람을 이길 수 없고, 아무리 부지런히 걸어도 자동차를 탄 사람을 따라잡을 수 없다. 당신은 어느 쪽인가? 한 가지는 확실하다. 지금 이 순간, 당신 옆자리 동료는 이미 챗GPT와 대화를 시작했다. 그리고 매일 조금씩, 그러나 확실하게 당신과의 격차를 벌리고 있다.

선택권은 여전히 당신에게 있지만, 선택할 시간이 얼마 남지 않았다. AI를 배우느냐, 외면하느냐에 따라 5년 후 당신의 경쟁력이 결정될 것이다. 지금 시작하지 않으면 1년 후엔 두 배, 3년 후엔 열 배 더 힘들어질 것이다. 반대로 지금 시동을 건다면 같은 시간에 두 배의 거리, 열 배의 성과를 달성할 수 있다.

이 책은 당신이 AI에 밀려나는 사람이 아니라, AI를 내 편으로 만드는 사람이 되게 해줄 것이다. 나는 2년 반 동안 수천 번의 시행착오를 거쳤다. 수천 개의 프롬프트를 테스트하고, 수십 가지 AI 도구를 써봤다. 그 과정에서 깨달은 가장 중요한 원리들을 이 책에 담았다.

이제 나는 이 경험을 당신과 나누려 한다. 검색만으로는 절대 갈 수 없는 곳으로 당신을 데려갈 것이다. 6개월 후, 당신은 완전히 다른 사람이 될 것이다. AI와 자유롭게 대화하고, 복잡한 문제를 순식간에 해결하며, 창의적인 아이디어를 끊임없이 만들어내는 사람. 이것이 바로 이 책을 읽은 뒤의 당신 모습이다.

질문을 바꾸는 순간, 당신의 인생도 달라진다. 자, 이제는 시작할 시간이다. 당신의 페라리에 진짜 시동을 걸어 보자.

목차

프롤로그 4

Part 1 AI를 깨우는 첫 대화

1장 AI를 시작하기 전, 알아야 할 모든 것 15
왜 지금 AI를 이야기하는가 16
AI는 어떻게 생각하고 작동하는가 21
챗GPT는 무엇이고 무엇이 아닌가 27

2장 AI 시대의 생존 매뉴얼 32
AI 시대, 기회인가 위기인가 33
AI와 함께 살아가기 위해 지금 우리가 할 일 38
이 책을 제대로 활용하는 다섯 가지 방법 42

3장 검색이 아니라 대화를 시작하라 45
대부분의 사람들은 왜 챗GPT에게 네이버처럼 질문할까? 46
검색하듯 묻는 사람 vs. 대화하듯 묻는 사람 48
1분 더 생각해서, 열 배 더 좋은 답변 받기 52

4장 어설픈 질문이 AI를 어설프게 만든다 63
같은 주제도 질문에 따라 바보 AI와 천재 AI가 된다 64
AI의 답변은 당신의 질문 수준을 넘지 못한다 69

Part 2 아무도 알려주지 않는 질문의 기술

5장 헤매지 않고 원하는 답을 얻는 질문   79
- 나는 왜 모호한 질문밖에 하지 못할까   80
- "뭘 물어볼지 모르겠어요" 탈출법   83
- 초보자도 바로 써먹는 '질문 3단 구조'   88

6장 막막함을 깨는 질문 체크리스트   97
- 복잡한 문제도 똑똑하게 해결하는 질문 체크리스트   98
- 처음부터 완벽할 필요는 없다   101
- 대화를 이어가야 답이 깊어진다   104

Part 3 AI를 한눈에 고르기

7장 모델을 바꾸면 결과가 달라진다   115
- GPT-5 업데이트와 기존 챗GPT 모델 지식   116
- AI 업데이트 홍수 속에서도 살아남는 법   117
- GPT-4o vs. GPT-4.5 vs. o4-mini   121
- o3 vs. o3-pro 추론의 천재들   129
- GPT-5, 알아서 판단하는 올라운더   134
- 실전 모델 선택법   138

8장 일 잘하는 사람의 AI 포트폴리오   145
- 챗GPT   146
- 제미나이   150
- 클로드   154
- 그록   159
- 퍼플렉시티   164
- 미드저니   169
- 소라   173
- 수노   178
- 베오3   182
- 여러 AI를 제대로 사용하는 상황별 가이드   187

Part 4　AI 시대에 살아남는 사고방식

9장　내 생각이 얕으면 AI도 얕아진다　203
　　프롬프트 복사하는 사람 vs. 질문 설계하는 사람　204
　　'아는 것'보다 '묻는 법'이 중요하다　207

10장　AI 고수와 초보자의 결정적 차이　215
　　생각의 그릇을 넓히는 질문 vs. 생각을 가두는 질문　216
　　AI를 쓰는 사람 vs. AI에게 휘둘리는 사람　219

11장　AI가 대체할 수 없는 당신만의 강점　228
　　AI가 할 수 있는 것과 할 수 없는 것　229
　　AI와 함께 일할 준비　232
　　함께 성장하는 도구를 가진 사람은, 두려워하지 않는다　234

에필로그　240

부록 일상 속의 실전 챗GPT 활용

1. 식단 짜고 요리하기	246
2. 육아에 활용하기	252
3. 나의 학습력 향상시키기	265
4. 깊이 독서하기	271
5. 새로운 분야 익히기	278
6. 업무용 문서 작성하기	282
7. 문서 요약하기	291
8. 업무 스트레스 관리하기	297
9. 여행 계획 세우기	302
10. 여행 돌발 상황에 대응하기	312
11. 나에게 맞는 취미 찾기	317
12. 글쓰기 시작하기	322
13. 웹툰 기획하기	330
14. 운동 루틴 만들기	333
15. 마음 건강 돌보기	340
16. 가계부 똑똑하게 짜기	347

Part 1 AI를 깨우는 첫 대화

"대화로 AI의 가능성을 열어라"

AI를 제대로 쓰려면

'검색'이 아니라 '대화'를 해야 한다.

AI와 대화하는 순간, 당신의 AI가 변한다.

나는 이렇게 쓰고 있진 않을까?

- ☐ AI 시대가 특별한 기회임을 모른다

- ☐ AI는 특별한 기술이며 나와는 거리가 멀다

- ☐ AI를 제대로 쓰려면 프로그래밍을 배워야 한다는 강박이 있다

- ☐ AI를 사용하는 데에 특별한 연습이 필요하지 않다고 생각한다

- ☐ AI를 혼자서 배우려 한다

- ☐ 원하던 결과가 나오지 않으면 더 이상 해보기 싫어진다

- ☐ 나만의 AI 활용법을 고민하지 않는다

- ☐ AI가 대신 하니까 앞으로 독서나 글쓰기 능력 등은 필요 없다고 생각한다

1장

AI를 시작하기 전, 알아야 할 모든 것

 당신은 지금 역사적인 순간에 서 있다. 스마트폰을 처음 손에 쥐었던 그 순간을 기억하는가? 그때 사람들은 몰랐다. 손바닥만 한 기기 하나가 우리 삶을 통째로 뒤바꿀 거라는 걸.

 지금 우리는 그보다 훨씬 더 큰 변화의 문턱에 서 있다. 바로 AI의 시대다. 이 변화의 물결에 올라탈 것인가, 아니면 뒤처질 것인가? 선택은 당신의 몫이다. 이제 본격적으로 AI가 무엇이며, 어떻게 작동하는지 알아보자. 복잡한 기술 설명이 아니라, 당신이 실제로 활용할 수 있는 관점에서 말이다.

 이 장을 마칠 때쯤 당신은 AI의 진짜 모습을 정확히 알게 될 것이다. 이제 AI의 시동 버튼을 함께 눌러 보자.

왜 지금 AI를 이야기하는가

2022년 11월 30일, 세상이 바뀌었다.

새벽, 미국 샌프란시스코의 한 회의실에서 오픈AI 직원들이 마지막 점검을 하고 있었다. 그들은 몰랐다. 자신들이 버튼 하나로 세상을 바꿀 거라는 걸.

"챗GPT를 세상에 공개합니다."

그 순간부터 인류의 일상은 완전히 달라졌다. 챗GPT는 출시 5일 만에 100만 명이 사용했고, 2개월 만에 1억 명의 사용자를 확보했다. 이는 인터넷 역사상 가장 빠른 성장 속도였다. 참고로, 넷플릭스가 100만 가입자를 모으는 데 걸린 시간은 무려 3년 반이었다. 페이스북은 10개월, 인스타그램은 2개월이었다.

우리는 지금 세 번째 디지털 혁명을 목격하고 있다. 첫 번째는 인터넷의 등장이었다. 1990년대에는 정보 접근 방식이 완전히 바뀌었다. 도서관에 가지 않아도 전 세계의 정보를 검색할 수 있게 되었다.

두 번째는 스마트폰과 모바일 인터넷이었다. 2007년 아이폰 출시 이후, 우리는 언제 어디서나 연결된 세상에서 살게 되었다. 택시를 부르는 방식부터 음식을 주문하는 방식까지 모든 것이 바뀌었다.

그리고 지금, 생성형 AI가 등장했다. 챗GPT가 등장하기 전까지, AI는 일반인들에게 SF영화 속 이야기였다. 〈터미네이터〉나 〈아이언맨〉 시리즈에 등장하는 먼 미래의 기술이라고 생각했다. 설령 AI 기술이 있다고 해도 구글이나 애플 같은 거대 기업들만 쓸 수 있을 것이라고 여겼다.

그런데 챗GPT는 달랐다. 누구나 무료로 접속해서 바로 사용할 수 있었다. 복잡한 설치 과정도, 전문 지식도 필요 없었다. 그냥 웹사이트에 들어가서 질문을 타이핑하면 됐다.

더 놀라운 건 그 속도였다. 몇 초 만에 대학 논문 수준의 글을 써 내고 복잡한 수학 문제를 풀었으며 입력한 텍스트를 여러 언어로 번역해 냈다. 사람들은 충격을 받았다.

"AI가 내 숙제를 대신 해줘도 되나?"

"AI가 쓴 소설이 내가 쓴 것보다 재미있는데?"

"AI가 내 업무를 더 잘하는 것 같은데?"

충격은 두려움으로, 두려움은 호기심으로, 호기심은 경쟁으로 이어졌다. 기업들은 너도나도 AI 서비스를 출시했고, 학교에서는 AI 사용 가이드라인을 만들기 시작했다. 정부는 AI 규제를 논의했고, 개인들은 AI를 배우기 시작했다.

하지만 대부분의 사람들은 아직도 AI를 신기한 장난감 정도로 여긴다.

"나중에 배워도 되지 않을까?"

"내 일과는 상관없을 것 같은데?"

이런 반응은 스마트폰이 처음 나왔을 때와 비슷하다. 많은 사람들이 "전화기에 이런 기능이 다 필요해?"라며 의심했다. 하지만 지금은 어떤가? 스마트폰 없는 삶을 상상할 수 있는가?

AI는 바로 당신의 옆에 있다

- ☐ 스마트폰 음성인식 (시리, 빅스비, 구글 어시스턴트)
- ☐ 유튜브/넷플릭스 추천 시스템
- ☐ 온라인 쇼핑몰 상품 추천
- ☐ 네이버 파파고, 구글 번역기
- ☐ 카카오톡 음성메시지 텍스트 변환
- ☐ 스마트폰 카메라 인물 모드
- ☐ 구글/네이버 검색 자동완성
- ☐ 이메일 스팸 필터링
- ☐ 인스타그램/페이스북 피드 알고리즘
- ☐ 카카오맵/네이버맵 교통정보

사실 우리는 챗GPT가 나오기 훨씬 전부터 이미 AI와 함께 살고 있었다. 다만 그것이 AI인지 몰랐을 뿐이다.

아침에 눈을 뜨자마자 스마트폰을 켠다. 유튜브를 열면 오늘의 추천 영상이 뜬다. 유튜브는 내가 보고 싶어 할 영상을 어떻게 이렇게 정확히 알까? AI다. 영어 단어를 모르면 파파고 번역기를 연다. 카메라로 찍기만 해도 번역이 된다. 마법 같지만, 이것도 AI다. 온라인 쇼핑몰에서 "이 상품을 본 고객이 함께 본 상품"을 본다. 정말 신기하게도 내가 원하던 게 거기 있다. 이것도 AI다. 카카오톡에서 음성 메시지를 텍스트로 바꿔 주는 기능을 쓴다. 편리하다고 생각하지만, 이것 역시 AI다. 심지어 구글에서 검색할 때 자동 완성되는 검색어, 스마트폰 키보드에서 다음에 올 단어를 예측해 주는 기능까지. 모든 것이 AI였다.

"나는 기술에 관심이 없어서……."

"복잡한 건 잘 모르겠고……."

이런 생각을 하고 있다면, 당신은 지금 인류 역사상 가장 중요한 변화의 한복판에서 눈을 감고 있는 것이다. 스마트폰이 세상에 나왔을 당시 변화를 거부했던 사람들이 있었다. 지금 그들은 어떨까? 은행 업무부터 쇼핑, 소통, 심지어 택시 호출까지 모든 것이 온라인으로 이동한 지금, 디지털 격차는 곧 삶의 질 격차가 되었다. 선택이 아닌 생존의 문제가 된 것이다.

AI는 그때보다 훨씬 빠르고, 훨씬 광범위하게 우리 삶을 바꿀 것이다. 시간이 지난 뒤에 적응하려 해도 늦다.

5년 후, 10년 후를 상상해보자. AI를 자유자재로 다루는 사람과 그렇지 못한 사람 사이의 격차는 얼마나 벌어져 있을까? 단순히 새로운 기술 하나를 못 쓰는 수준의 문제가 아니다.

시간을 놓친다	AI는 반복 작업을 놀라운 속도로 해낸다.
기회를 놓친다	외국어 능력, 코딩 능력 등이 없이도 아이디어만으로 새로운 시도를 해볼 수 있다.
경쟁력을 잃는다	AI를 쓰는 사람과 쓰지 않는 사람의 격차는 빠르게 벌어진다.

첫째, 시간을 놓친다. 5시간 걸릴 보고서를 10분 만에 뚝딱 만들고, 일주일 동안 머리 싸매고 고민할 아이디어를 30분 만에 백 개씩 뽑아내는 동료를 옆에서 지켜봐야 한다. AI는 지겨운 반복 작업을 엄청난 속도로 해치우고, 사람은 정말 중요한 일에만 집중하게 만든다. 이 흐름에 올라타지 못하면, 당신의 시간은 가치를 잃게 된다.

둘째, 기회를 놓친다. 서툰 영어 때문에 포기했던 해외 프로젝트 제안서를 AI를 활용해 완벽하게 써낼 수 있다. 코딩을 전혀 몰라도 간단한 웹사이트나 자동화 프로그램 아이디어를 현실로 만들 수 있다. AI는 부족한 부분을 채워주고, 아이디어만 있다면 뭐든 시도해볼 수 있게 도와준다.

셋째, 경쟁력을 놓친다. AI 활용 능력은 직업 대부분에서 필수 역량이 되어가고 있다. AI로 자료를 분석하고, 글을 다듬고, 해결책을 찾는 것은 더 이상, 있으면 좋은 것이 아니라 반드시 있어야 하는 것으로 바뀌었다. AI를 쓰는 사람과 안 쓰는 사람의 차이는 컴퓨터를 쓰는 사람과 안 쓰는 사람보다 훨씬 크고 빠르게 벌어질 것이다.

얼마 전, 블로그를 시작하고 싶어 하는 친구가 있었다. "글쓰기를 못해서 시작을 못하겠다"라고 고민하고 있었다. 챗GPT 활용법을 알려줬더니, 일주일 만에 블로그를 개설하고 콘텐츠를 올리기 시작했다. 물론 챗GPT가 모든 걸 대신해준 것은 아니다. 하지만 아이디어 정리, 구성, 초안 작성에서 엄청난 도움을 받았다.

이런 격차는 개인의 문제로 끝나지 않는다. 기업과 기업 사이, 국가와 국가 사이에서도 벌어진다. AI를 먼저 받아들이고 활용하는 쪽이 압도적으로 유리한 위치에 서게 된다. 그렇다면 우리는 어떻게 해야 할까? 답은 간단하다. AI를 이해하고, AI와 함께 사는 법을 배우는 것이다. 두려워할 필요도, 거부할 필요도 없다. 그저 새로운 도구를 익히는 것처럼, 차근차근 배워나가면 된다.

지금 당신이 이 책을 읽고 있다는 것 자체가 이미 올바른 선택이다. 다행히 아직 늦지 않았다. AI 시대는 이제 막 시작됐다. 지금 시작하면 충분히 따라잡을 수 있다. 아니, 앞서갈 수도 있다.

AI는 어떻게 생각하고 작동하는가

"AI가 정말 생각을 하는 건가요?"
"어떻게 이런 답변이 가능한 건가요?"

AI를 처음 써 본 사람들이 가장 많이 하는 질문이다. AI가 생각한다고 믿는 순간, 당신은 길을 잃는다. AI에게 어려운 질문을 던졌을 때 막힘없이 대답하는 모습을 보면, 화면 너머에 똑똑한 누군가가 있는 듯한 착각에 빠지기 쉽다. 하지만 이것이 AI를 이해하는 데 가장 큰 함정이다.

결론부터 말하자면, AI는 생각하지 않는다. 대신, 놀라울 정도로 정교한 확률 게임을 한다. 이 개념을 이해하기 위해 복잡한 기술 용어는 잠시 잊어도 좋다. 자동차의 엔진 구조를 몰라도 운전할 수 있듯이, AI의 기본 원리만 알면 충분하다.

AI의 역사를 간단히 살펴보자

인공지능이라는 말이 처음 나온 건 1956년이다. 하지만 그때의 AI와 지금의 AI는 완전히 다르다. 초기 AI는 사람이 미리 정해 준 규칙대로만 움직였다. 체스처럼 규칙이 명확한 게임에서는 인간보다 뛰어난 성과를 내기도 했다. 1997년 IBM 컴퓨터가 세계 체스 챔피언을 이긴 것처럼 말이다. 하지만 복잡한 현실 문제는 해결하지 못했다. 1980년대부터는 '머신 러닝'이 등장했다. 컴퓨터가 데이터를 보고 스스로 패턴을 찾아내는 방식이었다. 하지만 여전히 한계가 많았다.

진짜 변화는 2010년대 '딥러닝'부터 시작됐다. 사람의 뇌 구조를 따라 만든 신경망을 여러 층으로 쌓아서 복잡한 패턴도 학습할 수 있게 됐다. 그리고 2017년, 구글에서 '트랜스포머'라는 혁신적인 기술을 발표했다. 이 기술이 바로 챗GPT의 핵심이다.

머신 러닝을 이해하는 가장 쉬운 방법은 아이가 언어를 배우는 과정을 생각해보는 것이다.

아이는 태어나서 수많은 말을 듣는다. 처음에는 의미를 모르지만, 계속 듣고 경험하면서 패턴을 찾아낸다. "안녕"이라는 소리가 사람을 만날 때 건네는 말이라는 것을, "밥"이라는 소리가 먹을 것과 관련된 말이라는 것을 깨닫게 된다.

머신 러닝도 비슷하다. 컴퓨터에게 엄청난 양의 데이터를 보여주면, 그 안에서 패턴을 찾아낸다. 고양이 사진 10만 장을 보여주면, 고양이의 특징을 스스로 학습한다. 귀 모양, 눈 위치, 털 질감, 몸통의 구조와 자세 등을 파악해서 새로운 사진을 봤을 때 "이건 고양이다"라고 판단할 수 있게 된다.

신기한 건 컴퓨터가 찾아낸 패턴이 사람이 생각하는 것과 다를 수 있다는 점이다. 사람은 귀 모양에 주목하지만, 컴퓨터는 털 질감이나 눈 크기 같은 인간이 미처 생각하지 못한 특징에 주목할 수 있다.

하지만 머신 러닝에도 한계가 있었다. 복잡한 패턴을 잘 찾아내지 못했다. 특히 사진이나 음성처럼 복잡한 데이터는 잘 처리하지 못했다. 이 문제를 해결한 것이 딥러닝이다. 딥러닝은 사람의 뇌 구조를 따라 만든 신경망 모델을 활용한다. 하나가 아니라 여러 개의 신경망을 층층이 쌓아 올린다. 그래서 '딥(깊은)' 러닝이라고 부른다.

챗GPT는 어떻게 작동할까?

챗GPT는 생성형 AI다. 기존 AI가 분류하거나 예측하는 일을 했다면, 생성형 AI는 새로운 것을 만든다. 글을 쓰고, 그림을 그리고, 음악을 만든다. 원리는 생각보다 단순하다. 눈치 빠른 사람의 다음 단어 맞히기 게임이랄까. 사람이 말할 때를 생각해 보자. "오늘 날씨가"라고 말하면, 다음에 올 가능성이 높은 단어는 "좋다", "나쁘다", "춥다", "덥다" 등이다. "오늘 날씨가 컴퓨터"라고 말할 가능성은 거의 없다.

챗GPT도 똑같은 방식으로 작동한다. 앞에 나온 단어들을 보고, 다음에 올 가능성이 가장 높은 단어를 찾아낸다. 이 과정을 반복해서 문장을 완성한다.

"그럼 그냥 확률 게임일 뿐인가? 진짜 이해하는 게 아니라 그럴듯하게 흉내만 내는 거 아니야?"

맞다. 챗GPT는 단어의 의미를 사람처럼 이해하지 못한다. 그저 패턴을 학습해서 그럴듯한 문장을 만들어낼 뿐이다. 하지만 이 그럴듯함의 수준이 사람과 구별하기 어려울 정도로 높아졌다. 여기서 핵심은 데이터의 양이다. 챗GPT는 인터넷에 있는 수천억 개의 문장을 학습했다. 소설, 논문, 뉴스 기사, 블로그 글, 심지어 댓글까지. 인류가 남긴 거의 모든 글을 읽었다고 봐도 된다. 그 과정에서 언어의 패턴, 지식의 구조, 심지어 논리적 추론 과정까지 학습했다. 그 결과, 챗GPT는 단순히 그럴듯한 문장을 만드는 것을 넘어서 복잡한 질문에 논리적으로 답하고, 창작을 하고, 문제를 해결하는 능력까지 갖게 되었다.

그러나 챗GPT가 아무리 똑똑해 보여도, 사람의 뇌와는 근본적으로 다르다.

처리 방식의 차이	챗GPT는 순차적으로 데이터를 처리한다.
학습 방식의 차이	챗GPT는 더 많은 학습량이 필요하다.
감정과 의식의 차이	챗GPT는 경험이라는 것을 모른다.
가치 판단의 차이	챗GPT는 옳고 그름을 이해하지 못한다.

첫째, 처리 방식이 다르다. 사람의 뇌는 동시에 여러 가지를 처리한다. 친구와 대화하면서 동시에 주변 소음을 듣고, 날씨를 느끼고, 배고픔을 인식한다. 반면 챗GPT는 하나씩 차례대로 처리한다. 하나의 단어를 선택한 다음, 그 다음 단어를 선택하는 식이다. 하지만 속도가 압도적으로 빠르다. 몇 초 만에 수백 페이지 분량의 글을 분석할 수 있다.

둘째, 학습 방식이 다르다. 사람은 적은 경험으로도 빠르게 학습한다. 한번 뜨거운 난로를 만져보면, 다시는 만지지 않는다. 하지만 AI는 수백만 번의 반복을 통해서야 학습한다. 또한 사람은 말하지 않은 것도 이해한다. 표정, 분위기, 상황을 종합적으로 판단한다. 반면 AI는 입력된 정보만 처리할 수 있다.

셋째, 감정과 의식이 다르다. 사람은 경험과 감정이 결합된 기억을 가진다. 첫사랑의 기억, 실패했을 때의 아픔, 성공했을 때의 기쁨이 모든 판단에 영향을 미친다. 챗GPT는 감정을 표현할 수는 있지만 실제로 느끼지는 못한다. "나는 기쁩니다"라고 말할 수 있지만, 진짜로 기쁨이라는 감정을 경험하지는 않는다. AI는 데이터는 많이 알지만, 실제 경험은 없다.

넷째, 가치 판단이 다르다. 사람은 윤리, 도덕, 개인적 신념에 따라 판단한다. AI는 학습한 데이터의 패턴에 따라 반응한다. 옳고 그름을 진정으로 이해하는 것은 아니다.

하지만 이런 차이점들이 단점만 되는 것은 아니다. 오히려 장점이 되기도 한다. 감정에 휘둘리지 않으므로 항상 객관적이고 논리적인 답변을 제공한다. 피로하지 않으므로 24시간 언제든지 사용할 수 있다. 개인적인 편견이 없으므로 (물론 학습 데이터의 편견은 있을 수 있지만) 중립적인 관점을 유지한다.

왜 챗GPT의 작동 원리를 알아야 할까?

AI의 답변이 아무리 논리적이고 정교해 보여도, 그것이 진실이나 사실이 아닐 수 있다는 점을 항상 알고 있어야 하기 때문이다. AI는 정답을 찾는 것이 아니라, 가장 그럴듯한 답을 만들어내는 것이다.

이 차이를 아는 것만으로도 당신은 AI를 훨씬 더 현명하고 비판적으로 활용할 수 있는 출발점에 서게 된다. AI는 완벽한 존재가 아니다. 강력한 도구일 뿐이다. 이 도구를 제대로 이해하고 활용하는 사람이 AI 시대의 승자가 될 것이다.

AI 사용 시작해 보기

- ☐ 매일 쓰는 앱 중 AI 기능이 들어간 건 뭔지 체크해 보기
- ☐ 챗GPT에 단순한 질문을 하나 던지기
- ☐ AI에게 내가 어떤 일을 시켜보면 좋을지 적어 보기
- ☐ 챗GPT가 해준 답 가운데 "그럴듯하지만 틀린 내용" 찾기
- ☐ "AI는 완벽하지 않다"라는 마인드로 결과물을 보완해 쓰기

챗GPT는 무엇이고 무엇이 아닌가

챗GPT를 처음 써본 사람들의 반응은 극과 극을 달린다.
"와, 이거 완전 만능이네! 모든 걸 다 해결해 주잖아!"
"별거 아니네. 그냥 검색보다 조금 나은 수준인데?"

둘 다 틀렸다. 챗GPT에 대한 정확한 이해 없이는 제대로 활용하기 어렵다. 과대평가도, 과소평가도 금물이다. 어설픈 기대는 어설픈 결과를 낳고, 성급한 실망은 진짜 기회를 놓치게 만든다. 챗GPT를 제대로 써먹으려면 먼저 이 녀석이 정확히 무엇인지 알아야 한다.

챗GPT는 현재까지 인류가 만들어낸 가장 정교한 언어 모델 중 하나다. 그 기본 능력은 텍스트 생성에 있다. 이게 전부다. 하지만 이 단순한 기능이 놀라울 정도로 광범위한 활용을 가능하게 만든다.

생각해 보자. 소설, 에세이, 보고서, 이메일, 광고 문구까지. 모든 글쓰기는 결국 적절한 단어들을 적절한 순서로 배열하는 것이 아닌가? 챗GPT는 이 작업을 정말 잘한다. 번역도 마찬가지다. 한국어 문장을 영어로 바꾸는 것도 결국 텍스트를 다른 형태의 텍스트로 바꿔 재배열하는 일이다. 요약도 그렇다. 긴 문서의 핵심을 짧은 문장으로 뽑아내는 것도 텍스트 가공 작업이다. 심지어 프로그래밍도 마찬가지다. 코드도 결국 특정 문법에 따라 작성된 텍스트니까.

하지만 만능은 절대 아니다. 여러 기능에 홀려서 챗GPT를 만능으로 착각하면 큰코다친다. 다음의 한계를 모른 채 결과물을 맹신하는 건 정말 위험하다.

> **검색 엔진이 아니다**   최신 정보를 모른다.
> **팩트 체크에 약하다**   할루시네이션(환각) 현상이 있다.
> **일관성이 부족하다**   매번 다른 답변을 한다.

챗GPT는 먼저, 검색 엔진이 아니다. 챗GPT는 네이버나 구글처럼 웹에서 실시간 정보를 검색해 보여주는 것이 아니다. 이미 학습된 데이터를 바탕으로 답변을 '지어낸다'. 어제 일어난 뉴스 같은 최신 정보는 모른다. 특정 시점까지의 데이터로만 학습해서다.

둘째, 챗GPT는 팩트 체크에 약하다. 그럴듯하게 들리지만 완전히 틀린 정보를 당당히 제공하기도 한다. 이걸 '할루시네이션(환각)'이라고 부른다. 마치 환각을 보듯 없는 정보를 만들어내는 현상이다. "마틴 루터 킹이 쓴 소설 제목 알려 줘"라고 물으면? 실제로는 없는 소설 제목을 그럴듯하게 지어낸다. 중요한 사실은 반드시 따로 확인해야 한다.

셋째로 챗GPT는 일관성이 부족하다. 같은 질문을 여러 번 하면 매번 다른 답변을 내놓기도 한다. 챗GPT는 확률에 기반해서 답변을 만들어내기 때문이다.

이런 한계에도 불구하고, 챗GPT를 제대로만 쓰면 놀라운 일들이 일어난다. 교육 분야에서는 개인 과외 선생님이 된다. 모르는 개념을 물어보면 당신 수준에 맞춰 쉽게 풀어서 설명해 준다. 연습 문제도 즉석에서 만들어 주고, 틀린 답에 대해서는 왜 틀렸는지 알려 준다. 무엇보다 부끄러워하지 않고 몇 번이고 질문할 수 있다.

비즈니스 분야에서는 기획서 작성, 마케팅 문구 제작, 고객 응대 등에 써먹을 수 있다. 특히 브레인스토밍에 탁월하다. 새로운 카페 메뉴 아이디어를 물어보면 즉석에서 창의적인 아이디어들을 쏟아 낸다. 물론 모든 아이디어가 좋은 건 아니지만, 그중에서 괜찮은 것들을 골라내어 발전시킬 수 있다.

창작 분야에서는 소설, 시, 시나리오 등을 만들어 낸다. 완전히 새로운 스토리를 창작하기도 하고, 기존 작품 스타일을 따라서 쓰기도 한다. 아이디어가 막힐 때 여러 가지 가능성을 제시한다.

프로그래밍 분야에서는 코드 설명, 코드 작성, 디버깅 등을 한다. 초보 프로그래머도 챗GPT의 도움을 받으면 복잡한 프로그램을 만들 수 있다. 이렇듯 AI와 사람이 함께 프로그램을 개발하는 방식을 바이브 코딩(Vibe Coding)이라고도 한다. 완벽하지는 않지만 기본 틀은 충분히 사용할 수 있는 수준이다.

언어 학습 분야에서는 대화 상대 역할을 한다. 외국어로 대화하고, 문법을 고쳐 주며, 자연스러운 표현을 알려 준다. 영어 회화를 연습하고 싶지만 대화 상대가 없을 때 챗GPT는 매우 유용하다.

이 모든 것은 챗GPT가 언어의 패턴을 깊이 이해하고 있어서 가능하다. 언어는 인간의 모든 지식과 경험이 담긴 그릇이다. 언어를 이해한다는 것은 곧 인간의 사고를 이해한다는 뜻이다.

그럼에도 불구하고 챗GPT에 대한 과대평가와 과소평가는 경계해야 한다. 챗GPT를 과대평가하는 사람들은 챗GPT가 만능이라고 생각한다. "이제 공부할 필요 없어. 챗GPT가 다 해주잖아"라거나 "챗GPT가 있으면 모든 업무가 자동화돼"와 같은 생각은 위험하다. 챗GPT는 도구일 뿐이다. 도구를 잘 쓰려면 기본기가 있어야 한다.

챗GPT에게 "좋은 소설 써 줘"라고 하면 챗GPT는 소설을 쓴다. 하지만 그 소설이 정말 좋은지 판단하려면 사용자의 문학적 안목이 필요하다. 챗GPT에게 "투자 조언을 해 줘"라고 하면 그럴듯한 조언을 해준다. 하지만 그 조언이 맞는지 판단하려면 사용자에게 당연히 투자에 대한 기본 지식이 있어야 한다.

과대평가의 또 다른 문제는 의존성이다. 챗GPT에게만 의존하다 보면, 스스로 생각하는 능력이 퇴화할 수 있다. 내비게이션에만 의존하다가 길 찾는 능력을 잃어버리는 것처럼 말이다.

한편 챗GPT를 과소평가하는 사람들은 "그냥 검색하는 것과 뭐가 다르냐" 하고 말한다. "결국 인터넷에 있는 정보를 짜깁기한 거 아니야?" 또는 "창의성은 없잖아"라고 한다. 이런 시각도 챗GPT의 진짜 가치를 놓치고 있다.

검색과 챗GPT의 가장 큰 차이는 '상호작용'이다. 검색은 일방향이다. 키워드를 입력하면 관련 링크만 보여준다. 그다음은 당신이 직접 읽고 판단해야 한다. 하지만 챗GPT는 양방향이다. 질문하고, 답변받고, 다시 질문하고, 더 구체적인 답변을 받을 수 있다. 마치 진짜 대화하는 것처럼.

결국 균형 잡힌 시각이 필요하다. 챗GPT는 만능이 아니다. 하지만 무능하지도 않다. 챗GPT는 인간을 대체하지 않는다. 하지만 인간의 능력을 확장시켜 준다. 챗GPT는 모든 문제를 해결해 주지 않는다. 하지만 문제 해결 과정을 훨씬 쉽게 만들어 준다. 이런 현실적인 기대치를 갖고 접근하면, 당신의 삶과 일에 정말 큰 도움이 될 것이다.

이제 챗GPT가 무엇인지 알았으니, 다음 단계로 넘어가자. AI 시대를 어떻게 바라봐야 하고, 우리는 무엇을 준비해야 하는지 함께 파헤쳐 보자.

챗GPT를 활용하는 현실적인 접근법

- ☐ AI가 완벽하지 않음을 인정하라
- ☐ 항상 결과를 검토하라. 중요한 결정이나 사실 확인은 다른 방법으로 보완하라
- ☐ 강점을 활용하라
- ☐ 글쓰기, 아이디어 발굴, 학습 지원 등 챗GPT가 잘하는 영역에 집중하여 사용하라
- ☐ 계속 배우라
- ☐ 챗GPT는 계속 발전한다. 새로운 기능과 활용법을 꾸준히 익혀라

2장

AI 시대의 생존 매뉴얼

알파고가 이세돌을 이겼을 때, 우리는 여전히 "그래도 아직 멀었다"라고 생각했다. 바둑은 특수한 영역이니까. 내 일상과는 상관없으니까. 설마 진짜로 사람을 뛰어넘을 리는 없으니까.

하지만 챗GPT가 등장한 순간, 모든 변명이 무너졌다. 글을 쓰고, 코드를 짜고, 아이디어를 내고, 문제를 해결하는 모습을 보며 우리는 깨달았다. 격차의 시대가 시작됐다는 것을.

더 이상 AI는 선택이 아닌 필수다. 지금 당신 앞에는 두 갈래 길이 놓여 있다. 하나는 변화를 받아들이고 적극적으로 준비하는 길이다. AI를 이해하고, 활용법을 익히고, 새로운 시대의 주인공이 되는 길이다. 다른 하나는 "아직 괜찮겠지", "나중에 배우면 되지"라며 미루는 길이다. 변화를 외면하고, 기존 방식을 완고히 고수하면서 점점 뒤처지는 길이다.

다가오는 시대는, AI를 준비한 사람에게는 인생 최대의 기회일 것이고, 준비하지 않은 사람에게는 피할 수 없는 위기일 것이다. 이 장에서는 AI 시대를 살아가기 위한 필수 생존 매뉴얼을 제시한다. 위협과 기회를 동시에 안고 있는 이 변화의 물결에서 어떻게 살아남을 것인가? 더 이상 미룰 시간은 없다. 지금 바로 시작하자. 당신의 미래가 이 선택에 달려 있다.

AI 시대, 기회인가 위기인가

"AI가 내 일자리를 뺏어갈까요?"

솔직히 답하면, 일부는 맞다. 진짜 문제는 다른 곳에 있다. 자동차가 처음 등장했을 때, 마차꾼들은 일자리를 잃을까 봐 두려워했다. 실제로 많은 마차꾼들이 일자리를 잃었다. 하지만 동시에 운전사, 정비사, 주유소 직원, 자동차 설계사 등 새로운 직업들이 생겨났다. 꽤 많은 사람들이 더 좋은 조건에서 일하게 됐다.

AI도 마찬가지다. 일부 일자리는 사라질 것이다. 하지만 더 많은 새로운 일자리가 생겨날 것이다. 중요한 것은 변화를 두려워하는 것이 아니라, 변화에 적응하는 것이다. 역사는 항상 변화에 적응한 사람들에게 더 많은 기회를 줬다. AI 시대도 예외가 아니다. 먼저 현실을 직시하자. AI로 인해 사라질 일자리들이 분명히 있다.

> **사라질 가능성이 높은 업무**
> - 데이터를 단순 반복하여 입력
> - 정형화된 문서 작성
> - 기초적인 회계 처리

반복적이고 예측 가능한 업무들이 가장 먼저 대체될 것이다. 창작 분야의 초급 업무도 마찬가지다. 기본적인 광고 문구, 단순한 디자인 작업, 정형화된 기사 작성 등은 AI가 이미 충분히 해내고 있다.

하지만 이게 전부가 아니다. 동시에 새로운 일자리들이 빠르게 늘어나고 있다. AI에게 특정 업무를 가르치는 전문가나, AI에게 효과적으로 지시하는 방법을 개발하는 사람, AI의 편향성이나 오용을 방지하는 전문가, 인간과 AI가 함께 일하는 방식을 설계하는 사람 등 새로운 일자리도 생겨나고 있다.

> **새로 생기거나 중요해질 일자리**
> - AI 프롬프트 엔지니어
> - AI 윤리 전문가
> - AI 교육 전문가

더 중요한 건 기존 직업들이 사라지는 것이 아니라, 진화하고 있다는 점이다. 마케터는 사라지지 않는다. 하지만 AI로 데이터 분석과 캠페인 최적화를 하는 마케터와 여전히 수작업에 의존하는 마케터 사이에는 성과에서 압도적 차이가 날 것이다. 하늘과 땅 차이로 말이다.

AI가 나의 일자리를 뺏어가는 것이 아니라, AI를 도구로 활용하는 사람이 그렇지 않은 사람을 대체할 것이다. 과거에는 정보에 접근할 수 있느냐 없느냐가 격차를 만들었다. 정보를 많이 가진 사람이 유리했다. 하지만 지금은 거의 모든 정보가 공개되어 있다. 정보 접근성의 격차는 크게 줄어들었다. 정보는 AI가 찾아주니까, 그 정보를 어떻게 해석하고 활용할 것인가가 핵심이다.

과거에는 영어를 못하면 영어권 자료를 읽을 수 없었다. 이것이 정보 격차였다. 하지만 지금은 AI 번역기로 어떤 언어든 번역할 수 있다. 언어 장벽이 사라진 것이다. 지금 시대의 진정한 경쟁력은 정보를 얼마나 깊이 이해하고 그것을 자신의 상황에 맞게 활용하느냐에 달려 있다.

복잡한 시장 보고서가 있다고 생각해 보자. AI를 모르는 사람은 100페이지 보고서를 읽는 데 세 시간이 걸린다. 핵심을 놓치기 쉽고, 내용을 이해했어도 "그래서 뭘 해야 하는데?"라는 상태에 빠진다. 결국 시간만 날리고 실행 가능한 인사이트는 거의 얻지 못한다.

AI를 아는 사람은 챗GPT에게 보고서를 요약하게 하고 핵심 트렌드를 분석하게 하며, 비즈니스에 미치는 영향을 평가하게 한다. 30분 만에 더 깊이 있는 인사이트를 얻고, 바로 실행 계획까지 세운다. 똑같은 정보가 있어도 활용 능력에 따라 결과가 천차만별이 된다는 말이다. 정보를 얻는 건 이제 누구나 할 수 있다. 하지만 그 정보로 뭘 할 것인가? 여기서 진짜 차이가 난다.

그렇다면 창작은 어떨까? AI가 글을 쓰고, 그림을 그리고, 음악을 만들 수 있게 되면서 창작의 가치가 사라지는 것 아닌가 하는 우려가 많다. 하지만 역설적으로, AI 시대에 오히려 인간만의 창작 가치가 더 중요해질 수 있다.

AI는 완벽한 기술적 완성도를 보여주지만, 인간만의 경험, 감정, 철학이 담긴 창작물에 대한 갈증은 더 커질 것이다. 손으로 직접 그린 그림, 개인적 경험이 녹아든 글, 진짜 감정이 담긴 음악에 대한 가치가 오히려 높아질 수 있다.

아이디어 생성과 초안 작성에서는 AI가 뛰어나지만, 의미 부여와 가치 창조는 여전히 인간의 영역이다. 작가가 AI로 대체되지 않는 이유는, 글쓰기 기술 때문이 아니라 '무엇을 말할 것인가'에 대한 관점과 철학 때문이다.

AI는 창작을 없애는 게 아니라, 창작의 진입 장벽을 낮추고 있다. 과거에는 그림을 그리려면 몇 년간 연습해서 기법을 익혀야 했다. 지금은 AI가 기법적인 부분을 도와주니까, 아이디어와 컨셉에 집중할 수 있다. 결국 AI는 기술적 숙련도의 중요성은 줄이고, 창의성과 독창성의 중요성은 높이고 있다.

물론 장밋빛 미래만 있는 건 아니다. 새로운 문제들도 생긴다. 먼저 교육 문제를 생각해 볼 수 있다. 학생들이 숙제를 AI에게 맡기면 어떻게 될까? 기존의 교육 방식과 평가 방식이 무의미해진다. 암기 중심 교육에서 사고력 중심 교육으로의 전환이 시급하다. 학생들이 과제를 AI로 대신하는 문제가 이미 대학가에서 논란이 되고 있다. 하지만 이는 'AI 사용을 금지'할 문제가 아니라 'AI를 올바르게 활용하는 법'을 가르쳐야 할 문제다.

언어 문제도 있다. 실시간 번역이 완벽해지면서 언어 장벽이 사라진다. 전 세계 누구와도 자유롭게 소통할 수 있게 된다. 하지만 동시에 자국어의 중요성이나 언어적 다양성 보존 문제도 대두된다.

윤리 문제도 있겠다. AI가 편향된 정보를 제공하거나, 가짜 뉴스를 만들어 낼 위험이 있다. AI의 결정 과정이 투명하지 않아서 책임 소재가 불분명할 수 있다.

통제 문제 역시 생각해 볼 만하다. AI가 너무 강력해지면 인간이 통제할 수 없게 될 위험이 있다. SF 영화에서나 나올 법한 이야기지만, 전문가들이 진지하게 우려하고 있는 문제다. 누가 AI를 통제하고, 어떤 기준으로 운영할지의 문제가 점점 중요해지고 있다.

결국 AI 시대의 승패는 '누가 AI를 더 잘 활용하느냐'에 달려 있다.

AI를 잘 쓰는 사람
- 명확한 질문을 던질 줄 안다
- AI의 능력과 한계를 정확히 이해한다
- AI가 준 결과를 비판적으로 검토한다
- AI를 파트너로 활용한다
- 지속적으로 새로운 활용법을 익힌다

AI를 못 쓰는 사람
- 막연한 질문만 던진다
- AI가 주는 답을 무조건 수용한다
- AI를 단순 검색 도구로만 사용한다
- 새로운 기능 학습을 기피한다
- AI에 대한 과도한 의존이나 거부감을 보인다

이 격차는 시간이 갈수록 더 벌어질 것이다. 지금 시작하는 것과 나중에 시작하는 것의 차이는 단순히 몇 개월의 문제가 아니라, 근본적인 사고방식의 차이와 업무 능력의 차이를 만들어 낸다.

앞서 말했듯이 AI 시대는 기회와 위기가 공존한다. 하지만 준비하는 사람에게는 기회가, 준비하지 않는 사람에게는 위기가 될 것이다. 선택은 당신의 몫이다.

AI와 함께 살아가기 위해 지금 우리가 할 일

"어떻게 하면 AI 시대에 뒤처지지 않을 수 있을까요?"

이 질문을 받을 때마다 나는 반대로 묻는다. "스마트폰 시대에 뒤처지셨나요?" 대부분 "아니요"라고 답한다. 그러면 다시 묻는다. "스마트폰을 배우기 위해 특별한 공부를 했나요?" 역시 "아니요"라는 대답이 돌아온다.

맞다. 우리는 스마트폰의 작동 원리를 몰라도 스마트폰을 잘 쓴다. AI도 마찬가지다. AI의 내부 구조를 완벽히 이해할 필요는 없다. 중요한 것은 AI와 함께 일하는 방법을 익히는 것이다. 하지만 여기서 착각하면 안 된다. 스마트폰과 AI에는 한 가지 결정적인 차이가 있다. 스마트폰은 사용법이 직관적이다. 버튼을 누르면 반응이 온다. 하지만 AI는 다르다. 같은 질문을 해도 어떻게 묻느냐에 따라 완전히 다른 답이 나온다. 질문하는 능력이 필요하다는 말이다. 과거에는 글을 읽고 쓰는 능력, 즉 문해력이 중요했다. 디지털 시대에는 컴퓨터를 다루는 디지털 리터러시가 필수였다. 이제 AI 시대에는 AI 리터러시가 필수가 됐다.

"AI 리터러시가 뭔데? 또 새로운 걸 배워야 하나?"

걱정하지 않아도 된다. 복잡한 프로그래밍이나 딥러닝 알고리즘을 이해하라는 게 아니다.

AI 리터러시의 핵심은 네 가지다.

> **AI 리터러시의 핵심**
> - AI가 무엇인가에 대한 이해 능력
> - AI와 효과적으로 소통하는 능력
> - AI의 결과물을 비판적으로 평가하는 능력
> - AI를 윤리적으로 사용하는 능력

첫 번째는 AI가 무엇인지 이해하는 능력이다. AI가 무엇을 할 수 있고, 무엇을 할 수 없는지를 알아야 한다. 언제 AI를 써야 하고, 언제 인간이 직접 해야 하는지 판단하는 것이다.

두 번째는 AI와 효과적으로 소통하는 능력이 중요하다. AI에게서 원하는 답을 얻기 위해 적절한 질문을 만드는 능력으로, 결국 문제를 명확히 정의하는 능력이라고 할 수 있다.

세 번째는 AI의 결과물을 비판적으로 평가하는 능력이다. AI가 제공한 답변의 품질을 판단하고, 필요시 수정하거나 보완하는 것이다.

마지막으로는 윤리적으로 사용하는 능력이다. AI를 책임감 있게 사용하고, 편향이나 오류를 인식하는 것이다.

이런 능력들은 하루아침에 생기지 않는다. 하지만 그렇다고 몇 년씩 걸리는 것도 아니다. 꾸준한 연습과 경험만 있으면 된다. AI 시대에 살아남기 위한 가장 기본적인 역량이 바로 AI 리터러시다.

많은 사람들이 AI를 배워야 한다고 말한다. 더 정확히 말하면 AI와 협업하는 법을 익혀야 한다. AI를 만들거나 개발할 것이 아니라면, AI의 내부 구조를 굳이 알 필요는 없다. 자동차를 운전하기 위해 엔진의 작동 원리를 알아야 할까? 핸들과 브레이크, 엑셀의 사용법만 알면 된다. AI도 마찬가지다.

굳이 배울 필요 없는 것들

- AI 프로그래밍
- 복잡한 기술 용어 암기
- 수학적 원리 이해

반드시 익혀야 하는 것들

- 어떤 상황에서 어떤 AI 도구를 써야 하는지
- 어떻게 질문해야 원하는 답을 얻을 수 있는지
- AI의 답변을 어떻게 검증하고 활용할 것인지

AI를 배우는 것은 외국어를 배우는 것과 비슷하다. 언어학자가 되기 위해 언어를 배우는 것이 아니라, 소통하기 위해 언어를 배우는 것처럼 말이다. 그럼 무엇을 어떻게 준비해야만 할까? 역설적이게도, AI 시대에는 기본기의 중요성이 더 커진다. AI가 강력해질수록, 그 도구를 활용하는 인간의 기본 능력이 더 중요해진다.

> **AI 시대의 기본기 강화**
> - 독서
> - 글쓰기
> - 비판적 사고

AI가 아무리 많은 정보를 제공해도, 그 정보를 이해하고 판단하는 능력은 인간의 몫이다. 이 능력은 독서를 통해서만 길러진다. 책을 많이 읽은 사람일수록 AI의 답변을 더 깊이 이해할 수 있다. 정보의 앞뒤 맥락을 파악하는 능력도 독서로 길러진다. AI가 한 답변을 평가할 때도 필요하다.

독서와 마찬가지로 글쓰기 능력이 중요하다. AI와 소통하는 것도 결국 글로 하는 일이다. 좋은 질문을 만들려면 글쓰기 능력이 필요하다. 모호한 질문은 모호한 답변을 가져온다. 복잡한 요청을 순서대로 정리해서 전달하는 능력, 상황에 맞는 적절한 단어를 선택하는 능력은 모두 글쓰기에서 나온다.

다른 한편으로는 비판적 사고가 중요해졌다. AI가 제공하는 정보가 항상 정확하지는 않다. 편향되거나 오래된 정보일 수 있다. 이를 걸러내는 능력이 필요하다. 결론이 전제를 따르는지 확인하고, 정보의 출처가 믿을 만한지 판단하고, 한쪽 시각에 치우지지 않았는지도 확인해야 한다.

이런 능력들은 AI 시대 이전에도 중요했지만, 지금은 더욱 중요해졌다. AI가 정보 생산의 속도와 양을 폭발적으로 늘렸기 때문에, 그 정보를 선별하고 활용하는 인간의 능력이 더욱 중요해진 것이다.

이 책을 제대로 활용하는 다섯 가지 방법

이 책을 포함해서 AI 관련 책을 어떻게 읽어야 할지 정리한 뒤 본격적인 활용으로 들어가 보자.

> **이 책을 읽으며 수시로 체크할 것들**
> - 읽으면서 바로 실행하라
> - 자신만의 활용법을 찾아라
> - 꾸준히 업데이트하라
> - 다른 사람과 공유하고 토론하라
> - 실패를 두려워하지 마라

먼저 읽으면서 바로 실행해야만 한다. 이론만 아는 건 의미가 없다. 이 책을 읽으면서 챗GPT를 직접 켜놓고 따라해 보라. 책에서 소개하는 질문 기법들을 실제로 해보고, 어떤 답변이 나오는지 확인하라. 몸으로 익혀야 진짜 내 것이 된다.

자신만의 활용법을 찾으려는 노력도 계속해야 한다. 책에서 제시하는 방법이 정답은 아니다. 당신의 상황, 목적, 성향에 맞는 방법을 찾아야 한다. 이 책의 방법을 그대로 따라하지 말고 자신의 상황에 맞게 변형해 보라. 그게 진짜 실력이다.

꾸준한 업데이트도 중요하다. AI 기술은 빠르게 발전한다. 이 책에서 소개하는 내용도 시간이 지나면 일부는 바뀔 수 있다. 하지만 핵심 원리는 변하지 않는다. 변하지 않는 것에 집중해서 읽되, 변하는 것들은 꾸준히 업데이트하라.

놓치기 쉬운 부분인데, 다른 사람과 공유하고 토론하는 것도 중요하다. AI 활용법은 혼자 익히기보다 다른 사람과 공유할 때 더 빨리 는다. 같은 도구를 써도 사람마다 다른 방식으로 활용하는데, 서로 사용법을 공유하고 이야기하면 다른 사람의 활용법을 보며 자신의 방법을 개선할 수 있다.

마지막으로 실패를 두려워하지 말아야 한다. AI를 처음 쓰면 당연히 실패할 수 있다. 잘못 질문해서 엉뚱한 답변을 받을 수도 있고, 기대했던 결과가 나오지 않을 수 있다. 이런 실패들이 바로 성장의 발판이다. 실패를 통해서 AI의 특성을 이해하게 되면, 나중에 더 나은 질문을 할 수 있다.

이 책은 AI 기술의 복잡한 원리나 미래 전망을 장황하게 설명하는 대신, 당신이 당장 내일 써먹을 수 있는 실용적인 내용과 흔들리지 않는 기본 원리를 가르치는 데 집중했다. 이제 준비는 끝났다. AI가 무엇인지, AI 시대를 어떻게 바라봐야 하는지, 무엇을 준비해야 하는지 알았다.

다음 장부터는 본격적으로 AI와 대화하는 방법을 배워 보자. 단순한 검색이 아닌, 진짜 대화를 나누는 방법을 익혀 보자. 당신의 생각을 확장하고, 문제를 해결하고, 새로운 가능성을 발견하는 대화를 말이다.

나는 이렇게 쓰고 있진 않을까?

- ☐ 명사 몇 개로 질문한다

- ☐ "○○을 알려줘"라고 자주 질문한다

- ☐ 한 번 질문하고 끝낸다

- ☐ 내게 딱 맞는 맞춤 정보를 달라고 해본 적이 없다

- ☐ 내 상황이나 목적을 설명하지 않는다

- ☐ 챗GPT는 네이버보다 좀 편리한 검색 엔진이라고 생각한다

3장

검색이 아니라 대화를 시작하라

"○○ 알려줘."

이것이 대부분 사람들이 챗GPT에게 처음 건네는 말이다. 그리고 대부분 실망한다. 이런 질문들에 AI는 무슨 답을 할까? 인터넷에서 검색했을 때 나오는 것과 크게 다르지 않은, 일반적이고 뻔한 답변이다. 누구나 알 수 있는 정보를 얻기 위해 최첨단 AI를 쓰는 것은 아이폰으로 호두를 깨는 것과 같다.

당신은 지금 역사상 가장 강력한 사고 확장 도구를 손에 쥐고 있다. 그런데 그것을 구글이나 네이버를 대체할 검색창처럼 쓰고 있다. AI에게 던지는 질문이 구글 검색창에 입력하는 것과 다를 바 없다면, 당신은 아직 AI를 제대로 깨우지 못한 것이다.

오늘부터는 챗GPT를 단순한 검색 도구가 아닌 '대화 파트너'로 대해 보자. 이 장에서는 왜 대부분의 사람들이 AI의 잠재력을 제대로 활용하지 못하는지, 어떻게 하면 몇 초의 노력으로 놀라운 결과를 얻을 수 있는지 알아볼 것이다.

AI 시대의 승자는 가장 많은 정보를 아는 사람이 아니라, 가장 좋은 질문을 할 줄 아는 사람이다.

대부분의 사람들은 왜 챗GPT에게 네이버처럼 질문할까?

"이력서 작성법 알려 줘."
"영어 공부 방법 추천해 줘."
"다이어트에 좋은 음식 알려 줘."

이런 질문들이 친숙하게 느껴진다면, 아직 챗GPT를 검색창으로 사용하고 있는 것이다. 물론 이런 질문에 AI가 대답을 못하지는 않는다. 문제는 이렇게 물어보면 인터넷에서 몇 초만 검색해도 찾을 수 있는 뻔한 정보만 얻게 된다는 점이다.

그렇다면 왜 많은 사람들이 이런 방식으로 AI에게 질문할까? 여기에는 세 가지 이유가 있다.

1. 20년 검색 습관의 무게

우리는 지난 20년 동안 검색 엔진을 사용하며 '키워드 중심 질문'에 익숙해졌다. 단어 몇 개를 나열하면 수백만 개의 링크가 돌아왔다. 그래서 챗GPT를 처음 만났을 때도 같은 방식으로 접근한다. '주식 투자 방법', '영어 회화 공부법'처럼 말이다. 하지만 대화를 전제로 한 생성형 AI는 링크 수를 늘려주는 검색 엔진이 아니라, 맥락을 읽고 답변해 준다.

챗GPT는 셰프와 비슷하다. 질문에 담긴 배경·목표·제약 정보를 재료 삼아 답이라는 요리를 만들어 낸다. 셰프에게 "밥 줘" 한마디만 던지면 백반이 나올지, 볶음밥이 나올지 알 수 없다. "30대 초보 워킹맘인데 저녁 30분 안에 아이랑 같이 먹을 수 있는 저염식 볶음밥 레시피 부탁해"라고 말해야 맛도 있고 영양 균형도 갖춘 한 접시가 나온다. AI도 마찬가지다. 질문이 구체적일수록 내 상황에 맞춘 답변이 돌아온다.

2. AI의 진짜 특성을 모른다

검색 엔진과 AI의 근본적인 차이는 무엇일까?

검색 엔진	이미 존재하는 정보를 찾아주는 도구
챗GPT	대화를 통해 새로운 내용을 생성하는 파트너

이 차이를 이해하지 못하면, 페라리를 사놓고 자전거 타듯 AI를 사용하게 된다. 그리고 "별로 똑똑하지 않네"라며 실망하게 된다.

3. 복잡하게 머리 쓰는 걸 귀찮아 하는 뇌

세 번째 이유는 인간의 기본적인 심리와 관련이 있다. 뇌는 원래부터 에너지를 아끼도록 설계되어 있다. 자연스럽게 복잡한 문제나 어려운 생각을 피하려는 경향을 보인다. 그래서 우리는 새로운 도구를 만나도, 대충 물어보면 알아서 해 주겠지 하는 마음으로 접근하곤 한다. 우리가 복잡한 질문을 하기보다 간단한 키워드만 던지는 이유다. 하지만 약간의 추가 노력이 엄청난 차이를 만들 수 있다는 점을 이해해야 한다.

질문이 단순할수록, 답도 단순해진다.

네이버처럼 사용하지 않는 기본 마인드 세팅

☐ '키워드 중심 질문'에서 벗어나라
☐ AI는 '검색'이 아니라 '생성'을 함을 이해하자
☐ 의식적으로 질문에 시간을 쓰자

검색하듯 묻는 사람 vs. 대화하듯 묻는 사람

AI를 잘 사용하려면 '검색'을 하지 말고 '대화'해야 한다. 둘은 무엇이 다를까?

검색창에선 키워드만 던진다. 대화창에선 '나의 상황'과 '구체적인 요구'를 함께 전달한다. 많은 사람들이 이렇게 반문한다.

"그냥 구글에 검색하면 되는 거 아닌가요?"
"굳이 길게 물어봐야 해요?"

결정적인 차이가 있다. 구글은 '다른 사람들이 업로드한 정보'를 가져온다. 챗GPT는 '당신만을 위한 답변'을 만들어 낸다.

검색은 이미 있는 답을 찾는 것이고, 대화는 새로운 답을 만드는 것이다. 당신만의 상황, 당신만의 목표, 당신만의 제약 조건… 이 모든 것을 반영한 맞춤형 답변이 필요하다면 챗GPT와 대화를 시작하라.

챗GPT를 하루에도 수십 번 사용하는 내 주변 사람들을 관찰하면서 확실한 패턴을 발견했다. 두 종류의 사용자가 있었다. '검색형 질문자'와 '대화형 질문자'다.

검색형 질문자는 이런 특징이 있다.

키워드 중심 질문	"이력서 작성법", "주식 투자 방법"처럼 명사 몇 개로 질문한다.
맥락 없는 질문	자신의 상황이나 목적을 설명하지 않고 바로 본론으로 들어간다.
일회성 질문	한 번 질문하고 답변을 받으면 대화를 끝낸다. 후속 질문이나 대화의 흐름이 없다.
일반적인 정보 요청	맞춤형 정보가 아닌, 누구에게나 적용될 수 있는 일반적인 정보를 요청한다.

이런 방식으로 질문하면 어떤 결과가 나올까? 대부분 인터넷에서 쉽게 찾을 수 있는 일반적인 정보를 받게 된다. 그리고 "이거 그냥 구글링하는 것과 다를 게 없네"라고 생각하게 된다.

반면, 대화형 질문자는 이런 특징이 있다.

구체적인 요청	원하는 답변의 형식, 깊이, 관점 등을 명확히 한다.
맥락이 풍부한 질문	자신의 상황, 목적, 제약사항 등을 자세히 설명한다.
대화의 연속성	첫 답변을 받은 후 후속 질문을 통해 정보를 더 깊게 파고든다.
개인화된 정보 요청	자신의 특수한 상황에 맞는 맞춤형 정보를 요청한다.

이런 방식으로 질문하면 어떤 결과가 나올까? 인터넷 검색으로는 찾기 어려운, 자신의 상황에 딱 맞는 맞춤형 정보와 피드백을 얻게 된다. 그리고 "이건 정말 유용한데?"라고 생각하게 된다.

실제 예시를 통해 이 차이를 느껴보자. 먼저, 검색형 질문을 던지면, 어떤 답변이 돌아오는지 살펴보자.

◆ 지방 연소 운동 방법 알려줘.

◇ 지방 연소에 효과적인 운동에는 HIIT(고강도 인터벌 트레이닝), 달리기, 자전거 타기, 수영 등이 있습니다. 일주일에 3-5회, 30분 이상 꾸준히 하는 것이 좋습니다. 운동 전후 스트레칭을 잊지 마세요.

한편, 대화형 질문을 던지면 전혀 다른 답변을 얻을 수 있다.

◆ 나는 30대 초반 여성이고, 사무직으로 하루 10시간 앉아서 일해. 최근 체중이 20kg 증가했고, 무릎 통증도 있어. 과거에 헬스장을 다녔지만 3개월을 넘긴 적이 없어. 내 상황에서 지속 가능하고 무릎에 부담 없이 복부 지방을 줄일 수 있는 운동 계획을 알려줘. 하루 30분 정도 투자할 수 있고, 특별한 장비는 없어.

◇ 무릎 통증이 있는 사무직 30대 여성을 위한 복부 지방 감소 운동 계획을 제안하겠습니다.
◇ 1. 시작 단계 (1-2주)
◇ 2. 적응 단계 (3-4주)
◇ 3. 발전 단계 (5주 이후)
◇ 과거에 3개월을 넘기지 못했던 점을 고려해, 매주 목표를 설정하고 달성 시 소소한 보상을 주는 방식을 추천합니다. 점진적 진행이 장기적 습관 형성에 핵심입니다.

두 답변의 가치 차이가 보이는가? 첫 번째 답변은 인터넷에서 1분만 검색해도 얻을 수 있는 일반적인 정보다. 하지만 두 번째 답변은 당신만의 상황, 배경, 목표에 정확히 맞춘 구체적인 전략이다. 이것이 바로 '검색'과 '대화'의 차이다.

AI는 당신의 생각을 반영하는 거울과 같다. 모호하고 짧은 질문을 하면 모호하고 일반적인 답변이 돌아온다. 구체적이고 맥락이 풍부한 질문을 하면 맞춤형 해결책이 돌아온다. 이제 당신도 오늘부터 질문 방식을 바꿔 보자. 그럼 같은 AI를 사용해도 완전히 다른 결과를 얻게 될 것이다.

> **AI와 '대화'하기**
>
> ☐ 요청을 구체적으로 적어라
> ☐ 나의 상황, 목적, 제약 사항 등 질문 맥락을 충분히 적어라
> ☐ 한 번에 그치지 말고 후속 질문을 하라
> ☐ 내 상황에 맞는 맞춤 정보를 요청하라

1분 더 생각해서, 열 배 더 좋은 답변 받기

지금까지 우리는 '검색형 질문자'와 '대화형 질문자'의 차이를 봤다. 그런데 많은 사람들이 이렇게 말한다.

"그래서 어떻게 더 좋은 질문을 해야 하는데?"

결론부터 말하자면, 1분만 더 생각하면 된다. 그 1분 동안 네 가지만 추가하면 돌아오는 답변의 가치는 최소 열 배 이상 달라진다. 이제 그 방법을 하나씩 알아보자.

1. 내 상황을 구체적으로 알려라

AI는 마법사가 아니다. 당신이 누구인지, 어떤 상황에 있는지 알지 못한다. 하지만 당신이 이런 맥락을 알려주면, 그에 맞는 맞춤형 답변을 받을 수 있다.

- 직업, 역할, 배경지식, 경험 수준

  (예시: 경제학 전공 대학생, 창업 3개월 차 비전공자, 마케팅 5년 차 팀장 등)

- 고민, 문제, 도전

  (예시: 고객 전환율 정체, 논문 주제 선정 난항, 첫 제품 출시 앞둔 브랜딩 전략 등)

- 원하는 목표, 방향

  (예시: 논문 아이디어 3가지 후보 확보, 전환율 20% 달성, 브랜드 핵심 슬로건 완성 등)

BAD	GOOD
영어 공부법 알려 줘.	나는 30대 직장인으로 토익 700점이지만 800점 이상 목표야. 출퇴근 시간(왕복 2시간)과 주말에만 공부할 수 있어.

내가 실제로 겪은 일이다. 몇 년 전, 영어 실력을 높이고 싶어서 AI에게 물었다. 처음엔 "영어 공부법"이라고만 물어봤더니 누구나 다 아는 뻔한 답변만 돌아왔다.

하지만 내 상황(직장인, 시간 부족, 현재 수준, 목표 점수)을 자세히 설명했더니 내게 딱 맞는 학습 계획을 받았다. 결과적으로 3개월 만에 목표 점수를 달성할 수 있었다.

2. 원하는 결과물의 형식을 지정하라

AI는 당신이 어떤 형태의 답변을 원하는지 모른다. 긴 에세이? 짧은 요약? 단계별 가이드? 명확히 알려주면 그에 맞게 답변한다.

- 길이, 분량

  (예시: 세 문장으로 요약, A4 용지 1장, 1,000자 내외 등)

- 구조, 레이아웃

  (예시: 표와 그래프 활용, 단계별 체크리스트, 목차, 보고서 등)

- 톤, 스타일

  (예시: 브랜드 톤, 유머, 문체 등)

BAD	GOOD
자기소개서 작성법 알려 줘.	바이오 회사 전략기획팀 지원용 자기소개서 샘플을 작성해 줘. A4 1장 1,000자 내외로, 표로 '경험-성과-교훈' 구조를 넣고 문체는 진중하고 담담하게 작성해 줘.

나의 지인 중에 바이오 회사 전략기획팀 지원을 준비하던 친구가 있었다. 처음엔 챗GPT에게 그냥 '자기소개서 작성법'을 요구했더니 너무 일반적인 내용만 출력됐다.

하지만 구체적인 형식인 분량(A4 1장 1,000자 내외), 구조('경험-성과-교훈'), 톤(진중하고 담담하게)을 지정했더니 정말 차별화된 자기소개서 샘플을 받을 수 있었다. 그 샘플을 참고해 작성한 자기소개서로 실제 면접에 합격했다.

AI와 질문을 잘하려면

- ☐ 조건 3개 이상 포함하기
- ☐ 질문은 반드시 기록해 두기
- ☐ 매일 1개씩 써보며 연습하기

3. 제약 조건을 명시하라

모든 문제에는 제약 조건이 있다. 시간, 비용, 능력, 자원 등 당신이 가진 한계를 AI에게 알려줘야 현실적인 해결책을 받을 수 있다.

- 시간, 스케줄
  (예시: 주 3회, 회당 30분, 3개월 안으로 등)
- 예산, 자원, 도구, 환경
  (예시: 5만 원 이하, 무료 앱 활용, 집 거실, 덤벨 등)
- 동기, 선호
  (예시: 쉽게 질림, 저자극 루틴, 혼자 하기 싫음 등)

BAD	GOOD
근육 키우는 운동 프로그램 짜 줘.	집에서 덤벨만 사용해 일주일에 3일, 회당 30분 이내로 할 수 있는 상체 근육 키우는 운동 프로그램 짜 줘. 나는 운동 초보자야. 운동을 쉽게 관두는 성향이 있어.

지난 달, 헬스장 등록하기 전에 집에서 먼저 운동을 시작해 보려 했

다. 처음엔 그냥 '근육 키우는 방법'만 물어봤더니 헬스장 기구를 활용한 복잡한 프로그램이 나왔다.

하지만 집에서, 덤벨만으로, 초보자 수준에서, 짧은 시간 안에, 꾸준하게 할 수 있는 운동으로 제약 조건을 명시했더니 정말 바로 따라 할 수 있는 현실적인 답변을 받았다. 실제로 한 달 넘게 꾸준히 지속하고 있다.

4. 전문성 수준을 정해라

AI는 당신의 지식 수준을 모른다. 초보자인지, 전문가인지 알려주면 그 수준에 맞는 설명을 제공한다.

- 지식 수준
    (예시: 완전 초보, 업계 3년차, 석사 이상 연구자 등)
- 용어 난이도
    (예시: 중학생 눈높이, 기술 용어를 풀어 쓸 것, 전문 용어 그대로 유지 등)
- 참고 자료 수준
    (예시: 블로그, 기사, 산업 리포트 인용, 학술 논문 등)

BAD	GOOD
주식 투자 방법 알려 줘.	주식 투자를 이제 막 시작하는 초보자에게 꼭 필요한 기본 개념 다섯 가지와 첫 투자 시 주의사항을 알려 줘. 어려운 용어들은 중학생 수준으로 풀어서 설명해 주고, 마지막에 블로그와 기사 같은 가벼운 참고 링크 두 개만 달아 줘.

투자를 처음 시작했을 때, 그냥 '주식 투자 방법'을 물어 보니 너무 전문적인 용어들이 난무하는 답변을 받았다.

하지만 내가 초보자라는 점, 기본 개념이 필요하다는 점, 어려운 용어는 풀어서 설명해 달라는 점을 명시했더니 정말 이해하기 쉬운 가이드를 받았다. 이 가이드 덕분에 투자의 기본 원칙을 이해할 수 있었고 헷갈리던 개념들도 정리할 수 있었다. 그러자 첫 투자를 앞둔 막연한 두려움이 확 줄었다.

이제 위 네 가지 요소를 모두 포함한 질문의 예시를 보자. 이 네 가지가 들어간 질문은 더 이상 '검색'이 아니다.

BAD	GOOD
다이어트 방법 알려 줘.	나는 30대 후반 직장인 여성이고 앉아서 일하는 시간이 하루 8시간 이상이야. 최근 출산 후 10kg가 증가했고, 식사는 주로 배달 음식에 의존하고 있어. 운동할 시간은 아침 30분 정도만 있고, 허리 통증이 있어서 격렬한 운동은 어려워. 3개월 안에 7kg 감량이 목표인데, 바쁜 워킹맘도 지속 가능한 식단과 운동 계획을 표와 단계별 체크리스트로 1,000자 내외로 작성해 줘. 마지막엔 다이어트 용기를 북돋을 수 있는 블로그 읽을 거리 링크 3개를 달아 줘.

이런 질문을 한다면 어떤 답변이 나올까? 아마 당신만을 위한, 당신 상황에 완벽하게 맞춘 다이어트 계획을 받게 될 것이다.

"알아서 잘 답변해 주겠지"라고 기대했다면, AI는 알아서 엉뚱하게 답변해 준다.

이제 당신도 오늘부터 AI에게 질문할 때 1분만 더 생각해 보자. 그

1분이 당신의 결과물에 놀라운 차이를 만들어낼 것이다.

> **1분의 질문 투자 = 10분의 검색 시간 절약 + 100%의 답변 퀄리티**
>
> 직접 수백 번 실험해 보고 체감한 공식이다. 짧고 모호한 질문은 뻔한 답변을 가져온다. 반면 구체적인 조건이 담긴 질문은, 놀라울 정도로 맞춤형 결과를 만든다. 처음엔 어색할 수 있다. 하지만 질문을 더 잘하게 되는 순간, 당신의 사고가 깊어지고 인생의 문제도 풀리기 시작할 것이다.

1. 해결하고 싶은 주제를 정해, 네 가지 요소를 모두 담아 질문을 작성해 보자.

1. 누구인지 (직업, 경험 정도, 지식 수준 등)

2. 무엇을 원하는지 (목적, 기대 결과 등)

3. 어떤 상황인지 (시간, 예산, 도구, 선호 등의 현실 제약)

4. 원하는 결과물의 형식 (글자 수, 구조, 톤, 용어 난이도, 참고 자료 수준 등)

[예시]

나는 30대 직장인이고, 출퇴근 시간(왕복 2시간)에만 영어 공부할 수 있어. 현재 토익 점수는 700점, 목표는 850점. 주말 포함 3개월 안에 달성 가능한 학습 계획을 루틴 형태로 짜 줘.

2. 내가 만든 질문을 챗GPT에게 평가를 받아 보자.

예시)

아래는 '챗GPT 활용법'을 다룬 책의 내용인데, 내가 읽고 있는 책의 내용이야. 아래 사항을 꼭 포함해서 챗GPT한테 질문을 해야 한다고 하네.

1. 누구인지 (정체성, 배경지식, 경험 수준)

2. 무엇을 원하는지 (질문의 목적, 기대 결과)

3. 어떤 상황인지 (환경적 제약, 배경 맥락)

4. 원하는 결과물의 형식 (글자 수, 구조, 난이도 등)

내가 너에게 질문을 하나 할 테니, 이 질문이 위의 기준에 얼마나 부합하는지 평가해 줘. 점수도 매겨주면 좋겠는데.

"나는 30대 직장인이고, 출퇴근 시간(왕복 2시간)에만 영어 공부할 수 있어. 현재 토익 점수는 700점, 목표는 850점. 주말 포함 3개월 안에 달성 가능한 학습 계획을 루틴 형태로 짜 줘."

_____
_____
_____
_____
_____
_____
_____

챗GPT, 나는 이제 잘 쓰고 있을까?

☐ '검색'과 '대화'의 차이를 안다

☐ 여러 번 질문한다

☐ 내게 맞는 맞춤 정보를 요구한다

☐ 내 상황과 목적을 설명한다

☐ 질문을 생각하는 데 시간을 사용한다

💬 나는 이렇게 쓰고 있진 않을까?

☐ 열 글자 이내로 "뭐가 좋을까?" 하고 질문한 적이 많다

☐ 귀찮아서 띄어쓰기를 하지 않고 질문한 적이 있다

☐ 질문을 한 번에 자세히 한다고 키워드를 최대한 구겨넣어 질문한 적이 있다

☐ AI는 최첨단 기술이므로 내 생각을 알아서 알 것이다

☐ 최신 모델을 기다려 AI 사용을 미룬다

☐ AI에게 실시간 뉴스를 자주 묻는다

4장

어설픈 질문이 AI를 어설프게 만든다

 어떤 이는 "챗GPT가 별로 똑똑하지 않아요"라고 말한다. 하지만 실제로는 "내 질문이 별로 똑똑하지 않았어요"라고 말해야 정확하다.
 컴퓨터 세계에는 'GIGO(Garbage In, Garbage Out)'라는 법칙이 있다. '쓰레기를 넣으면 쓰레기가 나온다'는 뜻이다. AI에도 이 원칙이 정확히 적용된다. 챗GPT는 어설프지 않다. 어설픈 것은 당신이다. 당신이 AI를 어설프게 다루고 있을 뿐이다. 같은 주제를 묻더라도 어떤 이는 '바보 AI'를 만들고, 어떤 이는 '천재 AI'를 깨운다. AI를 잘 쓰고 못 쓰고의 차이는 지식의 양이 아니라, 질문 방식에서 시작된다.
 이 장에서는 왜 많은 사람들이 챗GPT에게 질문하고도 만족하지 못하는지, 그리고 같은 주제도 질문에 따라 어떻게 드라마틱하게 다른 답변을 받을 수 있는지 함께 살펴볼 것이다. 챗GPT를 잘 쓴다는 것은 좋은 프롬프트 몇 개를 외우는 것이 아니다. 암기와 붙여넣기로는 한계가 있다. 정말로 챗GPT를 잘 쓰려면 질문을 스스로 다듬고 설계하는 능력을 길러야 한다. 이 장을 읽고 나면 알게 된다. 질문 하나 바꿨을 뿐인데, AI의 답변이 달라졌다는 말이 과장이 아니다.

같은 주제도 질문에 따라 바보 AI와 천재 AI가 된다

"내 AI가 오늘따라 왜 이렇게 말을 못 알아듣지?"

챗GPT 사용자는 이런 경험을 한 번쯤 해봤을 것이다. 어제는 천재처럼 굴던 AI가 오늘은 마치 바보가 된 것만 같다. AI는 변하지 않았다. 당신의 질문 방식이 달라졌을 뿐. 스마트폰에 카메라 앱 대신 계산기 앱을 실행시키고 "왜 사진이 안 찍히지?"라고 불평하는 것과 같다. 도구는 그대로인데, 당신이 잘못 사용하고 있다.

AI가 어떻게 작동하는지 이해하면, 당신의 질문이 왜 때로는 놀라운 결과를, 때로는 쓸모없는 결과를 가져오는지 알 수 있다. 나는 가장 하지 말아야 하는 질문 패턴을 세 가지로 정리해 'AI를 바보로 만드는 3대 질문 패턴'으로 강의에서 소개하고는 한다.

AI를 바보로 만드는 3대 질문 패턴	
노 키워드형	"뭐가 좋을까?"
키워드 폭탄형	"마케팅, 브랜딩, 퍼포먼스, 바이럴, SNS, 인스타그램, 릴스, 카드뉴스 전략 다 알려줘."
띄어쓰기 없는 채찍형	"3줄로완벽히요약해서계획까지짜줘"

1. 밑도 끝도 없는 '노 키워드형' 질문

"뭐가 좋을까?"

이런 질문은 AI에게 선문답을 던지는 것과 다르지 않다. 당신이 무엇을 원하는지, 어떤 맥락에서 '좋은 것'을 찾는지에 대한 최소한의 단서조차 제공하지 않고 막연히 '알아서 좋은 거 내놔봐' 하는 것과 같다.

◆ 오늘 저녁 뭐 먹지?

◇ (얘가 한식을 좋아하는지 양식을 좋아하는지, 다이어트 중인지 아닌지, 집에 재료는 뭐가 있는지 내가 어떻게 알아?)
◇ 오늘 저녁 메뉴로는 비빔밥, 파스타, 치킨, 샐러드 등 다양한 선택지가 있습니다. 어떤 종류의 음식을 선호하시나요? 특별히 고려하시는 영양이나 칼로리가 있으신가요?

◆ 이런 답변이라면 그냥 인터넷 검색하는 게 낫겠다. AI라고 해서 특별한 것을 기대했는데 별것 아니네.

AI는 당신의 마음을 읽는 독심술사가 아니다. 최소한 뭘 고민하는지, 어떤 방향을 원하는지 정도는 알려줘야 한다.

망망대해에 나침반도 없이 배를 띄워 놓고 "어디로든 좋은 곳으로 가!"라고 외치는 선장 같다고나 할까? AI는 그저 멍하니 서서 "선장님, 대체 어디로 가야 할까요?"라고 되물을 수밖에 없다.

2. 영혼까지 탈탈 터는 '키워드 폭탄형' 질문

"마케팅, 브랜딩, 퍼포먼스, 바이럴, SNS, 인스타그램, 릴스, 카드뉴스 전략 다 알려줘."

이런 질문은 AI에게 논문을 쓰라는 것과 같다. 수많은 키워드를 한 번에 던지며 관련된 모든 정보를 총망라해 달라는 식의 질문은 AI를 혼란에 빠뜨린다. 당신의 머릿속에 떠오르는 온갖 키워드를 그냥 생각나는 대로 다 던져놓고 "자, 이걸로 뭔가 그럴싸한 거 만들어 봐!" 하는 식이다.

◆ 요즘 MZ세대 타깃으로 신제품 런칭하는데, 인스타그램이랑 틱톡 중심으로 바이럴 마케팅이랑 퍼포먼스 마케팅 다 섞어서 하고 싶고, 브랜딩 전략이랑 콘텐츠 아이디어랑 구체적인 실행 계획까지 싹 다 알려줘. 예산은 최대한 적게.

◇ (그래서 뭘 가장 중요하게 생각하는 건데? 신제품이 뭔데? 타깃은 MZ 가운데 어떤 그룹인데? 하다못해 남자야 여자야? 예산이 적다는 건 구체적으로 얼만데? 이 모든 걸 한 번에 다 알려 달라고?)

◇ MZ세대 타깃 신제품 런칭을 위한 마케팅 전략은 다음과 같은 요소들을 고려할 수 있습니다.
  1. 브랜딩: 제품의 핵심 가치와 타겟 오디언스 분석을 통해……
  2. 인스타그램 활용: 릴스, 스토리, 인플루언서 협업을 통해……
  3. 틱톡 활용: 숏폼 챌린지, 유머 콘텐츠를 통해……
  4. 바이럴 전략: 공유를 유도하는 이벤트, UGC(사용자 생성 콘텐츠)

활성화……

5. 퍼포먼스 마케팅: 타겟 광고, 데이터 분석을 통한 최적화……

구체적인 실행 계획은 제품의 특성, 예산 규모, 목표 등에 따라 달라질 수 있습니다.

◆ 아니, 이런 일반론 말고! 다 아는 내용이잖아. 그래서 뭘 어떻게 하라는 건데? 하나도 도움이 안 되네. 시간만 날렸어.

결국 당신이 원하는 '그것'은 하나도 안 들어간, 교과서 같은 이야기만 줄줄 늘어놓는다. 키워드를 너무 많이 던지면 AI는 길을 잃는다. "내 머릿속을 한번 정리해 줄래?"라고 하는 것과 다를 바 없다. 어떤 키워드에 집중해야 할지, 각 키워드 간의 우선순위는 뭔지 알 수가 없기 때문이다. 여러 갈래 길 앞에서 어디로 가야 할지 몰라 우왕좌왕하는 여행객 신세가 되고 만다. 결국 AI는 당신이 던진 키워드들을 수박 겉핥기식으로 언급만 하거나, 완전히 핵심에서 벗어난 이야기를 할 가능성이 높다.

3. AI를 숨 막히게 하는 '띄어쓰기 없는 채찍형' 질문

AI에게 말하는 것이 아니라 벽에 대고 윽박지르는 느낌인데, 심지어 띄어쓰기까지 무시한다. AI가 대체 얼마나 버텨 주는지 AI의 언어 이해 능력을 시험하는 격이다.

◆ 이번주에진행할프로젝트회의록정리해서핵심만3줄요약하고다음주액

션플랜까지구체적으로일목요연하게정리해줘당장

◇ (숨 좀 쉬자. 일단 띄어쓰기부터 좀… 그리고 '당장'이라니, 내가 네 비서도 아니고. '완벽히', '일목요연하게' 같은 추상적인 요구는 또 어떻게 맞춰주지?)

운이 좋다면, 이런 대답을 얻을 수 있다.

◇ 이번 주 프로젝트 회의록 정리에 대한 요청으로 이해했습니다. 하지만 제공해 주신 내용이 없어 요약 및 계획 수립이 어렵습니다. 회의록 내용을 알려주시겠어요?

그러나 운이 나쁘면 검색 결과처럼 답이 돌아온다.

◇ 이번주에진행할프로젝트회의록정리해서핵심만3줄요약하고다음주액션플랜까지구체적으로일목요연하게정리해줘당장에 대한 정보를 찾을 수 없습니다.

◆ 아오, 답답해! 이것도 못 알아들어? 그냥 내가 하고 말지!

띄어쓰기 없는 문장은 사람도 읽기 힘들다. 하물며 AI는 오죽하겠는가? 단어와 단어 사이의 구분이 모호해지면 문장의 의미를 정확히 파악하기 어려워진다. 게다가 '완벽하게', '당장' 같은 말로 AI를 다그

치면, AI는 고장을 일으키고 만다. AI에게도 최소한의 생각할 시간과 명확한 정보를 주어야만 한다.

당신의 AI를 '바보'로 만드는 이런 질문들을 했었다고 해서 너무 자책할 필요는 없다. 대부분의 사용자들이 이런 실수를 반복한다. 지금이라도 내 질문이 문제라는 점을 깨달았으면, 다음부터는 질문법을 바꿔 AI를 좀 더 똑똑하게 활용해 보면 된다. 이제 당신의 차례다. 오늘부터라도 더 나은 질문으로 AI의 능력을 제대로 끌어내 보자.

AI를 바보로 만들지 않는 질문법

- ☐ AI가 이해하기 쉬운 질문을 생각한다
- ☐ 구체적인 상황, 원하는 것, 맥락을 추가한다
- ☐ 중요한 핵심 질문 하나로 시작해, 여러 질문으로 나눠서 순차적으로 질문한다
- ☐ 추상적이지 않고 구체적이면서 명확한 단어를 사용한다
- ☐ 일반적인 한국어 표기법을 지킨다

AI의 답변은 당신의 질문 수준을 넘지 못한다

'질문 설계', 또는 '프롬프트 엔지니어링'이라는 말, 혹시 들어본 적 있는가? 좀 있어 보이는 영어 단어라 괜히 어렵게 느껴질 수도 있겠다. 하지만 별것 아니다. 쉽게 말해 'AI가 가장 잘 알아듣고 똑똑하게

대답하도록 질문하는 기술' 정도라고 생각하면 된다.

미국 실리콘밸리에서는 이 질문 설계 능력 하나만으로 억대 연봉을 받는 전문가들이 등장하고 있다. 그들이 뭐 대단한 코딩 실력이 있거나, 남들이 모르는 비밀 정보를 아는 사람들이라서 그럴까? 물론 그런 경우도 있겠지만, 핵심 능력은 바로 AI에게 가장 효과적으로 질문하는 방법, 즉 AI가 가진 잠재력을 최대한 끌어낼 수 있는 '열쇠'를 정확히 알고 있다는 점이다.

반면, 왜 많은 사람들은 AI를 제대로 활용하지 못하고, 앞에서 본 것처럼 '바보 AI'를 만드는 질문만 반복하는 걸까? 그건 바로 AI에 대한 몇 가지 근본적인 오해 때문이다. 이 오해들만 제대로 걷어 내도 당신의 AI는 훨씬 더 똑똑해진다. 이제부터 초보 사용자들이 많이 하는 대표적인 착각을 속 시원히 파헤쳐 보자.

오해 1: "AI는 내 생각을 읽을 수 있다"

가장 흔한 오해다. AI는 당신의 머릿속을 들여다볼 수 없다. 그런데 사람들은 마치 30년 지기 친구처럼, 배경 설명 없이 말을 툭툭 던지고는 한다.

- ◆ 그거 있잖아, 지난번에 말한 그거. 그거 좀 해줘.

- ◇ 어떤 스타일로? 어떤 내용으로? 누굴 위한 거야?

- ◆ 그걸 네가 좀 알아서 해야지!

AI는 물어보지만, 당신은 짜증이 난다. 하지만 AI는 절친이 아니다. 당신이 어떤 사람인지, 어떤 상황에 있는지, 어떤 결과를 원하는지 말하지 않으면 모른다. '척하면 척'을 기대하는 건 애초에 잘못된 접근이다. AI는 오직 당신이 입력한 정보만 안다. 그 외의 것은, 없다.

오해 2: "무조건 더 강력한 최신 AI 모델을 써야 한다"

내가 컨설팅에서 정말 많이 듣는 질문 중 하나다.

"곧 나올 최신 모델을 써야 결과가 더 좋지 않을까요?"

심지어 어떤 사람들은 아직 출시되지도 않은 모델을 기다리며 AI 활용을 훗날로 미루기까지 한다. 이런 생각은 '더 비싸고 좋은 카메라를 사면 사진 실력이 저절로 늘겠지' 하고 믿는 것과 똑같다. 물론 더 발전된 최신 AI 모델이 특정 작업에서 약간 더 나은 성능을 보여줄 수는 있다. 하지만 중요한 건 도구가 아니라, 그 도구를 다루는 당신의 능력이다. 구형 자동차라도 운전 실력이 뛰어나면 목적지에 더 빠르고 안전하게 도착할 수 있다. 반복해서 사용해야 실력이 늘어난다.

오해 3: "AI는 완벽한 답을 한 번에 줄 것이다"

많은 사람들이 챗GPT를 '자판기'처럼 생각한다. 질문이라는 동전을 넣고 버튼을 한 번 누르면, 완벽하게 가공된 음료수처럼 완벽한 답변이 짠! 하고 나올 거라고 기대한다. 하지만 챗GPT는 자판기가 아니라 대화 상대다.

AI에게 질문을 던졌다면, 그건 대화의 시작일 뿐이다. 진짜 유용한 답은 단 한 번의 질문으로 끝내는 경우가 거의 없다. 최소 서너 번, 많게는 십여 번의 대화를 주고받으며 완성된다. 내가 복잡한 기획안을 만들 때도 마찬가지다. 처음 받은 답변은 뼈대에 불과하다. 그 위에 질문을 덧붙이고, 각도를 바꾸고, 예시를 요청하고, 흐름을 다듬으며 살과 디테일을 붙여간다. 그러니 첫 답변이 기대에 못 미친다고 해서 실망하거나 포기하지 마라. 그건 당연한 과정이다.

오해 4: "AI는 세상의 모든 걸 다 알고 있다"

AI는 방대한 데이터를 학습하기는 했다. 그렇다고 마치 전지전능한 존재처럼 여겨서는 안 된다. 물론 엄청나게 많은 것을 알고 있지만, 세상의 모든 지식과 정보를 완벽하게 갖고 있지는 않다. 특히 다음과 같은 정보에 대해서는 꽤나 취약한 모습을 보인다.

> **AI가 모르는 것들**
> 1. 개인적이고 사적인 기억
> 2. 최신 정보
> 3. 매우 깊이 있는 전문 지식, 틈새 분야 지식

먼저 AI는 사용자의 개인적인 경험, 기억을 알지 못한다. AI는 데이터로부터 학습하지만, 실제 삶을 살아가며 얻는 경험이나 감정, 추억을 소유하진 못한다.

또 AI는 학습된 특정 시점까지의 정보만 알고 있어, 최신 정보를 알지는 못한다. 실시간으로 모든 정보가 업데이트되지는 않는다.

매우 깊이 있는 전문 지식이나 틈새 분야 지식 또한 알지 못한다.

물론 일반적인 수준 이상의 전문 지식도 갖추고 있지만, 특정 박사급 전문가처럼 아주 깊이 있는 틈새 분야의 세부 지식이나 최신 연구 동향까지 완벽하게 따라갈 수는 없다.

AI에게 김치찌개 레시피를 물어보면 무난한 답은 준다. 하지만 우리 할머니가 끓이던 그 레시피는 절대 줄 수 없다. 또, 지난주 발표된 법 개정안 같은 정보도 놓치는 경우가 많다. AI는 지능형 데이터 요리사이긴 하지만, 독심술사도 아니고 미래 예언자도 아니다.

당신이 뭘 원하는지, 무엇을 중요하게 생각하는지를 정확히 말하지 않으면, AI는 늘 적당한 맛으로만 답할 수밖에 없다.

최근 AI에게 실망했던 질문을 떠올린 후, 다음 세 가지 패턴 가운데 어떤 실수를 했는지 점검해 보고, 새롭게 질문해 보자.

1. 노 키워드형 질문: 구체적인 상황, 원하는 것, 맥락을 추가한다.

2. 키워드 폭탄형 질문: 중요한 핵심 질문 하나로 시작해, 여러 질문으로 나눠서 순차적으로 질문한다.

3. 띄어쓰기 없는 채찍형 질문: 추상적이지 않고 구체적이면서 명확한 단어를 사용하고, 일반적인 표기법을 잘 지킨다.

[예시]

(기존 질문 / 노 키워드형): "여행 가고 싶은데 어디가 좋을까?"

(바꾼 질문): "다음 달에 3박 4일 일정으로 혼자 국내 여행을 가고 싶어. 조용히 쉴 수 있고 맛있는 음식이 많은 곳으로 추천해 줘. 예산은 50만 원 이내이고, 대중교통으로 이동하기 편한 곳이면 좋겠어. 여행지 세 곳과 각 장소의 특징, 예상 경비를 표로 정리해 줄래?"

_____
_____
_____
_____
_____
_____

챗GPT, 나는 이제 잘 쓰고 있을까?

☐ AI는 내 질문만큼만 똑똑하다

☐ AI를 바보로 만드는 3대 질문 패턴을 하지 않는다

☐ AI는 내가 말한 것만 안다

☐ 최신 모델보다는 좋은 질문이 먼저다

☐ 대화는 피드백의 연속이다

☐ AI에게는 경험, 감정, 실시간 뉴스가 없음을 안다

Part 2 아무도 알려주지 않는 질문의 기술

AI라는 내비게이션의 목적지를 정하는 것은 질문이다.

잘 뽑은 질문이 AI를 일하게 한다.

💬 나는 이렇게 쓰고 있진 않을까?

☐ AI를 써야 한다는 생각은 있지만 자주 손을 대진 않는다

☐ AI는 최첨단 기술이므로 알아서 해 줄 것이라 생각한다

☐ AI를 어떻게 활용해 볼지 평소 딱히 생각해 둔 것이 없다

☐ 챗GPT와 오래 대화를 이어가지 못한다

☐ 아무 질문이나 AI에게 물어보고 본다

☐ 딱히 정해 둔 질문 패턴이 없다

☐ 최신 정보를 AI에게 요구한다

☐ 사적인 정보를 AI에게 요구한다

☐ 전문적인 지식을 AI에게 요구한다

5장

헤매지 않고 원하는 답을 얻는 질문

"생각은 많은데 정리가 안 돼요."
"뭘 먼저 물어봐야 할지 모르겠어요."

당신은 지금 페라리를 타고 있다. 브레이크는 풀었고, 시동도 걸려 있다. 그런데 어디서 출발하는지도 모른 채, 핸들만 부여잡고 있다.

결국 출발점이 안 보인다는 뜻이다. 이제 AI에게 어설프지 않은, 상세한 질문을 해야겠다고 결심했을 것이다. 그러나 프롬프트를 더 길게 쓰고, 조건을 몇 개 더 넣는다고 AI가 천재가 되진 않는다. 좋은 질문은 말이 길어지는 게 아니라, 방향이 또렷해지는 것이다.

이 장에서는 '질문을 잘 못하는 상태'에서 빠져나오기 위한 첫걸음을 소개한다. 출발지를 정하고 방향을 잡는 방법을 익히면, AI가 멈춰 있던 이유가 무엇이었는지 왜 자꾸 엉뚱한 소리만 돌아왔는지 깨달을 수 있다.

엔진은 돌고 있는데, 어디로 가야 할지 몰라 헛도는 느낌. 그 답답함에서 벗어나게 해줄 답이 바로 여기에 있다.

나는 왜 모호한 질문밖에 하지 못할까

AI에게 '검색하듯' 짧게 질문하면 뻔한 답변만 돌아온다. 카페에서 "아무거나 주세요"라고 하는 것처럼 말이다. 챗GPT는 사람처럼 공감하거나 분위기를 읽지 못한다. 훈련 데이터와 프롬프트라는 주문서가 전부다. 그래서 모호한 질문에는 모호한 답변이 돌아온다.

그런데 여기서 한 걸음 더 들어가 보자. 우리는 왜 자꾸 AI에게 모호하게 질문할까? 정말 몰라서일까, 아니면 다른 이유가 있는 걸까?

1. 모호한 질문을 던지는 이유

사실 많은 경우, 명확한 질문을 하지 못하는 것은 단순히 '몰라서'라기보다는 우리 안의 여러 심리적 장벽 때문이다.

완벽주의의 함정	"이왕 질문하는 거, 정말 똑똑하고 완벽한 질문을 해야 해!"
스스로 잘 모름	"내가 뭘 모르는지도 모르겠어요"
AI에 대한 환상	"최첨단 AI인데, 이 정도는 알아서 이해하고 답해주겠지?"

먼저 너무 완벽하게 질문하려고 하면 '완벽주의의 함정'에 빠진다. AI에게 첫 마디를 떼지 못하고 가장 만만하고 짧은 질문, 즉 모호한 질문을 던지고 마는 것이다. 한편 내가 뭘 원하는지, 이 문제의 핵심은 무엇인지, 내가 스스로 어떤 질문이 필요한지, 내가 뭘 모르는지도 잘 모른다면 질문은 당연히 뜬구름 잡는 이야기가 될 수밖에 없다. 이 점은 사람에게 질문을 해도 마찬가지다.

또 AI에 대한 막연한 환상이 질문을 모호하게 만들기도 한다. 최첨단 AI이고 많은 사람들이 사용하며 또 놀라워하고 있으니 그 정도는 당연히 알아서 해줄 것이라고 믿는다. 그러나 AI는 사용자의 머릿속에 들어갔다 나올 수 없다.

이런 생각들이 바로 우리 안에 숨어있는 '모호함 제조기'다. 이 제조기의 스위치를 내리지 않으면, 아무리 좋은 AI가 있어도 제대로 활용할 수 없다.

일단은 "좀 어설프면 어때? 일단 던져보고 수정하자!"라는 용기가 필요하다. 첫 질문으로는 완벽한 조준을 할 수 없다. 과녁을 향해 일단 화살을 쏘아보는 행위 자체에 의미를 두어야 한다. 계속해서 AI를 사용하려고 시도하다 보면 완벽주의의 함정에서, AI에 대한 환상에서도 벗어나고 내가 필요한 것이 무엇인지 더 잘 알아차리는 기술도 생겨난다.

2. AI 사용의 코치는 AI다

질문이 막막할 때, 혹은 내 질문이 너무 모호한 것 같아 걱정될 때, 역으로 AI에게 도움을 요청해 보자. AI를 단순한 답변 출력기가 아닌,

나의 질문을 명확하게 다듬어주는 질문 코치로 활용하는 것이다. 이렇게 한번 물어보는 건 어떨까?

- ◆ 내가 지금 '새로운 사업 아이템 구상'에 대해 질문하려고 하는데, 어떤 배경 정보나 구체적인 조건을 너에게 알려주면 더 실질적인 답변을 얻을 수 있을까? 최소 세 가지 이상 알려 줄래?

- ◆ 나는 '블로그 글쓰기 실력 향상'이라는 목표를 가지고 있어. 그런데 뭐부터 질문해야 할지 감이 안 와. 이 목표를 달성하는 데 도움이 될 만한 핵심 질문 세 가지를 제안해 줄래?

- ◆ 내가 방금 한 이 질문, 혹시 모호하거나 이해하기 어려운 부분이 있니? 있다면 어떤 부분을 좀 더 명확하게 바꿔야 할까?

놀랍게도, AI는 이런 질문에 꽤 답변을 잘하는 편이다. 바로 옆에 있는 노련한 코치처럼, 질문이 나아갈 방향을 잡아주고 필요한 부분을 채워 넣도록 유도한다. AI의 직접 과외를 받으면 단순히 좋은 답변을 얻는 것을 넘어, 좋은 질문을 하는 능력 자체를 키울 수 있다.

3. 모호한 질문에서 구체적인 질문으로

물론 일부러 모호한 질문을 던져야 할 때도 있다. 브레인스토밍 초반에는 일부러 추상적으로 묻기도 한다.

◆ 새로운 동아리 활동 아이디어 열 개 줘.

아이디어 폭이 넓어야 하니까. 대신 바로 아래와 같이 구체화 질문을 이어 붙인다.

◆ 그중 예산 2만 원 이하, 준비 시간 30분 이하인 것만 추려 줘.

모호한 질문에서 시작해 구체적인 질문으로, 계단을 밟아 올라가듯 질문을 발전시키면 정보를 폭넓게 탐색하면서도 필요한 정보까지도 선택할 수 있다.

AI가 똑똑해지는 게 아니라, 당신의 질문이 똑똑해지는 순간이다. 생각해 보라. 질문이 명확해지면 AI의 답변만 달라지는 것이 아니다. 질문을 다듬는 과정에서 당신의 생각 또한 명료해지고, 문제의 본질에 더 가까이 다가갈 수 있게 된다. 모호한 질문에 좌절하는 대신, AI를 활용해 그 모호함의 안개를 걷어내는 것. 이것이 바로 AI 시대를 살아가는 우리가 갖춰야 할 또 하나의 스마트한 도구 사용법이다.

"뭘 물어볼지 모르겠어요" 탈출법

만약, 질문을 다듬는 수준이 아니라 아예 무슨 질문을 해야 할지조차 모르겠다면 어떨까? 빈 종이 앞에서 첫 글자를 쓰지 못하는 작가처럼, 챗GPT 창을 열어놓고도 손가락만 꼼지락거리는 상황 말이다.

"도대체 뭘 물어봐야 이 똑똑한 AI를 제대로 활용할 수 있을까?" "내 질문이 너무 바보 같으면 어떡하지?"

이런 생각들이 꼬리에 꼬리를 물기 시작하면, 결국 AI 활용을 포기하거나 단편적인 질문 몇 개만 던지고 말게 된다. 하지만 걱정할 필요 없다. 중요한 것은 대단한 질문이 아니라, 대화를 시작하는 첫 한마디다. 종이에 제목 한 줄만 적어도 펜이 움직이듯, 그 한마디만 잡히면, AI와의 대화는 생각보다 쉽게 굴러간다. 텅 빈 머릿속에서도 입을 트이게 할 네 가지 비밀 도구를 지금부터 하나씩 꺼내 보여 주겠다.

1. 사소한 궁금증에서 출발하라

거창한 질문만이 좋은 질문은 아니다. 오히려 일상 속 아주 작은 물음표들이 AI와 대화를 시작하는 최고의 시동 버튼이 될 수 있다. "이거 왜 이렇게 오래 걸리지?", "피자 두 판이면 회비가 남을까?", "오늘따라 왜 이렇게 피곤하지?" 같은 사소한 생각들 말이다.

사소한 질문	질문 확장 예시
이거 왜 이렇게 오래 걸리지?	내가 진행한 방법에서 불필요한 부분과 보완할 점 알려줘.
피자 두 판이면 회비가 남을까?	인원 7명의 피자, 음료, 배달비와 동아리 운영비를 회비에 맞게 분배해줘.
오늘따라 왜 이렇게 피곤하지?	최근 일주일간 나의 수면시간과 식습관, 내가 오늘 해야 할 일들과 현재 나의 컨디션을 알려줄 테니, 컨디션 회복을 위한 최적의 스케줄을 작성해줘.

작은 궁금증은 AI에게 질문할 때 부담이 없고 곧장 결과가 보인다. 성공 경험이 쌓이면 더 큰 질문도 자연히 나온다.

2. 나만의 질문 노트 만들기

매일 일기 쓰듯, 질문을 모아보는 것도 좋다. 스마트폰 메모장이든, 작은 수첩이든 어디든 좋다. 딱 한 가지 규칙만 지키면 된다. 반드시 물음표로 끝나는 문장만 적는 것이다.

"아침에 5분이라도 더 일찍 일어나려면 어떻게 해야 할까?"
"유튜브 시청 시간을 줄이고 싶은데, 좋은 방법 없을까?"
"왜 나는 항상 중요한 일을 앞두고 딴짓을 할까?"

질문 노트를 만들면, 흩어져 있던 질문들이 서로 연결고리를 찾기 시작한다.

예를 들어 "아침에 왜 자꾸 늦게 일어날까?", "유튜브를 줄이고 싶은데 잘 안 돼.", "딴짓만 하다가 하루가 끝난다…" 이런 질문들을 모아보면 '시간 관리'와 '집중력 향상'이라는 공통된 흐름이 보인다. 그러면 진짜 나에게 중요한 질문의 우선순위가 눈에 들어오고, AI에게 어떤 순서로 질문을 던져야 하는지, 대화의 큰 줄기도 점점 선명하게 보인다.

하루에 딱 3~5개의 질문만 꾸준히 적어보자. 일주일만 지나도 놀라운 변화가 일어난다.

3. 입이 얼어붙었을 땐, 아이스 브레이킹 5문장

도저히 무슨 질문을 해야 할지 몰라 눈앞이 캄캄할 때가 있다. 그럴 땐 주저 말고 아래 아이스 브레이킹 5문장 중 하나를 골라 AI에게 던져보자. 굳어있던 대화가 다시 흘러갈 것이다.

- 지금 [주제/상황]에 대해 생각하고 있는데, 내가 놓친 핵심 포인트 한 가지만 알려 줘.
- [주제]에서 사람들이 많이 저지르는 실수 세 가지와 해결책을 간단히 설명해 줘.
- 난 [목표]를 이루고 싶은데, 완전 초보자라고 가정하고 첫 일주일 동안 매일 실천할 수 있는 아주 작은 구체적인 과제 다섯 가지를 제안해 줄래?
- 이 [문제/목표]를 20분 안에 집중해서 해결할 수 있는 딱 한 가지 방법이 있다면 뭘까?
- 혹시 내가 처한 [상황]과 비슷한 어려움을 겪었지만 잘 해결한 실제 사례가 있다면 이야기 형태로 들려줘.

이 질문들은 문제의 범위를 좁혀주고, 작은 과제나 시간제한을 통해 현실적인 아이디어를 줄 것이다.

4. 이거 물어봐도 될까? 10초 만에 판단하기

모든 궁금증을 AI에게 물어볼 필요는 없다. 때로는 간단한 검색이 훨씬 빠를 수 있다. 질문을 던지기 전에 딱 10초만 스스로에게 물어보면 된다. 예를 들어 유명 배우의 프로필처럼 30초 안에 검색 엔진을 사용해 답을 얻을 수 있는 정보라면 굳이 AI를 먼저 사용할 필요가 없다.

한편 검색 엔진으로 많은 검색 결과가 나오는데, 무엇을 보아야 할지 정리가 정확히 되지 않는 정보도 있다. 이런 정보는 챗GPT를 활용해 보기 쉽게 요약하고 정리하도록 시키면 된다.

만약 이 두 가지에 모두 해당하지 않고, 나의 특수한 상황과 목표에 딱 맞는 맞춤형 해결책이나 아이디어가 필요하다면, 챗GPT에게 처음부터 질문하면 좋다. 이렇듯 챗GPT와 대화를 시작할 때, 이 간단한 기준만으로도 "이걸 AI한테 물어봐도 되나?" 하고 망설이는 시간을 줄일 수 있다.

AI에게 물어봐도 될까? 10초 판단법

- ☐ 30초 안에 검색 엔진으로 답이 나오는가?
- ☐ 검색 결과는 많은데, 정리가 어려운 정보인가?
- ☐ 특수한 상황과 목표에 맞는 맞춤 솔루션이 필요한가?

초보자도 바로 써먹는 '질문 3단 구조'

"질문 하나에 상황, 목표, 장애물, 형식까지 다 넣으려니 머리가 터질 것 같아요!"

괜찮다. 앞서 배운 내용들이 여전히 어렵게 느껴지는 당신을 위해, 질문을 깔끔하게 쪼개는 초간단 3단 구조, Q.U.E를 소개한다. 이 세 글자만 기억하면, 당신의 질문은 AI를 춤추게 만들 것이다.

Q.U.E는 "AI는 도대체 왜 내 말을 못 알아들을까?"라는 아주 단순한 의문에서 출발한, 마법 같은 세 줄짜리 초간단 틀이다. 'Question' 단어에서 앞의 세 글자만 기억하면 된다.

단계	의미	한 줄 공식
Q (Question)	묻고 싶은 핵심 질문	"무엇을 해 줘?"
U (Underlying)	답변의 근본적인 목적, 이유	"왜 그게 필요해?"
E (Edge)	답변의 범위와 제한 조건	"뭘 꼭 해줘야 하고, 뭘 꼭 하지 말아야 할까?"

1단계: Q (Question) - 일단, 겉으로 보이는 질문만 명쾌하게

처음부터 완벽한 장문의 프롬프트를 쓰려다 주저앉는 경우가 많다. Q 단계에서는 그런 부담감은 잠시 내려놓고, AI에게 '그래서 뭘 해줬으면 좋겠는데?'에 대한 답, 즉 욕심을 버리고 '하고 싶은 일'을 딱 한 문장으로만 적는다.

> "다음 달 북클럽에서 소개할 도서 추천 및 간단한 소개 글 좀 써 줘."
>
> "유튜브 영상 주제로 '시간 관리 방법'을 다루고 싶은데, 3분 길이의 대본 스크립트 초안 좀 만들어 줄래?"

Q가 10초 이상 고민된다면, 주제보다 행동 동사부터 떠올려라. "요약해 줘", "비교해 줘", "설계해 줘", "아이디어 내 줘"처럼 말이다.

2단계: U (Underlying) - 그 질문, 대체 '왜' 하는 건데?

똑같은 "마케팅 계획 좀 짜 줘"라는 Q를 던져도, 그 밑에 깔린 U(숨은 의도)가 'MZ세대 고객 대상 바이럴용'인지 '까다로운 투자자 설득용 보고서'인지에 따라 AI가 내놓는 결과물의 톤, 형식, 깊이는 하늘과 땅 차이가 난다.

U 단계는 바로 이 'Why?', 즉 이 질문을 하는 근본적인 이유와 목적을 AI에게 살짝 알려주는 과정이다.

> "이 보고서는 우리 팀 내부 검토용이라 최대한 솔직하고 비판적인 분석이 필요해."
>
> "이 글은 이제 막 투자를 시작한 왕초보들을 위한 거니까, 전문 용어는 최대한 빼고 아주 쉽게 설명해 줘야 해."
>
> "내 개인적인 경험담처럼 읽는 사람이 깊이 공감하고 진정성을 느낄 수 있도록 감성적인 문체로 써주면 좋겠어."

이 U가 빠지면, 아무리 Q에서 구체적인 요청을 하고 E에서 제약을 걸어도 AI의 답변은 어딘가 모르게 당신 마음에 쏙 들지 않는 2% 부족한 결과가 나올 가능성이 크다. 'AI가 똑똑하다더니, 왜 이렇게 센스가 없지?' 싶을 땐, 바로 이 U를 빠뜨렸는지 점검해 보자.

3단계: E (Edge) - '여기까지!' 또는 '이것만은 제발!' 선은 확실히

사람에게 일을 시킬 때는 척하면 척, 알아서 분량이나 수위를 조절해 주길 기대할 수 있다. 하지만 AI는 다르다. 명확한 선을 그어주지 않으면, 좋게 말하면 열정적으로, 나쁘게 말하면 끝도 없이 정보를 쏟아내거나 반대로 핵심 정보를 쏙 빼놓고 답할 수 있다.

E 단계는 바로 이 경계선과 제한선을 명확히 설정해 AI의 답변이 삼천포로 빠지거나 너무 부족하지 않도록 미리 가드레일을 쳐주는 작업이다. E 단계에서는 분량, 예산, 출처 등을 대표적으로 제한하게 된다.

분량/범위 제한	"답변은 A4용지 1장, 약 1,000자를 넘기지 않도록 요약해 줘."
예산/자원 제한	"월 10만원 이내의 예산으로 운영 가능한 마케팅 채널만 추천해 줘."
정보 출처/제외 조건	"주장은 반드시 최근 3년 이내 발표된 공신력 있는 기관의 통계 자료를 근거로 제시하고, 출처가 불분명한 개인 블로그 글은 인용하지 말아 줘."

만약 숫자로 표현하기 어렵다면, 경계 단어라도 명확히 넣어 주자. "최대한 전문 용어는 빼고 설명해 줘", "너무 광고처럼 보이지 않게 자연스러운 톤으로 써줘", "결론은 3줄 이내로 짧고 강력하게!" 같은 표현만으로도 충분하다.

이런 Q.U.E 3단 구조는 직관적이고 쉽다. 포스트잇 세 장에 각 내용을 적어서 AI에게 보여 주기만 해도 질문 설계가 끝난다. 또 U(왜)와 E(어디까지)를 명확히 구분해 전달하도록 구조가 설계되어 있는 점도 장점이다. 초보자들이 AI에게 질문을 자세히 짠다고 애써 보지만, AI는 불필요한 정보를 장황하게 늘어놓거나 반대로 꼭 필요한 핵심 정보를 빠뜨리며 대답하고는 한다. 그러나 Q.U.E 구조는 이 두 요소를 초보자가 자연스레 장착할 수 있도록 도와 주면서도, AI의 과잉 친절과 정보 누락을 예방할 수 있도록 구성되어 있다.

Q.U.E 구조, 왜 초보자에게 좋을까?

- ☐ 복잡함은 NO! 스티커 메모 세 장이면 끝
- ☐ AI의 '과잉 친절'과 '정보 누락'을 동시 예방
- ☐ 초보자가 놓치기 쉬운 '왜'와 '어디까지'를 자연스레 장착

Q.U.E 3단 구조 한눈에 보기

자, 그럼 이 Q.U.E 3단 구조를 활용해 실제 질문을 만들어보자. 아이와 주말 시간을 보내고 싶은데 어떻게 해야 할지 AI의 조언을 듣고 싶다고 가정하고 Q.U.E 3단 구조에 맞게 질문을 짜보면 다음과 같다.

◆ [Q] 초등학교 1학년 아이와 함께할 수 있는 주말 활동을 추천받고 싶어. 집 근처에서 할 수 있는 걸로.

◆ [U] 아이랑 놀 때마다 뭘 해야 할지 고민돼. 단순한 시간 보내기가 아니라, 아이도 재미있고 나도 스트레스를 덜 받을 수 있는 활동이면 좋겠어. 되도록 아이가 새로운 경험을 할 수 있는 방식이면 더 좋고.

◆ [E] 비용은 1만 원 이내로, 날씨가 흐릴 수도 있으니 실내 활동 위주로 추천해 줘. 활동 하나당 소요 시간, 준비물, 목적(예: 소근육 발달, 창의력 등)을 함께 알려주고. 추천만 주르륵 나열하지 말고, 하루 일정으로 엮어서 제안해 줘.

이렇게 Q.U.E를 명확히 전달하면 AI는 어떤 결과물을 내놓을까? 아마도 이런 식일 것이다.

◇ 1) 오전: 집에서 종이접기와 스토리 만들기 놀이
　　(준비물: 색종이, 펜 / 창의력 & 언어력 자극)
◇ 2) 점심: 근처 김밥천국에서 아이가 직접 고른 메뉴 먹기
　　(선택권 부여 → 자율성 경험)
◇ 3) 오후: 도서관에서 '책 속 장면 따라 그리기' 미션 수행
　　(집중력 & 표현력 키우기)
◇ 4) 마무리: 그날 했던 활동을 한 장 그림일기로 정리하기
　　(감정 표현 훈련)

어떤가? 그냥 "주말 활동 추천해 줘"라고 뭉뚱그려 던졌을 때와는 다른, 의도에 정확히 맞는 결과물을 얻을 수 있다.

> **60초 미니 퀴즈**
>
> 1. Q만 던졌더니 AI가 블로그 글을 3,000자로 써 왔다. 짧게 줄이려면 Q.U.E 중 어디를 손봐야 할까?
>
> 2. '친환경 여행 가이드' 글을 주문했더니 기후 위기 통계가 빠졌다. 어떤 단계(U·E)에 피드백을 추가해야 할까?
>
> (정답: 1: E / 2: U)

AI에게 물어보고 싶은 질문을 정해, Q.U.E 템플릿을 사용해 질문을 다시 설계해 보자.

1. Q:

2. U:

3. E:

이렇게 Q.U.E로 다듬은 질문과, 그냥 생각나는 대로 던졌던 기존 질문의 답변을 비교해 보자.

💬 챗GPT, 나는 이제 잘 쓰고 있을까?

☐ 사소한 궁금증부터 자주 AI를 활용한다

☐ AI를 나의 질문 코치로 활용한다

☐ 나만의 질문 노트를 만든다

☐ 말문이 막혔을 땐 아이스 브레이킹 5문장을 쓴다

☐ '10초 판단법'으로 질문에 따라 AI를 활용한다

☐ 질문 3단 구조 Q.U.E를 적극 사용한다

나는 이렇게 쓰고 있진 않을까?

☐ 한번 던지는 질문은 완벽해야 한다고 생각한다

☐ 완벽한 질문을 만들다가 포기한 적이 있다

☐ 질문하려고 검색 엔진에서 자료 조사를 하다 그만둔다

☐ AI가 제시한 대안이 마음에 들지 않아도 그냥 받아들인다

☐ "이게 뭐야", "별로야", "바보니" 등의 감정을 섞어 투정한다

☐ AI는 오로지 한 가지만을 사용한다

☐ 대화가 막히면 그만두고 따로 결과물을 저장하지 않는다

6장

막막함을 깨는 질문 체크리스트

"처음부터 완벽하지 않아도 된다."

질문을 잘 던지고 싶다는 마음은 있는데, 막상 챗GPT를 쓰려고 하면 손이 멈춘다. 질문이 생각나지 않는 게 아니라, 질문을 정리할 틀을 몰라서다.

완벽한 질문으로 대화를 시작할 필요는 없다. 질문은 대화 속에서 다듬어진다. 처음이 엉성해도, 계속해서 묻다 보면 답은 점점 자세하고 구체적이 된다.

이 장에서는 복잡한 문제도 똑똑하게 풀어가는 질문 체크리스트를 소개한다. 막막함을 구조화로 바꾸는 프레임, 질문을 이어가는 순서, 생각을 꺼내는 실전 패턴까지 단계별로 함께 정리해 볼 것이다.

복잡한 문제도 똑똑하게 해결하는 질문 체크리스트

내비게이션에 정확한 목적지를 입력하듯, AI에게도 명확하고 구체적으로 질문해야 한다. 하지만 문제가 너무 복잡해서, 머릿속에서 수백 개의 질문지가 동시에 폭죽처럼 터지는 바람에 어디서부터 질문을 시작해야 할지, 어떤 질문이 진짜 핵심인지조차 헷갈릴 때는 어떻게 해야 할까?

아무리 복잡하게 얽힌 문제라도, 실마리는 의외로 간단한 곳에 있다. 바로 엉킨 실타래의 첫 가닥을 찾아내는 것. 이 방법만 알면 이제 당신의 질문 능력도 한 단계 레벨업된다.

1. 질문에도 단계가 있다

실타래가 엉키면 손가락으로 한꺼번에 잡아당겨선 풀리지 않는다. 끝을 찾아 살살 당겨야 한다. 복잡한 숙제, 프로젝트, 인간관계도 마찬가지다. AI에게 묻기 전에 가닥을 찾아야 한다. 여기서 가닥은 문제를 작게 자른 질문이다.

'기초 → 구조 → 실행'의 질문 3스텝을 기억해 두자.

1단계 기초		2단계 구조		3단계 실행
기초 자료 조사	⇨	자료 정리 및 구조화	⇨	결과물 완성

1단계 기초 단계는 주제에 대해 가장 쉬운 정보, 아이디어를 모으는 단계다. 사용자가 원하는 결과를 얻어내려면 문제를 잘 모르는 '백

지 상태'에서 벗어나야만 하고, 그러기 위해서는 생각의 재료를 확보해야만 한다. 그래서 1단계인 기초 단계가 필요하다.

2단계 구조 단계는 1단계에서 모은 자료를 표, 리스트, 카테고리로 정리한다. 이렇게 자료를 한눈에 볼 수 있도록 구조화해 두면, 문제의 핵심과 우선순위가 보이고 다음 단계에서 원하는 결과물로 가공할 준비를 해 둘 수 있게 된다.

3단계 실행 단계는 정리한 구조를 바탕으로, 구체적인 결과물을 만드는 단계다. 바로 써먹을 문서, 대본, 아이디어를 완성하는 단계다.

이 질문의 세 단계를 사용해, 환경 오염 발표 준비에 활용해 본다면 단계별로 이런 질문을 던져보면 좋은 성과를 기대해 볼 수 있다.

1단계 기초		2단계 구조		3단계 실행
환경 오염이 문제인 이유 세 가지만 중학생 눈높이로 설명해 줘.	⇨	앞의 세 가지 이유를 '원인-현상-영향' 표로 짜서 한 문장씩 정리해 줘.	⇨	표를 활용해 5분 발표 대본을 써줘. 문단별 자막, 배경, 그림 아이디어도 세 개씩 추가해 줘.

2. 둘 다 별로라면, 히든카드를

AI가 답을 줬는데도 성에 차지 않을 때가 있다. 그럴 땐 새로운 선택지 C를 만들어 달라고 주문하자. 학교 과제로 '1인 프로젝트' 과제를 받아, 어떤 과제를 수행하면 좋을지를 AI에게 물어봤다고 해보자.

◇ 다음은 학교 과제로 수행하면 좋을 법한 1인 프로젝트들입니다. 요청

대로 두 가지를 준비해 보았습니다.
- ◇ A안: 학교 신문 만들기
- ◇ - 신문 양식 디자인
- ◇ - 인터뷰 수집
- ◇ - 기사 세 편 작성 후 PDF로 편집
- ◇ 문제점: 종이, 편집 툴 등 준비물이 많고, 최소 2~3일 필요
- ◇ B안: 영상 콘텐츠 제작
- ◇ - 1분 브이로그 콘티 구성
- ◇ -모바일 촬영 + 무료 편집 앱 활용
- ◇ -자막, 썸네일까지 넣고 업로드
- ◇ 문제점: 편집 경험이 없으면 시간 소요 큼. 기술 진입 장벽 존재

◆ 네가 제안한 계획 A(학교 신문 만들기)는 준비물이 너무 많이 필요하고, B(영상 제작)는 내가 가진 기술로는 시간이 너무 오래 걸릴 것 같아. 준비물이 거의 필요 없고, 하루 만에 결과물을 만들 수 있는 새로운 C 계획, 히든카드를 알려 줘.

복잡한 문제일수록 챗GPT가 제안한 A와 B에 갇혀버리지 말고, 조건을 다시 쓰고 C를 받아보자. 판단하는 것은 어디까지나 당신이지 AI가 아니다. AI의 조언이 마음에 들지 않으면 다른 답을 얻어 낼 방법을 고민하면 된다. 하나의 정답만 고집하기보다, 때론 유연성이 필요하다.

처음부터 완벽할 필요는 없다

처음 가보는 낯선 동네에서 길을 찾을 때, 단 한 번의 질문으로 목적지까지 완벽하게 안내받을 수는 없다. 일단 눈에 보이는 사람에게 "실례지만, 혹시 OO역이 어느 방향인가요?" 하고 첫 질문을 던지고, 그 답변을 바탕으로 "아, 그럼 저쪽으로 쭉 가면 되는 건가요?" 혹은 "혹시 걸어서 얼마나 걸릴까요?" 하고 다음 질문을 이어가며 점점 더 정확한 정보를 얻어가야만 헤매지 않을 수 있다.

AI와의 대화도 마찬가지다. 질문이 좀 어설프고 범위가 넓어도 괜찮다. 처음엔 대답이 마음에 들지 않을 수도 있다. 하지만 그 답변을 보면서 다듬고, 좁히고, 구체화하면서 점점 더 좋은 질문을 만들어가야만 한다.

1. 불만 대신 피드백을

"별로야."

"이건 아닌데…"

이렇게 한마디만 던지면 AI는 무엇을 고쳐야 하는지 모른다. 대신 아래 세 문장 구조를 써보자.

> 좋았던 점　"사례를 들려준 건 이해하기 쉬웠어."
> 아쉬운 점　"하지만 문장이 너무 길어서 읽다 끊겼어."
> 바라는 점　"차별성이 부족해 보여."

AI의 답변을 다듬는 가장 효과적인 방법은 구체적인 피드백을 담은 후속 질문이다. 위의 좋았던 점, 아쉬운 점, 바라는 점을 질문하는 예시 질문을 살펴보자. 먼저 좋았던 점을 평가하는 문장이다.

- ◆ 방금 제안해 준 'AI 활용 맞춤형 학습 계획' 아이디어 정말 좋은데! 특히 '개인의 학습 스타일 분석' 부분이 마음에 들어. 이 부분을 어떤 데이터를 기반으로, 어떤 방식으로 분석할 수 있을지 구체적인 방법 세 가지만 더 설명해 줄 수 있을까?

이렇듯 AI의 답변에서 좋았던 점을 명확히 언급하고, 그 부분을 더 파고드는 질문을 던져보자. AI가 대답한 강점이 더 보완되는 효과를 볼 수 있을 것이다.

다음은 AI에게 아쉬운 점을 피드백하는 예시를 살펴보자.

- ◆ AI 활용 맞춤형 학습 계획을 설명한 문장이 너무 길어서, 중간에 집중력이 떨어졌어. 대학생 독자들이 한 번에 이해할 수 있게 열다섯 단어 이하로 문장을 나눠서 다시 정리해 줄 수 있어?

아쉬운 점을 피드백할 때는 먼저 부족한 부분을 명확히 지적해야 한다. 또한 AI는 사람이 아니기 때문에, 알아서 하기를 바라지 말고 부족한 부분을 어떤 식으로 보완하면 좋을지 구체적인 대안 정보나 아이디어를 요청해야만 한다.

이제 바라는 점을 피드백해 보자. 어떤 결과를 더 받고 싶은지를 정확히 지시하는 것이 중요하다.

- ◆ 제시해 준 'AI 활용 맞춤형 학습 계획'이 너무 흔한 느낌이야. 예를 들어 챗GPT로 학습 스케줄 만들기 같은 건 다들 알고 있거든. 혹시 최근 해외에서 화제가 된 AI 학습법 사례 세 가지를 소개해 주고, 그걸 우리 교육 플랫폼에 적용할 수 있는 아이디어도 함께 제안해 줄 수 있어?

명확한 피드백이 담긴 후속 질문은 AI에게 "아, 사용자가 이런 방향을 더 선호하는구나!" 혹은 "이런 정보가 더 필요하구나!"라는 확실한 학습 신호를 준다. 이런 질문이 반복될수록 AI는 당신의 의도에 점점 더 가까워지는, 그야말로 척하면 척하는 답변을 내놓게 될 것이다.

2. AI vs. AI 교차하기

아무리 피드백을 줘도, 같은 AI에만 의존하면 놓치는 것이 생긴다. 익숙함은 편하긴 하지만 그것이 함정이다. 이럴 때는 다른 AI에게 교차 검토를 맡겨보자.

챗GPT로 초안을 완성했다면 클로드, 제미나이 같은 다른 AI의 채팅창에 내용을 붙여 넣어보자. 그리고 "문장 흐름이 어색한 부분 세 곳만 알려 줘" 혹은 "중학생이 어려워할 표현을 지적해 줘"라고 부탁해 보라. 이때 클로드나 제미나이가 지적한 부분을 다시 최초의 AI였던 챗GPT에게 수정시키면 품질이 한 단계 더 올라간다.

여러 명의 선생님이 첨삭한 결과물은 한 명의 선생님이 첨삭한 것보다 낫다. 갖고 있는 도구를 최대한 활용해 보자.

대화를 이어가야 답이 깊어진다

이제 당신은 AI에게 처음부터 완벽한 질문을 던져야만 한다는 중압감에서 해방되었을 것이다. 첫 질문이 다소 어설퍼도, AI와 함께라면 얼마든지 더 나은 답으로 발전시켜 나갈 수 있다는 자신감도 얻었을 테다. 하지만 여기서 만족하고 멈춰 선다면 여전히 AI라는 거대한 빙산의 일각만 보고 사용할 수밖에 없다.

소개팅에서 첫인사만 나누고 상대에 대한 판단을 끝내고서 자리를 박차고 나오는 사람은 없지 않은가? 소개팅에서 만난 상대의 진짜 매력은 그 이후에 대화가 오고 가는 가운데 발견되는 것처럼, AI와의 대화도 똑같다. 첫 답변이 나왔다면, 이제부터가 진짜로 밀고 당기기를 시작해야 할 때다. 첫 답변을 물고 늘어지며 더 깊고, 더 넓고, 더 날카로운 질문을 던져야 한다. 그래야만 비로소 당신이 상상하지도 못했던 AI의 숨은 매력을 느낄 수 있다.

1. 타인의 시선 훔쳐보기

"내가 중학생 담임 선생님이라면?"
"내가 게임 회사 기획자라면?"

나의 시점	기본 아이디어
	"과학 수행평가 주제 추천해 줘."
선생님 시점	평가 기준 반영
	"과학 교사가 칭찬할 만한 주제를 골라 줘."

> **친구 시점**   흥미, 참여도
> "친구들이 흥미로워할 주제를 골라 줘."
>
> **부모 시점**   안정성 검토
> "부모님이 걱정하지 않을 실험 주제일까?"

AI에게 계속 당신의 시점에서만 질문하면 사고의 폭이 좁아진다. 이렇게 다른 역할을 지정해 후속 질문을 던지면 AI는 새로운 관점에서 정보를 준다. 다른 사람의 안경을 빌려 세상을 보는 것처럼, 하나의 주제를 여러 방향으로 비추면 답이 입체가 된다. 같은 주제를 여러 각도에서 보면 이해도가 급격히 높아진다.

마케팅 담당자로서 AI를 사용해 과업을 고민하던 사용자라면, 이런 식으로 질문을 바꿔 보자.

◆ 네가 우리 회사 마케팅팀 팀장이라고 해보자. 이 신제품의 가장 큰 문제점과 그걸 해결할 최우선 과제는 뭐라고 생각할까?

◆ 너는 이 제품을 처음 보는 소비자야. 이 제품 설명서에서 가장 이해하기 어려운 부분은 어디일 것 같아?

2. 시간 여행

같은 아이디어라도 시대를 바꾸면 AI는 다른 자료를 불러온다. 시간 여행 질문은 과거의 데이터와 미래의 예측 데이터도 함께 살펴볼 수 있어 유용하다.

> **과거 시점** "2000년대 초반에 이 아이디어가 있었다면 장점과 단점은?"
>
> **현재 시점** "지금 한국 대학생 눈높이에 맞게 바꿔 줘."
>
> **미래 시점** "10년 후에도 유효한지 예측해 줘."

3. A/B 테스트

"하나만 골라 주세요" 대신 "두 개를 놓고 비교해 줘"라고 하면 선택이 더 쉽다. 하나의 정답만 찾으려 하기보다, AI에게 여러 대안을 놓고서 장단점을 비교하고 분석하도록 요청하자. 쇼핑할 때 여러 상품을 비교하며 최적의 선택을 하듯, AI에게 비교하도록 시키면 더 현명한 의사 결정을 내릴 수 있다.

◆ 내 제품 홍보를 '숏폼 영상'으로 할 때와 '만화 카드뉴스'로 할 때 예상 장단점을 비교해 줘.

◆ 온라인 강의 플랫폼을 만들려고 하는데, '구독형 모델'과 '개별 강의 판매 모델' 중 어떤 방식이 초기 사용자 확보와 장기적인 수익 창출에

더 유리할지, 각 모델의 장단점을 비교 분석해 줘.

4. 멈춤 & 리플레이

게임을 하다 세이브 지점에서 멈추고 다시 플레이하듯, AI 대화도 중간 저장이 필요하다.

대화가 길어질수록 정보의 홍수 속에서 길을 잃기 쉽기 때문에 그럴 땐 과감히 지금까지의 대화 내용을 요약해 달라고 요청하자. 그 후 전체적인 흐름을 다시 파악하는 것이다.

첫 질문 바로 뒤	"내 목표는 ○○야. 이걸 꼭 잊지 말아 줘."
다섯 번 이상 대화한 뒤	"지금까지 요약하면 뭐야? 한 줄로 말해 줘."
80% 완성 시	"지금까지 제안한 것 중 가장 중요한 세 가지만 다시 알려 줘."

5. 문장 릴레이

AI가 써준 문장 중 마음에 드는 문장을 복사해 다시 붙여 넣고 이렇게 말해보자.

"이 문장을 질문으로 바꿔 줘."

예를 들어, AI와 스트레스 해소 관련하여 답변을 나누고 있었다고 해보자. 그 가운데 "꾸준한 운동은 스트레스 해소에 도움이 됩니다"라는 문장이 마음에 들었다. 그렇다면 이렇게 조금만 바꾸어 질문을 해보면 좋다.

◆ 꾸준한 운동이 스트레스 해소에 도움이 되는 과학적인 원리는 뭐야? 그리고 스트레스 해소 효과를 극대화할 수 있는 운동 종류 세 가지만 추천해 줄래?

평서문을 질문으로 바꾸는 순간, AI는 새 데이터를 찾아 더 깊이 설명한다. 대화의 흐름을 끊지 않으면서 새로운 관점의 답변을 얻을 수 있다. 글이 아니라 대화이기 때문에 가능한 기법이다.

6. 마지막 한 번만 더

모든 질문과 답변이 오고 가고, 이제 정말 완벽하다고 생각될 때, 딱 한 번만 더 확인 질문을 던져 보자. 이 마지막 확인 질문이 작은 오류까지 잡아내며 완성도를 최고로 끌어올린다.

◆ 지금까지 우리가 논의한 이 사업 계획이, 내가 처음에 말했던 '20대 대학생 타깃, 초기 자본금 100만 원 이내'라는 핵심 조건을 모두 만족하는지 최종적으로 체크리스트 형태로 보여 줘. 혹시 놓친 부분이 있다면 지적해 주고.

이 질문을 들은 AI는 스스로 조건을 점검해 작은 빠짐을 찾아낸다. 마지막 한 번이 결과물의 완성도를 5% 더 끌어올린다.

AI와 대화를 이어가는 여섯 가지 팁

- ☐ 다른 사람의 관점에서 질문을 던져 본다
- ☐ 시간을 바꿔 적용해 질문한다
- ☐ 두 대안을 놓고 비교하게 한다
- ☐ 대화를 중간중간 요약시킨다
- ☐ AI의 답변을 질문으로 바꾼다
- ☐ 마지막 확인 질문을 한다

지금 챗GPT 창을 열고, 최근 나눴던 대화 가운데 가장 마음에 안 들었던 답변을 찾아보자. 위에서 배운 피드백 원칙 세 가지를 이용해 후속 질문을 던져보자.

1. 좋았던 점: (AI 답변에서 그나마 괜찮았던 부분)

2. 아쉬운 점: (구체적으로 뭐가, 어떻게 마음에 안 들었는지)

3. 바라는 점: (그래서 어떻게 바꿔주길 바라는지)

AI의 답변이 어떻게 달라지는지, 그 변화를 직접 경험해야 당신의 것이 된다.

💬 챗GPT, 나는 이제 잘 쓰고 있을까?

- ☐ 첫 질문을 꼭 완벽하게 짜려고 하지 않는다

- ☐ 기초, 구조, 실행의 질문 3스텝을 안다

- ☐ 답변이 마음에 들지 않으면 제3의 안을 받아낼 수 있다

- ☐ 감정적 반응 대신 피드백 세 줄을 적을 수 있다

- ☐ 결과물을 다른 AI 모델에게 점검을 맡긴다

- ☐ AI와 대화를 이어가는 여섯 가지 팁을 안다

Part 3 **AI를 한눈에 고르기**

도로의 상황에 따라 기어를 고르듯,

상황에 딱 맞는 AI 모델을 선택해야 한다.

나는 이렇게 쓰고 있진 않을까?

☐ 챗GPT에 어떤 모델이 있는지 잘 모른다

☐ 챗GPT 모델의 종류는 이름만 들어 봤다

☐ AI 모델이 업데이트되면 모든 것을 새로 배워야 한다고 생각한다

☐ AI 버전 업데이트가 무서워서 AI 사용을 피한다

☐ 챗GPT를 써 본 적 없이 다른 AI부터 도전한다

☐ 사용 목적과 상관없이 같은 AI 모델을 사용한다

7장

모델을 바꾸면 결과가 달라진다

생성형 AI는 매번 새 얼굴을 내민다. o3, 클로드 4 등 이름만 바뀐 채 기능은 조금씩 겹친다. 우리는 어느 순간 이 AI, 저 AI에 끌려다니며 똑같은 질문을 반복하게 된다.

"이번엔 뭐가 더 좋대?"
"다시 처음부터 공부해야 하나?"

파도처럼 밀려오는 업그레이드 앞에서 두 갈래 중 하나를 택해야 한다. 새 모델이 나올 때마다 허덕이며 처음부터 공부하는 방법이 첫 번째 방법이다. 두 번째 방법은 평소에 핵심 원리를 파악해서, 필요할 때 응용법만 조금 바꿔 AI에 쉽게 적응할 수 있도록 준비해 두는 방법이다.

이 책은 단호하게 두 번째 방법이 낫다고 본다. 먼저 '질문 설계력'이라는 운전법을 익혔으니, 이젠 '모델 선택'이라는 기어 변속으로 주행 감각을 익혀 보자. 모델이 달라도 구조는 같다. 이번 장은 엔진 뚜껑을 열고, 모델별 출력과 연비부터 살펴 보는 장이라고 생각하면 된다. 한번 제대로 익히면, 앞으로 등장할 어떤 AI도 첫날부터 당신의 손안에서 달릴 수 있다.

GPT-5 업데이트와 기존 챗GPT 모델 지식

2025년 8월 7일, GPT-5가 출시되면서 기존 GPT-4o, GPT-4.5, o3, o3-pro 모델은 하나의 통합 시스템으로 묶였다. 해당일 기준 챗GPT 인터페이스에서는 모델명을 직접 선택할 수 없고, GPT-5가 질문의 성격과 난이도에 따라 적합한 엔진을 자동으로 연결한다.

쉽게 말해, 기존 모델들이 기어를 직접 조작하는 수동 기어 차량이었다면, GPT-5는 스스로 변속을 조정하는 자동 기어 차량이다. 편리하지만, 상황에 따라 사용자가 원하는 기어를 직접 고를 수 없으므로 의도와 다른 변속이 일어날 때는 답답함을 느낄 수 있다.

이 장에서는 GPT-5를 포함해, 통합 이전에 쓰이던 주요 모델들의 특징과 강점을 함께 살펴본다. 2025년 8월 업데이트를 통해 GPT-5 하나로 통합되었지만, 내부적으로는 여전히 각 모델의 특화 엔진이 존재한다. 각 모델의 성격과 장점을 이해하면, GPT-5가 어떤 상황에서 어떤 방식으로 작동하는지 더 깊이 파악할 수 있다.

GPT-5는 질문의 성격과 난이도에 따라 자동으로 엔진을 선택하지만, 이 방식이 항상 완벽하지만은 않다. 가벼운 작업인데도 불필요하게 오래 걸리거나, 깊이 있는 분석이 필요한데도 짧고 단순한 답변이 나오는 '모델 언매치'가 생길 수 있다.

이럴 땐 프롬프트에 "○○ 모델로 답변해 주세요"처럼 원하는 모델을 지정하거나, "○○ 모델은 피해 주세요"처럼 배제할 모델을 명시해 보자. 예를 들어, "창의적인 글쓰기니까 GPT-4.5 스타일로 작성해 주세요", "정밀한 분석이 필요하니 경량 엔진은 피하고 깊이 있게 접근해 주세요"처럼 요청할 수 있다.

UI에서는 이러한 지시가 모델 선택을 유도하는 역할을 하며, API 환경에서는 GPT-5, GPT-5 mini, GPT-5 nano처럼 구체적인 모델도 명시적으로 선택할 수 있다.

결국, 각 모델의 특성과 장단점을 이해하는 것이 GPT-5 환경에서도 여전히 중요한 이유이며, 이 책의 모델별 설명은 그 기초가 될 것이다.

AI 업데이트 홍수 속에서도 살아남는 법

"GPT-5가 나오면 지금 배운 건 다 쓸모 없어지는 거 아닌가요?"

2025년 봄, 한 직장인이 나에게 털어놓은 고민이다. 이 질문을 듣는 순간 깨달았다. 대부분의 사람들이 AI 활용에서 실패하는 진짜 이유를.

결론부터 말하면, 절대 그렇지 않다. 사람들은 새로운 버전이 나올 때마다 처음부터 다시 배워야 한다고 생각한다. 이런 태도는 새 차가 나올 때마다 운전면허를 다시 따려는 것과 같다. 그러나 자동차는 매년 새 모델이 나와도 운전법은 똑같다. 새로운 모델 이름을 외우고 신기능을 따라가는 데 급급한 사람은 결국 지쳐 쓰러진다. 이 홍수 속에서 살아남는 유일한 방법은 모델의 이름이 아닌 기본 원리에 집중하는 것이다.

무엇이 바뀌고, 무엇이 변하지 않을까? 내가 3년째, AI를 써 오면서 발견한 불변의 법칙이 있다.

바뀌는 것들	바뀌지 않는 것들
· 모델명 · UI, 버튼 위치, 메뉴 구조 등 · 새로운 기능 추가	· 구체적인 질문의 유용성 · 목적이 분명한 질문의 유용성

AI가 매년 바뀌는 것들은 실은 걱정할 필요가 없다. 먼저 AI는 모델명이 수시로 바뀐다. GPT-4, GPT-4.5, o3, o4-mini 등으로 계속 업데이트된다. 유저 인터페이스(UI), 그러니까 버튼 위치나 메뉴 구조 등도 새로워진다. 새로운 기능들이 추가된다. 이미지 생성, 음성 인식 같은 것들 말이다. 속도와 성능도 점점 빨라지고 정확해진다.

정말 중요한 것은 AI가 업데이트되어도 절대 바뀌지 않는 것들, 즉 기본 원리다. 명확한 질문의 힘은 변하지 않는다. 모호한 질문에는 모호한 답변이, 구체적 질문에는 정확한 답변이 돌아온다. AI와의 대화 흐름을 유지하는 것도 마찬가지로 항상 중요하다. 첫 질문보다 후속 질문에서 진짜 가치가 나온다.

AI 버전 업데이트 공포증 극복하기

1) 공포증의 원인

- "뒤처질까 봐" 하는 불안감
- "모든 걸 다 알아야 한다"라는 강박감
- "완벽하게 활용해야 한다" 하는 부담감

2) 극복 방법

- AI는 도구일 뿐, 도구에 휘둘리지 마라.
- 내게 필요한 기능만 선택적으로 학습하라.
- 기본기가 탄탄하면 어떤 버전이 나와도 금방 적응 가능하다.

AI와 대화할 때 목적 의식의 중요성도 변하지 않는다. "왜 이 질문을 하는가?"가 명확할 때 AI는 최고의 성능을 낸다. AI에게 단계별 사고를 유도해야만 더 효과적인 것도 AI가 업데이트 되어도 변하지 않는다.

자동차 모델이 바뀌어도 운전대와 엑셀, 브레이크의 위치와 기능은 바뀌지 않는다. 마찬가지로 역할, 맥락, 지시, 형식을 담아 질문을 설계하는 능력은 AI 모델의 버전을 초월하는 기본 원리다.

AI 종류가 많은데, 굳이 챗GPT부터 시작해야 할까? 답은 간단하다. 챗GPT가 표준이기 때문이다. 전 세계 AI 커뮤니티에서는 AI 활용법 가운데 챗GPT 활용법을 가장 많이 다룬다. 유튜브에서 'AI 활용법'을 검색해 보면 알 수 있다. 10개 중 8개는 챗GPT 기반이다. 사람들이 많이 몰리기 때문에 업데이트, 팁, 실험 노하우가 가장 빨리 쌓인다.

또 챗GPT의 인터페이스는 다른 AI 인터페이스의 표준이 된 구조다. 프롬프트를 입력하고 응답을 받아보는 구조나, 플러그인 API 확장, 멀티모달 지원 흐름까지, 챗GPT는 사실상 다른 AI 모델을 설계하는 데 꼭 보아야만 하는 교본이다. 챗GPT를 익히고 나서 보면 새 모델을 접하더라도 처음 보는 얼굴이지만 이미 아는 언어를 쓴다고 느낄 것이다.

세 번째로 챗GPT의 개선 속도는 압도적으로 빠르다. 오픈AI는 모델, 툴, 리서치 세 축을 분리해 동시다발로 업데이트한다. 버전이 한 번 오를 때마다 체감 생산성 점프가 일어나는 이유다.

결론적으로 먼저 챗GPT를 단단히 배워놓으면 그 위에 어떤 모델을 얹어도 금세 손에 익고 낯선 느낌이 들지 않는다. 챗GPT는 AI 사용 확장을 위한 발판이다.

그렇다면 사용하던 AI에 새로운 버전이 나왔을 때 어떻게 대응해야 할까? 3단계 전략을 추천한다.

> **사용하던 AI의 신 버전이 나왔을 때 대응법**
> - 1단계: 무시하기
> - 2단계: 테스트하기
> - 3단계: 적용하기

먼저 사용하던 AI가 출시된 첫 한 주 동안은 바로 시험해 볼 필요가 없다. 새로운 버전이 나와도 바로 뛰어들지 마라. 초기 버그가 있을 수 있고, 과장된 마케팅 정보가 많기 때문이다. 둘째 주 정도가 되면 평소에 자주 하는 질문 다섯 개를 새 버전의 모델에 똑같이 해본다. 기존 버전 결과와 비교하는 것이다.

셋째 주 정도가 되면 신 버전 테스트의 3단계로, 테스트한 결과가 만족스럽다면 점진적으로 적용해 사용하면 된다.

원리를 아는 AI 이용자는 새로운 AI의 등장을 숙제로 생각하지 않는다. 능숙한 AI 사용자들은 업데이트로 얼마나 AI가 더 똑똑해졌을까 기대하며 설레기만 할 뿐이다.

GPT-4o vs. GPT-4.5 vs. o4-mini

경차와 스포츠카가 같을까? 당연히 다르다. 경차는 연비가 좋고 주차가 쉽다. 스포츠카는 속도가 빠르고 성능이 좋다. 용도가 다르니까 선택하는 기준도 다르다. AI 모델도 마찬가지다. 겉으로는 비슷해 보여도, 각각 특화된 영역이 다르다. 하지만 90%의 사람들은 그냥 AI라고 퉁 치며 기본 모델 하나만 쓰고 있다.

챗GPT 모델은 서로 무엇이 다를까? 모델의 이름에 붙는 Pro, Mini, Turbo 같은 수식어를 본 적이 있을 것이다. 이것들은 자동차의 그랜저, 소나타, 아반떼처럼 엔진의 등급과 성격을 나타낸다. 이름은 계속 바뀌겠지만 최고급, 고성능, 경량이라는 세 가지 등급의 개념을 이해

모델	Pro	All-rounder	Mini/Turbo
등급	최고급	고성능	경량형
역할	박사급 전문가	유능한 만능 팀장	빠르고 성실한 신입

하면, 어떤 모델이 나와도 핵심을 파악할 수 있다.

자동차를 살 때 용도에 따라 고르듯 AI 모델도 내가 하려는 일에 따라 선택해야 한다. 매일 출퇴근용으로 쓸 건지, 가족 여행용인지, 아니면 레이싱용인지에 따라 다른 차를 고르듯이 말이다.

먼저 최고급 모델인 Pro 모델이 있다. 이 모델은 박사급 전문가라고 할 수 있다. 복잡하고 추상적인 문제의 근본 원인을 파고들고, 세상에 없던 새로운 아이디어를 만드는 데 사용한다. "왜 이 문제가 발생했을까?" 또는 "이 문제에 대한 다섯 가지 다른 철학적 접근법은?" 같은 깊이 있는 질문에 가장 잘 어울린다. 하지만 한계가 있다. 비용이 가장 비싸고 속도가 느려서, 모든 일에 사용하기에는 부담스럽다. 람보르기니를 타고 마트에 가려면 부담스럽다.

다음으로는 고성능 All-rounder 모델이 있다. 이 모델은 사람으로 치면 유능한 만능 팀장이다. 뛰어난 성능과 합리적인 속도의 균형을 맞춘, 현존하는 가장 이상적인 작업 파트너. 복잡한 보고서 작성부터 이미지 분석, 코딩 작업까지 대부분의 전문 업무를 막힘없이 수행한다. 물론 한계가 아예 없는 건 아니다. 최고급 모델에 비해 특정 분야의 깊이나 창의성의 한계가 미세하게 존재할 수 있다. 하지만 일상 업무의 90%는 이 정도면 충분하다.

다음으로는 경량 모델인 Mini/Turbo 모델이 있다. 이 모델은 빠르고 성실한 신입 사원과 같다. 이 모델의 장점은 반응 속도다. 반응 속도가 압도적으로 빨라서, 대화하듯 아이디어를 주고받거나 정해진 형식의 작업을 대량으로 처리하는 데 최적화되어 있다. 물론 한계도 명확하다. 복잡한 추론이나 여러 단계의 지시를 이해하는 능력이 부족해서, 중요한 판단을 맡기기에는 신뢰도가 낮다. 하지만 빠르고 간단한 작업에는 최고다.

자, 이제 챗GPT의 대표적인 세 모델을 살펴보자. GPT-4o, GPT-4.5, o4-mini는 삼형제처럼 각자 다른 재능을 가지고 있다.

1. GPT-4o, 만능 올라운더

마치 SUV 같은 모델이다. 어디든 갈 수 있고, 웬만한 건 다 할 수 있는 만능 올라운더다. 특기는 텍스트, 이미지, 음성을 통합해서 처리하는 것이다. 복잡한 업무나 여러 자료를 종합해야 할 때 쓴다. 속도는 보통이고, 안정적이며 균형 있는 답변을 출력한다.

"이 그래프 보고 마케팅 전략 짜 줘"라고 이미지를 올리면서 질문해 볼 수 있는 모델이다. 차트를 분석하고, 트렌드를 읽으며 구체적인 행동 계획 수립까지 한 번에 제시한다. 급하게 답변이 필요할 때, 이미지와 텍스트를 함께 분석할 때, 회의 직전 빠른 요약이 필요할 때, 다양한 형태의 자료를 동시에 처리할 때 사용하면 좋다. 가볍고 빠르며, 멀티태스킹이 가능하다는 게 가장 큰 장점이다. 하지만 깊이 있는 분석이나 창작에는 아쉬움이 있다.

좋은 점들

- 빠른 응답으로 즉시 처리한다
- 멀티태스킹이 가능하다
- 실시간 멀티모달 처리(텍스트+이미지+음성)를 한다
- 범용성이 뛰어나 다양한 업무에 활용 가능하다
- 안정적이고 균형 잡힌 결과를 낸다

특히 잘하는 것

- 텍스트, 이미지, 음성 등 멀티모달 입력을 실시간으로 처리
- 다양한 업무(요약, 분석, 실시간 Q&A, 이미지+텍스트 종합 등)
- 복합적인 자료 분석과 빠른 종합 판단
- 여러 형태의 데이터를 동시에 해석
- 실용적이고 즉시 활용 가능한 답변 제공

아쉬운 점들

- 상위 모델에 비해 미세하게 창의성과 분석력이 떨어짐
- 전문적인 깊이보다는 범용성에 초점을 맞춤

언제 쓰면 좋을까?

- 급하게 답변이 필요할 때
- 이미지와 텍스트를 동시에 분석해야 할 때
- 회의 직전 빠른 요약이나 정리가 필요할 때
- 다양한 형태의 자료를 종합적으로 처리할 때

이런 식으로 써 보자

- "이 차트 분석해서 PPT 요약해 줘."
- "사진 속 문서 내용 정리해서 메모로 만들어 줘."

"고객 문의 내용 보고 빠른 답변 만들어 줘."
"회의 자료 여러 개 합쳐서 핵심만 뽑아 줘."
"이미지와 텍스트 함께 보고 종합 분석해 줘."

2. GPT-4.5, 아티스트

스포츠카처럼 특정 분야에서 압도적 성능을 보이는 AI다. 특기는 창의적 글쓰기, 스토리텔링, 아이디어 발굴, 감성 표현이다. 마케팅 카피, 소설, 에세이 등 창의적인 영역에서 탁월한 능력을 발휘한다. 속도는 다소 느리지만, 깊이 있는 사고 과정을 거쳐 독창적이고 매력적인 문장을 만들어낸다.

"30대 워킹맘을 위한 홈트레이닝 앱 광고 카피를 써 줘"라고 하면, 감성적 포인트를 정확히 잡아내 마음에 와닿는 글을 써 준다. 블로그 글이나 소셜미디어 콘텐츠를 작성할 때, 광고 카피나 마케팅 문구를 제작할 때, 감성적이고 설득력 있는 글이 필요할 때, 창의적인 아이디어나 스토리가 필요할 때 사용하면 좋다. 감정이 살아있는 글을 쓰고, 톤앤매너 조절을 탁월하게 해낸다는 게 가장 큰 장점이다. 특히 창작, 마케팅, 아이디어, 스토리텔링 영역에서 특화되어 있다.

좋은 점들
- 감정이 살아있는 글을 쓴다
- 뛰어난 언어 감각을 갖췄다
- 창의적이고 설득력 있는 콘텐츠를 만든다

톤앤매너를 상황에 맞게 조절한다

독창적이고 매력적인 표현을 쓴다

특히 잘하는 것

창의적 글쓰기와 감성 표현

스토리텔링과 마케팅 카피 작성

브랜드에 맞는 톤앤매너 구사

감정적 몰입도가 높은 콘텐츠 제작

타깃 독자의 공감 포인트 파악

아쉬운 점들

속도는 다른 모델에 비해 다소 느릴 수 있다

빠른 처리보다는 창의적 완성도에 집중한다

언제 쓰면 좋을까?

창작이나 마케팅 콘텐츠가 필요할 때

감성적이고 설득력 있는 글이 필요할 때

브랜드 스토리나 카피를 만들 때

독창적인 아이디어나 표현이 필요할 때

이런 식으로 써 보자

"우리 브랜드 스토리를 감동적으로 써 줘."

"Z세대 타깃 인스타 카피를 열 개 만들어 줘."

"고객 후기를 활용한 감성 마케팅 글을 써 줘."

"제품 론칭 이벤트 스토리텔링 콘텐츠를 만들어 줘."

"20-30대 여성의 공감을 얻는 에세이 써 줘."

3. o4-mini, 효율성 끝판왕

경차의 효율성을 보여주는 AI다. 작고 가볍지만 연비는 최고다. 특기는 빠른 응답과 간단한 작업 처리다. 즉석 질문, 빠른 번역, 간단한 요약에 최적화되어 있다. 속도는 최고 수준으로 묻는 즉시 응답하며, 간결하고 명확하게 답변한다.

회의 중 "2025년 대한민국의 GDP 성장률이 얼마였지?" 같은 급한 질문을 할 때 유용하다. 항상 옆에서 대기하고 있는 도우미 같다. 간단한 요약, 번역, 기본적인 질문, 일정 관리 및 체크리스트 작성 등 빠르고 간단한 작업을 처리할 때 사용하면 좋다. 경제적이고 효율적이지만 복잡한 추론이나 창작에는 한계가 있다.

좋은 점들
- 경제적이고 비용 부담이 없다
- 빠르게 응답한다
- 대량 작업이나 즉석 질의에 적합하다
- 간단한 작업에는 완벽하다

특히 잘하는 것
- 빠른 응답과 저비용 처리
- 간단한 작업(요약, 번역, 일정관리 등)에 최적화
- 즉석 질문이나 빠른 정보 조회
- 대량의 단순 작업 처리

아쉬운 점들
- 복잡한 추론에는 한계가 있다

심층적인 창작 작업에는 부족하다

전문적인 분석이나 고급 사고에는 적합하지 않다

언제 쓰면 좋을까?

간단한 요약이나 번역이 필요할 때

일정표나 체크리스트를 작성할 때

빠른 정보 조회가 필요할 때

경제적으로 대량 작업을 처리할 때

이런 식으로 써 보자

"이 영어 문서를 한국어로 번역해 줘."

"내일 회의 준비할 체크리스트 만들어 줘."

"이 긴 글 핵심만 세 줄로 요약해 줘."

"오늘 일정을 우선순위별로 정리해 줘."

"간단한 이메일 답장 써 줘."

    어떤 모델을 선택할지는 결국 내가 무엇을 하려고 하는지에 달려 있다. 급하고 간단한 일이라면 o4-mini 모델로 충분하다. 창의적인 글쓰기가 필요하다면 GPT-4.5를 선택하자. 복합적이고 전문적인 업무라면 GPT-4o가 적합하다. 적재적소에 맞는 모델을 선택하는 것이 진짜 AI 활용 실력이다.

o3 vs. o3-pro 추론의 천재들

지금까지 우리가 살펴본 GPT-4o, GPT-4.5, o4-mini는 빠르고 효율적인 실행형 AI였다면, o3와 o3-pro는 완전히 다른 종류의 AI다. 이들은 사고형 AI다. 인간이 복잡한 문제를 만났을 때 골똘히 생각하듯, 이 AI들은 답변하기 전에 깊이 있는 추론 과정을 거친다.

쉽게 말해, 지금까지의 AI가 즉석에서 대답하는 재빠른 친구였다면, o3 시리즈는 신중하게 생각한 후 정확한 답을 주는 전문가인 셈이다.

1. o3, 논리적 사고 마스터

화물차처럼 무거운 짐, 즉 복잡한 데이터를 나르는 데 특화된 AI다. 단계별 추론과 복잡한 문제 해결 그리고 체계적 분석이 가장 큰 특징이다.

지금까지 본 AI들이 '빠른 답변기'였다면, o3는 단순히 질문에 답하는 것을 넘어서 문제를 여러 단계로 나누어 논리적으로 해결한다. 텍스트만 보는 게 아니라 차트나 사진 같은 시각 자료까지 함께 분석해서 종합적인 결론을 내린다.

속도는 빠르지는 않지만 신중한 분석 과정을 거쳐 논리적이고 체계적인 답변을 내놓는다. 숙련된 전문가가 문제를 차근차근 분석하는 것과 같다. 전략 수립이 필요할 때, 분석 보고서 작성할 때, 의사 결정을 돕거나 문제 해결을 해야만 할 때, 논리적 구조가 중요한 작업을 할 때 사용하면 좋다.

"우리 회사 마케팅 전략을 3개월짜리로 세워 줘."
"고객 이탈률을 줄이기 위한 5단계 전략 제안해 줘."
"이 문제를 해결하기 위한 체계적 접근 방법 알려 줘."
"우리 회사 매출 데이터를 보고 내년 전략을 수립해 줘."

위와 같은 복잡한 분석 업무를 요청하면, o3는 데이터를 체계적으로 분석하고 여러 변수를 고려해서 논리적인 전략을 제시한다. o3는 논리적 완성도가 높고, 단계별 분석이 탁월하다. 복잡한 비즈니스 문제를 만났을 때 가장 믿을 만한 파트너가 될 수 있다.

좋은 점들

논리적 완성도와 체계적 분석력이 매우 높다

복잡한 데이터·문서·이미지도 통합적으로 분석한다

단계별 추론 및 다양한 도구 활용 가능하다

긴 자료(여러 파일, 책 등)도 일관성 있게 요약·분석한다

코딩, 수학, 과학, 비즈니스 등 전문 영역에서 강력하다

최신 정보 검색 및 실시간 분석 지원한다

특히 잘하는 것

복잡한 문제 해결과 단계별 추론

체계적 분석과 멀티모달(텍스트·이미지) 통합 사고

고급 수리·코딩·비즈니스·과학적 분석

문제를 여러 단계로 나누어 논리적으로 해결

시각적 자료(차트·사진 등)까지 포함한 종합적 사고

실시간 도구 활용(웹 검색, 코드 실행, 파일 분석 등)

아쉬운 점들

가벼운 모델에 비해 속도와 비용 면에서 부담이 있음

단순 반복 작업이나 즉시성·경제성이 중요한 용도에는 과함

언제 쓰면 좋을까?

복잡한 전략·분석이 필요한 기획이나 보고서 작성

여러 데이터·이미지·문서를 종합적으로 해석해야 할 때

단계별 논리적 사고, 문제 해결이 중요한 업무

고난도 코딩, 수학, 과학적 분석

이런 식으로 써 보자

"우리 회사 매출 데이터와 시장 트렌드를 분석해 내년 전략을 수립해 줘."

"여러 차트와 보고서 파일을 종합해 분석 보고서 작성해 줘."

"복잡한 수학 문제를 단계별로 풀어 줘."

"경쟁사 분석 및 3년 전망을 전문가 수준으로 작성해 줘."

"장기 프로젝트의 단계별 실행 계획을 세워 줘."

2. o3-pro, 깊이 있는 전문가

고급 세단처럼 특별한 사람들을 위한 프리미엄 AI다. 전문 지식이 깊고, 복잡한 분석을 잘하며 어려운 문제도 차근차근 풀어내는 게 특징이다.

속도는 가장 느리다. 하지만 이유가 있다. 매우 꼼꼼하게 검토해서 전문적이고 정확한 답을 주려고 하기 때문이다. 노벨상 받은 교수가

연구 결과 발표하기 전에 몇 번이고 다시 확인하는 것과 같다. 연구 자료 분석할 때, 기술 문서 쓸 때, 전문 분야 조언이 필요할 때, 고급 전략 세울 때, 최고 수준 분석이 필요할 때 사용하면 좋다.

"이 시장 데이터로 앞으로 3년 흐름 예측해 줘."

"경쟁사 분석 보고서를 전문가급으로 써 줘."

"복잡한 사업이 얼마나 돈 될지 분석해 줘."

"양자컴퓨팅 미래 전망과 관련 산업 영향을 분석해 줘."

위와 같은 어려운 질문을 하면, o3-pro는 최신 연구부터 기술 가능성, 경제 파급효과까지 종합해서 답한다. 깊이 있고 전문적이며, 고급 사고력을 갖춰 중요한 결정을 내리거나 전문 분야 분석이 필요할 때 가장 믿을 만한 조언자가 될 수 있다. 쉽게 말해서, 빠른 답보다는 정확하고 깊이 있는 답이 필요할 때 쓰는 프리미엄 AI라고 보면 된다.

좋은 점들

정확도가 AI 모델 최고 수준

큰 문서나 글+사진 같은 복합 자료도 척척 처리

실시간 인터넷 검색, 코드 실행, 고급 기능들 처리 가능

여러 언어에 탁월함

어려운 수학·과학 문제, 사업·기술 분석에 능숙함

안전장치가 튼튼함

특히 잘하는 것

전문 연구나 논문 분석

어려운 프로그래밍이나 오류 찾기

- 장기 전략이나 시장 흐름 예측
- 복잡한 사업 모델이나 경쟁사 분석
- 과학 데이터 해석이나 기술 문서 작성
- 맞춤형 교육이나 학습 도움

아쉬운 점들

- 답변이 느림 (다른 모델보다 훨씬 더 오래 걸림)
- 비싸고 고급 모델이라 비용 부담
- 빠른 처리나 간단한 일에는 안 맞음

언제 쓰면 좋을까?

- 깊이 있는 분석과 정확성이 중요한 고급 연구나 회사 프로젝트
- 복잡한 데이터, 문서, 이미지가 섞인 분석
- 전문적이고 체계적인 사업 전략 만들기
- 어려운 프로그래밍, 과학 문제 해결, 기술 보고서 작성

이런 식으로 써 보자

"이 시장 데이터로 앞으로 3년 트렌드 예측해 줘."

"경쟁사 분석 보고서를 전문가급으로 써 줘."

"이 사업 모델이 얼마나 수익성 있는지 자세히 분석해 줘."

"양자컴퓨팅 미래 전망과 관련 산업 영향 분석해 줘."

"장기 프로젝트 단계별 실행 계획과 위험 요소 평가해 줘."

GPT-5, 알아서 판단하는 올라운더

GPT-5는 수동 기어 차량이 자동 기어 차량으로 진화한 모델로 생각하면 된다. 이전에는 목적에 따라 SUV, 스포츠카, 경차처럼 각기 다른 모델을 직접 선택해야 했지만, 이제는 GPT-5 하나로 모든 상황에 대응한다. 질문을 던지는 순간, 스스로 판단해 필요한 엔진(빠른 실행형 또는 깊이 있는 사고형)으로 자동 전환한다.

편리하다는 장점이 있지만, 상황에 따라 내가 기어를 직접 고를 수 없기 때문에 의도와 다른 변속이 일어나면 답답할 수 있다.

좋은 점들

모델 선택 없이 항상 최적화된 답변 제공

텍스트·이미지·영상·차트 등 멀티모달 자료를 종합 분석

코딩·수학·창작·건강 관리·데이터 분석 등 주요 분야에서 최고 수준 성능

환각(사실 오류) 발생률 감소, 출처와 한계 명확 제시

특히 잘하는 것

간단한 질문은 빠르게, 복잡한 문제는 '씽킹(Thinking)' 모드로 깊이 분석

프레젠테이션·보고서·제안서 등 복합 작업 일괄 처리

멀티모달 자료를 활용한 종합 전략 수립

아쉬운 점들

- 자동 모드 특성상, 사용자가 직접 세부 엔진을 고를 수 없음
- 복잡한 업무일수록 씽킹 모드가 작동해 응답 속도가 다소 느려질 수 있음

언제 쓰면 좋을까?

- 속도와 정확성을 모두 챙기고 싶을 때
- 복잡한 계산과 문제 해결이 필요할 때
- 정교한 코딩 작업이 필요할 때
- 멀티모달 자료를 종합 분석해야 할 때
- 전문적인 건강·의료 상담 보조가 필요할 때

이런 식으로 써 보자

"이 수학 대회 문제를 풀이 과정까지 단계별로 설명해 줘."

"우리 앱의 프론트엔드 디자인을 반응형으로 새로 만들어 줘. HTML/CSS/JS 코드로."

"이 보고서의 표와 그래프를 분석해서 다음 분기 마케팅 전략을 제시해 줘."

"최근 논문 요약과 함께 관련 이미지나 다이어그램까지 포함해 설명해 줘."

"허리 통증 증상이 있는데, 가능한 원인과 병원 진료 전 물어볼 질문 목록을 만들어 줘."

1. GPT-5의 특성과 모델별 이해

GPT-5는 단순한 '업데이트 버전'이 아니다. 예전에는 속도형, 창작형, 분석형처럼 각기 다른 모델을 직접 선택해야 했지만, 이제는 하나의 모델 안에서 AI가 스스로 상황을 판단해 자동으로 최적 모드를 선택한다. 쉽게 말해, 기어를 내가 일일이 바꾸지 않아도 스스로 변속해 주는 자동차와 마찬가지다.

편해진 건 맞지만, 그렇다고 기존 모델의 특성을 몰라도 된다는 뜻은 아니다. 오히려 그 특징을 알아야, 자동 선택이 마음에 들지 않을 때, "이건 4.5 스타일로", "경량 모델은 피하고 깊이 있게 분석"처럼 프롬프트에서 원하는 방식을 유도할 수 있다. 무언가를 창작하는 작업이나 특정 언어·특정 형식처럼 원하는 결과가 명확한 작업은 조건을 직접 지정해 주는 것이 더 정확하다.

즉, GPT-5를 더 정밀하게 컨트롤하는 열쇠는 여전히 모델 특성 이해다.

2. 향상된 GPT-5 성능

적용 분야별로 살펴보면 향상된 점은 다음과 같다.

> **수학**
> 고급 과학 문답 성능이 향상되는 등 같은 조건에서 GPT-4o보다 성능이 확실히 향상되었으며, 복잡한 수학·과학 문제를 푸는 데 훨씬 강해졌다.

코딩

대규모 저장소 디버깅이나 여러 언어가 섞인 프로젝트 수정에서도 안정성이 눈에 띄게 좋아졌다.

멀티모달 이해력

대학 수준 시각 자료를 해석하고 과학 도표를 분석하는 능력 등이 향상되어, 텍스트뿐만 아니라 차트·이미지·영상까지 함께 분석해서 전략을 짜는 능력이 강화됐다.

건강 조언

건강 조언을 할 때 거짓 정보를 말할 확률이 최대 여섯 배까지 감소했다. 의료·건강 관련 조언의 신뢰도가 높아졌지만, 어디까지나 참고용이지 전문의가 내리는 진단을 대신하진 않으므로 유의하는 것이 좋다.

실제로 사용해 보면 보고서나 제안서를 써도 틀린 정보가 줄어 수정 시간이 대폭 감소된 것을 체감할 수 있다. 게다가 차트, 이미지, 영상까지 묶어서 분석할 때 더 똑똑해졌으며 복잡한 지시를 내려도 중간에 끊기지 않고 끝까지 처리하는 모습을 보인다.

물론 여전히 보완점은 존재한다. 분야를 가리지 않고 전문가처럼 대응하지만, 아주 복잡한 논리 분석이나 심층 연구는 아직 한계가 있다.

3. GPT-5 성능을 200% 끌어내는 활용법

자동 모드가 대부분 잘 맞지만, 특정 작업은 조건을 제한해 주어야 더 확실한 결과를 받을 수 있다. 자주 사용할 수 있는 대표적인 조건은 다음과 같다.

> **스타일 지정** "창작은 4.5 스타일로", "추론 모델 우선", "경량 모델은 피하고 깊이 있게 분석"
>
> **정밀도 중시** "생각을 충분히 사용해 달라(think hard)"
>
> **속도 중시** "간결하게, 불필요한 서술 최소"

결국, 모델 속성과 조건을 아는 사람이 결과물을 더 깔끔하게 받아볼 수 있다. GPT-5는 정확도, 추론 능력, 멀티모달 이해력이 이전 세대 모델보다 확실히 업그레이드됐다. 하지만 자동 모드만 믿고 맡기면 아쉬울 때가 있다. 아무리 좋은 엔진이라도 운전하는 사람이 방법을 모르면 제 성능을 못 낸다.

각 모델별 특징을 이해하고, 필요할 때 적절히 제한 조건을 더해 줄 수 있는 사람이야말로 GPT-5의 성능을 한계까지 끌어내 활용할 수 있다.

실전 모델 선택법

GPT-5 업데이트 뒤, 오픈AI는 공식 자료를 통해 GPT-5 모델을 안내하였다. 이 가운데 오픈AI는 사용자들의 GPT-5 모델 이해도를 높이기 위해, 새 모델과 성능이 유사한 기존 모델을 연결해 둔 표를 첨부하였다. 연결된 모델들의 기능이 정확히 일치하는 것은 아니지만, GPT-5 이해를 높이기에 좋은 자료다.

기존 모델	GPT-5 모델
GPT-4o	GPT-5 main
GPT-4o mini	GPT-5 main mini
o3	GPT-5 thinking
o4-mini	GPT-5 thinking mini
GPT-4.1 nano	GPT-5 thinking nano
o3-pro	GPT-5 thinking pro

이 표를 참고하여, 쌓여 있는 기존 모델 활용 팁에 맞춰 GPT-5를 활용하면 좋다. 상황에 따라 최적의 선택이 다르다. 핵심은 목적에 맞는 모델 선택이다. 각각의 모델은 각자의 장점이 있다. 망치로 나사를 조이려 하지 마라.

긴급 상황 (5분 내 결과 필요)

1순위는 GPT-4o다. 빠르면서도 퀄리티가 보장된다.

2순위는 o4-mini다. 속도는 최고지만 복잡한 분석에는 한계가 있다.

피해야 할 것은 o3-pro다. 너무 느려서 급한 상황에는 맞지 않는다.

창작 작업 (블로그, SNS, 카피)

1순위는 GPT-4.5다. 창의적 표현과 감성적 글쓰기에 최적화되어 있다.

2순위는 GPT-4o다. 만능이라서 웬만한 창작은 다 해낸다.

피해야 할 것은 o4-mini다. 창의성이 부족해서 재미없는 글이 나올 수 있다.

전략 수립 (기획서, 분석 보고서)

1순위는 o3다. 논리적 분석과 체계적 접근에 특화되어 있다.

2순위는 o3-pro다. 더 깊이 있는 분석이 필요하다면 최고의 선택이다.

피해야 할 것은 o4-mini다. 분석 깊이가 부족해서 표면적인 결과만 나온다.

일상 업무 (번역, 요약, 정리)

1순위는 o4-mini다. 빠르고 경제적이면서도 이런 단순 작업에는 충분한 성능을 보인다.

2순위는 GPT-4o다. 조금 더 복잡한 요약이나 정리가 필요할 때 유용하다.

GPT-5 모델을 200% 활용하는 연습1

GPT-5는 질문의 성격과 난이도에 따라 자동으로 엔진을 선택한다. 하지만 상황에 따라 사용자가 원하는 방식과는 다른 모델을 자동으로 선택할 수도 있다. 이때 대처하기 위해 모델별 특성을 미리 익혀 두자.

☐ 챗GPT 모델별 강점과 약점을 정리해 보기

☐ 각 모델 특징에 맞는 대표 질문 예시 만들기

☐ 동일한 질문을 두세 가지 모델 스타일로 변형해 보기

GPT-5 모델을 200% 활용하는 연습2

GPT-5에게 원하는 모델을 선택하거나 피하게 하여 프롬프트를 입력해 테스트 해보자.

☐ 프롬프트에 "창의적인 카피라이팅 스타일로 작성"과 같이 작업 스타일을 지시해 주기

☐ 프롬프트에 "경량 엔진은 피하고 깊이 있게 분석"처럼 챗GPT 모델 특성을 고려한 지시를 넣어 테스트하기

☐ 결과를 비교해 가장 만족스러운 응답을 뽑아내기

💬 챗GPT, 나는 이제 잘 쓰고 있을까?

- ☐ AI가 업데이트되어도 기본기가 중요하다는 점을 안다

- ☐ AI 버전 업데이트가 되어도 두렵지 않다

- ☐ 챗GPT 크게 세 등급의 모델이 있는 것을 안다

- ☐ 챗GPT 모델의 이름과 각 모델의 등급을 안다

나는 이렇게 쓰고 있진 않을까?

☐ 상황과 상관없이 챗GPT만을 이용한다

☐ 최신 뉴스를 검색할 때 챗GPT를 사용한다

☐ 그림 그리기, 음악 작곡, 동영상 제작 등은 기술적으로 할 수 없으므로 그냥 포기한다

☐ 홍보 전략 수립, 시장 조사 보고서 작성 등을 모두 혼자 힘으로 수행한다

8장

일 잘하는 사람의 AI 포트폴리오

한 강연에서 이런 질문을 받았다.

"챗GPT 말고 다른 AI들도 많던데요. 언제 뭘 써야 할지 모르겠어요. 정리해서 알려주실 수 있나요?"

맞다. 챗GPT만으로는 부족할 수도 있다. 각자 특화된 영역이 있고, 상황에 따라 더 나은 선택지가 있다. 챗GPT 모델의 다양한 종류를 알았다면, 한 걸음 더 나아가 보자. 일의 종류에 따라 서로 다른 AI를 사용할 수 있어야 한다.

구체적인 상황별로 어떤 AI를 선택해야 하는지 자세히 알아보자. 더 이상 "어떤 AI를 써야 하지?"라며 고민하지 말고, "아, 이런 일을 할 때는 이 AI구나!" 하고 상황을 보고 알아보는 센스를 가질 수 있다.

챗GPT

"AI하면 챗GPT"라고 할 정도로 가장 유명한 AI다. 2022년 11월에 세상에 나타나서 완전히 판을 뒤바꿔 놓았다. 출시 5일 만에 100만 명이 가입했고, 2개월 만에 1억 명을 돌파했다. 인류 역사상 가장 빠른 속도로 대중화된 서비스 가운데 하나다.

1. 챗GPT가 유용한 이유

- 사람처럼 자연스레 대화한다

"어제 영화 봤는데 너무 재미가 없었어. 다른 거 추천해 줘"라고 하면 진짜 친구처럼 "어떤 장르 좋아해?"라거나 "어떤 부분이 재미없었어?" 하며 대화를 이어간다. 로봇 같은 답변이 아니라 진짜 사람과 대화하는 기분이다. 대화 기억력도 엄청나다. 한 시간 전에 했던 말도 기억하고, 여러 주제를 오가면서도 헷갈리지 않는다. 마치 오랜 친구와 수다 떨듯이 편하다.

- 못하는 게 없는 만능 AI

아침에는 이메일 답장 도와주고, 점심에는 회의록 정리해 주고, 저녁에는 아이 숙제까지 봐 준다. 개인 비서를 한 명 고용한 느낌이다. 글쓰기도 기가 막힌다. 블로그 글부터 광고 문구까지, 심지어 셰익스피어 말투로도 써 준다. "20대 직장인 마음 울리는 자기 계발 글을 써 줘"라고 하면 눈물 날 정도로 공감되는 글이 뚝딱 나온다.

• 지속적인 성능 업그레이드

GPT-5, o1, o3 등 새로운 버전이 나올 때마다 더 똑똑해진다. 특히 속도가 처음과 비교해 굉장히 빨라졌다. 과거에는 답변을 기다리느라 답답함을 느끼고는 했는데, 지금은 거의 실시간으로 답변이 나온다. 틀렸다고 지적하면 "아, 미안! 다시 해볼게" 하며 바로 고쳐 준다. 학습 능력도 훌륭하다.

• 가장 많은 사람들이 사용법을 공유하는 AI

가장 많은 사람들이 쓰는 AI로, 그래서 가장 많은 사람들이 노하우를 공유하는 AI라는 점도 중요하다. 전 세계 사람들이 쓰다 보니 노하우가 매우 많으며, 잘 알지 못하는 것이 있으면 검색으로 금세 답을 얻을 수 있다. 유튜브와 블로그 등에도 자료가 많다. 다른 사람들이 만든 '마법의 명령어(프롬프트)'도 많다. 마케팅용, 공부용, 업무용 등 검증된 것들을 가져다 쓰면 된다.

2. 다른 AI와 무엇이 다를까?

• 쉽게 찾을 수 있는 사용법

어디서든 쉽게 챗GPT 사용법과 관련 있는 정보를 찾을 수 있다. 다른 AI는 사용법을 배우기 어려운데, 챗GPT는 쉽게 사용법을 검색해 볼 수 있다. 초보자도 금세 배울 수 있다.

• 기능을 추가할 수 있는 확장팩

스마트폰에 앱 깔듯이 챗GPT에도 플러그인을 추가할 수 있다. 웹 검색, 이미지 만들기, 계산기 등 필요한 기능을 마음대로 붙였다 뗐다 할 수 있다.

• 빠른 속도

속도가 빠르다는 것도 다른 AI와 구분되는 점이다. "급해 죽겠는데!" 하는 상황에서도 몇 초 만에 답이 나온다. 회의 가운데에도 급할 때 써먹기 좋다.

• 여러 버전의 모델

2025년 8월 업데이트 이후 GPT-5가 적합한 모델을 자동으로 선택한다. 그러나 상황에 맞는 여러 버전의 모델이 있다는 것은 여전히 다른 AI와 비교했을 때 눈에 띄는 차이점이다. 기존처럼 직접 모델을 선택할 수는 없지만, GPT-5와 대화하면서 특정 모델로 답변하거나, 특정 모델을 피해 답변할 것을 지시할 수 있다.

3. 언제 써야 할까?

• 급하게 문서를 작성해야 할 때

이메일 답장이 급하거나, 회의록을 지금 당장 정리해야 하거나, 보고서 초안을 오늘 안에 써야 할 때 챗GPT는 큰 도움이 된다. "고객이 화났는데 어떻게 답장 보내지?"라고 하면 1분 만에 정중한 답장이 완성된다. 매일 비슷한 일을 반복할 때도 최고다. 템플릿을 하나 만들어 두면 내용만 바꿔서 두고두고 사용할 수 있다.

- 문구를 창작해야 할 때

블로그 글, 인스타 게시물, 광고 문구 등 창작할 일이 있을 때 진가를 발휘한다. "우리 카페 인스타 게시물을 힙하게 써 줘"라고 하면 MZ세대에게 호소할 수 있는 글이 금세 나온다. 직접 써 보면 매우 놀라운 수준이다. 제품 홍보를 재미없는 설명이 아닌 흥미진진한 스토리텔링 스토리로 만들어 준다.

- 모르는 개념이나 분야를 알고 싶을 때

어려운 개념을 쉽게 설명해달라고 하면 초등학생도 이해할 수 있게 풀어준다. "블록체인이 뭔지 중학생인 내 동생도 알 수 있게 설명해 줘."라고 하면 비유까지 써 가며 쉽게 알려준다. 프로그래밍 같은 전문 분야도 기초부터 차근차근 가르쳐 준다.

- 아이디어가 부족할 때

머리가 새하얘질 때 챗GPT야말로 최고의 친구다. "새로운 사업 아이디어를 열 개 뽑아 줘"라고 하면 기발한 것들을 쏟아 낸다. 기존 아이디어를 더 멋지게 만드는 것도 잘한다.

4. 아직 아쉬운 점들

• 오늘 뉴스는 모른다

챗GPT는 실시간 정보를 잘 모른다. "오늘 주가 어때?"라고 물으면 예전 정보를 답변한다. 웹 검색 기능을 켜면 되긴 하지만, 한계가 있는 것은 사실이다.

• 가끔 거짓말쟁이가 된다

틀린 정보를 확신에 차서 말할 때가 있다. '할루시네이션'이라고 하는데, 특히 구체적인 숫자나 날짜는 꼭 다시 확인해야 한다.

• 훌륭한 기능에는 비용을 지불해야 한다

무료로도 쓸 수 있지만, 정말 강력한 기능들은 Plus구독 월 20달러, Pro구독 월 200달러를 내야 한다. 하지만 결과물을 생각하면 오히려 싸다.

제미나이

구글이 만든 AI로, 구글 앱들과 연계성이 좋아 매력이 있다. 구글 계정 하나만 있으면 모든 게 연동된다. 2023년 12월에 출시된 뒤로 구글 서비스 곳곳에 스며들고 있다.

1. 제미나이가 유용한 이유

• 구글 앱들과 완전 한 몸

지메일, 구글 캘린더, 구글 드라이브가 모두 연결되어 있다. "내일 회의 뭐 있지?"라고 물으면 캘린더를 뒤져서 정리해 준다. "중요한 메일만 골라 줘"라고 하면 지메일을 분석해서 핵심만을 뽑는다.

구글 문서를 작성하다가 막히면 바로 제미나이에게 물어볼 수 있다. 별도 앱을 켤 필요 없이 작업하던 그 자리에서 바로 도움받는다. 직접 써보면 얼마나 편한지 안다.

• 실시간 검색의 달인

구글 검색과 바로 연결되어 있어서 지금 날씨, 오늘 뉴스와 같은 최신 정보를 척척 알려 준다. 구글의 엄청난 검색 능력을 AI인 제미나이가 똑똑하게 활용한다. 검색 결과를 그냥 나열하지 않고 내가 원하는 형태로 정리해서 준다. "오늘 주요 뉴스 세 줄 요약"이라고 하면 딱 세 줄로 깔끔하게 정리한다.

• 사진, 동영상까지 척척 이해

텍스트만 이해하는 게 아니라 이미지, 음성까지 모두 알아듣는다. 사진 이미지를 업로드한 뒤 "이게 뭐야?"라고 물으면 정확하게 설명한다. 음성으로 질문해도 바로 답한다. 특히 구글 렌즈와 연결되어 있어서 카메라로 찍은 사진도 바로 분석한다. 길가에서 모르는 꽃을 보고 사진으로 찍어 꽃 이름부터 키우는 법까지 한 번에 검색한다.

- **한국어 이해도가 높다**

구글 번역과 연결되어 있어서 한국어 이해도가 높다. 한국 문화나 한국 상황도 잘 파악한다. "추석 인사말 써 줘"와 같은 한국 문화가 바탕이 되는 요청도 자연스럽게 처리한다.

2. 다른 AI와 뭐가 다를까?

- **구글 세상에서 최강**

구글 앱을 주로 쓴다면 제미나이만 한 게 없다. 지메일에서 바로 사용할 수 있고, 구글 문서에서 바로 제미나이로 글을 완성하며, 구글 시트에서 바로 제미나이를 써서 데이터 분석까지. 앱을 이것저것 옮겨 다닐 필요가 없다.

- **검색의 신**

구글 검색 결과를 바탕으로 답하기 때문에 사실 확인이 중요한 질문에 강하다. "이 정보가 맞나?" 하는 의심스러운 내용도 여러 출처를 확인해서 알려준다.

- **여러 언어 완전 정복**

구글 번역의 도움으로 수십 개 언어를 자유자재로 구사한다. 영어 문서를 한국어로 요약해 달라고 하면 자연스럽게 번역해서 정리한다.

• 무료로도 충분히 강력

기본 기능만으로도 웬만한 일은 다 처리할 수 있다. 유료 버전도 있지만 일반 사용자에게는 무료 버전으로도 충분하다.

3. 언제 써야 할까?

• 구글 앱을 자주 활용할 때

메일을 주고받을 때 지메일을 사용하고, 파일을 구글 드라이브에 저장하며, 일정을 구글 캘린더로 관리한다면 제미나이가 최고의 선택이다. 모든 게 연결되어 있어서 효율성이 매우 높다.

• 지금 시점의 정보가 필요할 때

"오늘 증시 어떻게 됐어?", "최신 K팝 뉴스 뭐 있어?" 같은 실시간 정보를 빠르게 얻고 싶을 때 훌륭하다. 다른 AI는 "몰라"라고 하는 답을 제미나이는 바로 검색해서 알려 준다.

• 사진이나 동영상 분석이 필요할 때

"이 그래프 분석해 줘", "이 사진 속 음식이 뭐야?" 같은 멀티미디어 분석을 할 때 유용하다. 텍스트만으로는 설명하기 어려운 것들을 시각 자료로 보여주면 척척 이해한다.

- 정확한 정보가 생명일 때

중요한 발표를 하거나 보고서 작성할 때 틀린 정보가 들어가면 안된다. 제미나이는 여러 소스를 확인해서 검증된 정보를 주기 때문에 신뢰도가 높은 편이다.

4. 아직 아쉬운 점들

- 창작은 좀 아쉽다

정보 제공은 최고인데, 창의적인 글쓰기나 스토리텔링은 챗GPT보다 아쉽다. 재미있는 콘텐츠 만들기보다는 정확한 정보 전달, 기획, 분석에 특화되어 있다.

- 가끔 너무 신중하다

안전하고 정확한 답변을 우선시하다 보니 때로는 재미없고 뻔한 답변을 할 때가 있다. 좀 더 창의적이고 도전적인 아이디어를 원할 때는 아쉽다.

클로드

앤트로픽에서 만든 AI로, 신중하고 윤리적이다. 중요한 결정을 해야 하거나 복잡한 분석이 필요할 때 가장 믿을 만하다. 안전하면서도 도움이 되는 AI를 목표로 개발되었다.

1. 클로드가 유용한 이유

• **신중하고 균형 잡힌 똑똑이**

클로드는 성급하게 답하지 않고 여러 각도에서 곰곰 생각한다. "이 사업 아이디어 어때?"라고 물으면 "좋다", "나쁘다"로 끝내지 않고 장점, 단점, 위험 요소, 개선 방안까지 꼼꼼히 분석한다. 꼭 경험 많은 멘토와 상담하는 기분이다. 감정에 휘둘리지 않고 냉정하게 판단해서 조언한다.

• **긴 문서도 한 번에 척척**

10만 자가 넘는 계약서나 보고서도 통째로 집어넣으면 핵심만 뽑아서 정리한다. 다른 AI들은 긴 문서를 입력하면 정확성이 떨어지는데, 클로드는 "읽어봤는데 이런 내용이네"라며 깔끔하게 요약한다. 특히 복잡한 법률 문서나 기술 문서 분석에 뛰어나다. 전문 용어 투성이인 문서도 일반인이 이해할 수 있게 풀어서 설명해 준다.

• **윤리적 판단력이 뛰어나다**

도덕적, 윤리적 문제에 대해 깊이 있게 고민해서 답변한다. "이렇게 해도 될까?" 같은 애매한 상황에서 명쾌한 기준을 제시한다. 법적, 윤리적으로 문제가 있을 수 있는 부분은 미리 경고도 한다. 단순히 "하지 마"라고 하는 게 아니라 "왜 문제가 될 수 있는지", "어떻게 하면 더 좋을지"까지 차근차근 설명한다.

• 대화 맥락을 끝까지 기억한다

긴 대화에서도 처음에 한 말을 끝까지 기억한다. 한 시간 전에 했던 질문과 연관된 후속 질문을 해도 자연스럽게 이어간다.

2. 다른 AI와 뭐가 다를까?

• 안전하고 보수적인 답변

확실하지 않은 건 "잘 모르겠다"라고 솔직하게 말한다. 다른 AI들이 그럴듯하게 지어낼 때 클로드는 "확실하지 않으니 다른 자료도 찾아보세요"라고 조심스럽게 말한다. 거짓 정보나 해로운 내용을 만들 가능성이 가장 낮다. 안전성을 최우선으로 생각해서 설계되었기 때문이다.

• 복잡한 분석과 추론에 강하다

단순한 정보 검색이 아니라 깊이 있는 분석과 추론을 한다. "왜 그럴까?", "어떻게 해야 할까?" 같은 복잡한 질문에 단계별로 차근차근 답을 한다. 답변을 하면서 논리적 사고 과정을 보여주므로 "아, 이래서 이런 결론이 나오는구나" 하고 이해할 수 있다.

• 긴 글 처리의 달인

다른 AI들이 "너무 길어요"라고 포기할 때 클로드는 "다 읽었습니다"라고 한다. 책 한 권 분량도 한 번에 분석해서 핵심을 뽑아낸다.

• 정중하고 겸손한 말투

다른 AI들보다 더 정중하고 겸손하다. 겸손하게 의견을 제시하고, 틀릴 수도 있다는 점을 언급한다.

3. 언제 써야 할까?

• 중요한 결정을 해야 할 때

클로드는 "이 회사에 투자해도 될까?", "이 사업을 시작해도 될까?" 같은 인생의 중요한 결정을 할 때 AI들 가운데서 가장 믿을 만한 조언을 한다. 여러 선택지 가운데 각각의 장단점을 꼼꼼히 비교해서 정리한다.

• 복잡하고 긴 문서를 분석할 때

계약서, 법률 문서, 연구 보고서, 기술 문서 등을 꼼꼼히 분석해야 할 때 훌륭히 기능한다. "이 계약서에서 주의할 점이 뭐야?"라고 하면 숨어 있는 함정까지 찾아낸다.

• 윤리적 검토가 필요할 때

"이렇게 해도 법적으로 문제없을까?", "윤리적으로 올바른 선택일까?" 같은 민감한 문제를 검토할 때 가장 신뢰할 만하다.

• 깊이 있는 분석이 필요할 때

표면적인 답변이 아니라 "왜?", "어떻게?" 같은 깊은 질문에 대한 답을 원할 때 클로드만 한 게 없다. 복잡한 문제의 근본 원인을 파헤쳐 준다.

4. 아직 아쉬운 점들

• 창의적인 아이디어 부족

클로드는 안전을 우선시하다 보니 때로는 지나치게 조심스럽다. 창의적이고 파격적인 아이디어를 원할 때는 "너무 보수적이네" 싶을 때가 있다.

• 답변이 느리다

신중하게 검토하는 만큼 답변 속도가 다른 AI보다 느리다. 급한 상황에서는 답답할 수 있다.

• 최신 정보는 잘 모른다

실시간 검색 기능이 없어서 오늘 뉴스나 최신 트렌드 같은 것은 잘 모른다. 기본적으로는 학습된 데이터 범위 안에서 답변한다.

그록

일론 머스크의 엑스AI에서 '최대한 호기심 많고 진실을 추구하는 초지능'을 목표로 만든 AI로 2023년에 등장했다. 기존 AI들의 답변이 뻔하고 재미없다고 느꼈다면 그록을 써 보면 좋다. 일론 머스크의 철학이 고스란히 담겨 있어서 다른 AI들과는 확실히 성격이 다르다.

1. 그록이 유용한 이유

• 생각하는 AI

그록은 복잡한 문제를 만나면 'Think 모드'로 들어가서 단계별로 차근차근 풀어 낸다. 머리 좋은 친구가 문제를 함께 고민해 주는 것처럼 말이다.

• X(구 트위터)의 실시간 정보 제공

X 플랫폼과 직접 연결되어 있어서 지금 무엇이 화제인지 실시간으로 알 수 있다. "오늘 X에서 뭐가 난리야?"라고 물으면 바로 트렌드를 알려준다. 밈이나 인터넷 문화도 완벽하게 이해한다. MZ세대 감성의 답변을 받고 싶을 때 최고다.

• 웹 전체를 찾아보는 딥 서치

웹 전체를 탐색해서 복잡한 질문에 대한 답을 종합적으로 정리한다. 여러 소스를 비교 분석해서 가장 정확한 정보를 찾아낸다.

· 독특한 유머 감각

다른 AI들이 정중하고 예의 바른 비서라면, 그록은 솔직하고 재미있는 친구다. 딱딱한 설명 대신 유머와 위트를 섞어서 답변한다. 어려운 개념도 웃긴 비유로 설명해서 쉽게 이해할 수 있고, 기존의 틀을 깨는 새로운 관점을 제시한다. "모두가 그렇게 생각한다고 정말 맞는 거야?"라며 기존 통념을 의심하게 만드는 경향이 있다.

· 수학, 과학, 코딩 분야의 강자

그록은 복잡한 수학 문제나 과학적 분석, 프로그래밍을 할 때 성능상 다른 AI들을 압도한다. 특히 논리적 추론이 필요한 분야에서는 독보적이다.

2. 다른 AI와 뭐가 다를까?

· 단계별로 추론하는 AI

그록은 정말로 추론하고 분석한다. 씽크 모드에서는 사고 과정을 단계별로 보여줘서 "아, 이래서 이런 결론이 나오는구나" 하고 이해할 수 있다.

· 진실 추구의 끝판왕

"최대한 진실을 추구한다"라는 모토답게 확실하지 않은 건 확실하지 않다고 말한다. 다른 AI들이 그럴듯하게 지어낼 때 그록은 "이건 확실하지 않으니 더 찾아봐야겠어"라고 솔직하게 말한다. 하지만, 생성형 AI의 공통적인 한계가 있어 모든 경우에 완벽하게 사실만을 답할 수는 없다.

- X 플랫폼 문화를 이해

그록은 트위터 문화, 밈, 인터넷 은어를 완벽하게 이해한다. MZ세대나 Z세대와 소통할 때 최고의 파트너다.

- 무료로 강력한 기능 제공

2025년 8월 기준 무료로 사용할 수 있어서 부담이 없다. X 프리미엄+ 구독자라면 더 많은 기능을 추가 비용 없이 쓸 수 있다.

3. 언제 써야 할까?

- 복잡한 문제를 단계별로 풀고 싶을 때

수학 문제, 과학적 분석, 복잡한 논리 문제를 해결할 때 씽크 모드가 빛을 발한다. "이 문제를 차근차근 분석해 줘"라고 하면 단계별로 자세히 설명해 준다.

- 깊이 있는 분석이 필요할 때

딥 서치 모드로 전환하면 정말 전문가 수준의 깊은 분석을 한다. "이 시장의 미래를 심층 분석해 줘" 같은 복잡한 요청도 척척 해낸다.

• 실시간 트렌드를 파악하고 싶을 때

"지금 젊은 애들 사이에서 뭐가 유행이야?", "오늘 인터넷에서 뭐가 화제야?"와 같은 질문을 하면 X의 실시간 데이터를 바탕으로 답을 해 준다.

• 재미있고 독창적인 콘텐츠를 만들 때

유머러스한 SNS 게시물, 재미있는 광고 카피, 웃긴 영상 기획 등을 할 때 최적이다. 진부한 콘텐츠 대신 사람들이 흥미 있어 하며 공유하고 싶어 할 만한 것들을 만들어 준다.

• 기존 관점을 뒤집고 싶을 때

"모든 사람이 이렇게 생각하는데, 혹시 다른 관점은 없을까?"라고 할 때 그록이 최고다. 고정관념을 깨뜨리는 새로운 시각을 제공한다.

4. 아직 아쉬운 점들

• 한국어 지원이 살짝 부족하다

한국어를 지원하긴 하지만 다른 주요 AI들에 비해서는 아직 아쉬운 부분이 있다. 미묘한 한국어 뉘앙스나 한국 문화 특유의 표현은 완벽하게 이해하지 못할 때가 있다.

• 감성적 대화는 약하다

논리적 분석은 최강이지만, 감정적인 위로나 공감이 필요한 대화에서는 다른 AI들보다 아쉽다. 너무 논리적이고 직설적이어서 때로는 차갑게 느껴질 수 있다.

• 이미지 생성 기능이 제한적이다

텍스트 분석과 생성은 뛰어나지만, 이미지를 만들거나 시각적 창작 작업에는 다른 전문 AI들만 못하다.

• 서버 부하 시 속도 저하

많은 사람들이 동시에 사용할 때는 응답 속도가 느려질 수 있다. 특히 복잡한 분석을 요청할 때는 기다려야 할 때가 있다.

• 때로는 지나치게 직설적이다

솔직한 게 장점이지만, 가끔은 너무 거칠게 말할 때가 있다. 민감한 사람은 상처받을 수 있고, 공식적인 자리에서는 부적절할 수 있다.

5. 실전 활용 팁

• 씽크 모드

복잡한 문제를 질문할 때 씽크 모드를 사용하자. 수학 문제, 논리 퍼즐, 복잡한 사업 전략 등에 활용하면 좋다.

• 딥 서치 기능

최신 정보가 중요한 질문을 할 때 자동으로 웹을 검색해서 종합적인 답변을 제공한다. "2024년 AI 시장 동향" 같은 질문에 최적이다.

그록은 단순한 AI 도구를 넘어서 진짜 똑똑한 친구를 얻는 느낌이다. 때로는 도발적이고 때로는 유머러스하지만, 항상 진실을 추구하려는 자세가 인상적이다. 특히 복잡한 문제를 논리적으로 풀어내는 능력은 다른 AI들과 확실히 차별화된다.

퍼플렉시티

"AI계의 구글"이라고 불리는 검색 특화 AI다. 최신 정보를 정확하게 찾아주는 데 있어서는 독보적이다. 2022년에 시작해서 빠르게 성장하고 있으며, 검색의 미래를 바꾸고 있다.

1. 퍼플렉시티가 유용한 이유

• 실시간 정보의 신

인터넷 전체를 뒤져서 가장 최신 정보를 찾아준다. "오늘 증시 어떻게 됐어?"라고 물으면 몇 분 전 데이터까지 찾아낸다.

• 빠른 답변 속도

검색 결과를 기다릴 필요 없이 바로바로 답변이 나온다.

- 출처까지 깔끔하게 정리

퍼플렉시티는 단순히 정보만 주지 않는다. "이 정보는 어디서 가져온 거야"라고 출처까지 명확하게 알려준다. 클릭 한 번이면 원본 기사나 자료를 바로 볼 수 있다.

- 자체적인 정보 선별

신뢰도 높은 매체 위주로 정보를 선별한다. 가짜뉴스나 부정확한 정보는 걸러내고 검증된 소스의 정보만 제공한다.

- 여러 출처를 비교해서 팩트 체크

퍼플렉시티는 정보를 검색할 때, 하나의 출처만 살펴보지 않고 여러 곳의 정보를 비교해 가장 정확한 내용을 알려준다. "A 신문에서는 이렇게 말하고, B 신문에서는 저렇게 말하는데, 종합해보면…"이라는 식으로 균형 잡힌 정보를 제공한다.

- 검색 결과를 맞춤형으로 정리

구글에서 검색하면 정리된 형태로 정보가 나오지 않고 정보에 접근할 수 있는 링크만 주르륵 나오는 것에 비해, 퍼플렉시티는 내 질문에 딱 맞는 형태로 정리해서 준다.

2. 다른 AI와 뭐가 다를까?

• 검색 전문가

다른 AI들이 머릿속 지식에 의존한다면, 퍼플렉시티는 실시간으로 인터넷을 뒤진다. 몇 분 전에 올라온 뉴스도 바로 찾아서 알려준다.

• 출처 투명성 최고

"이 정보 어디서 나온 거야?"라는 의문이 들지 않는다. 모든 정보에 출처가 명확하게 표시되어 있어서 신뢰할 수 있다.

• 빠른 정보 업데이트

세상의 변화를 실시간으로 반영한다. 주가, 날씨, 뉴스, 스포츠 결과 등이 실시간으로 업데이트된다.

• 중립적이고 객관적

여러 관점을 균형 있게 제시한다. 편향되지 않고 다양한 시각의 정보를 종합해서 알려준다.

3. 언제 써야 할까?

• 지금 당장 최신 정보가 필요할 때

'오늘 날씨', '지금 주가', '최신 뉴스', '방금 끝난 경기 결과' 같은 실시간 정보를 빠르게 얻고 싶을 때 최고다. 다른 AI는 모르는 정보를 퍼플렉시티는 바로 찾아 준다.

• 정확한 사실이 중요할 때

보고서를 작성하거나 중요한 발표를 준비할 때 틀린 정보가 들어가면 안 된다. 퍼플렉시티는 비교적 검증된 소스의 정확한 정보를 제공하기 때문에 믿고 쓸 수 있다. 그러나 퍼플렉시티가 다른 AI에 비해 사실 검증을 잘 수행한다고 해도 어디까지나 AI라는 점을 기억해야만 한다. AI 답변은 참고용이며, 중요한 결정을 내릴 자료를 준비한다거나 공식 문서를 작성하고 중요한 발표 준비할 때는 반드시 추가로 검증해야 한다.

• 시장 조사나 경쟁사 분석을 할 때

'우리 경쟁사 최근 동향', '이 시장의 최신 트렌드' 같은 정보를 수집할 때 유용하다. 여러 출처를 종합해서 객관적인 분석 자료를 만든다.

• 논란이 있는 이슈를 파악할 때

복잡하고 민감한 이슈에 대해 여러 관점의 정보를 균형 있게 제시해, 자칫 편향된 지식만 얻을 위험을 미리 차단할 수 있다. "A는 이렇게 말하고 B는 저렇게 말한다"며 객관적으로 정리한다.

4. 아직 아쉬운 점들

• 창작 능력은 제한적

정보 검색에는 최강이지만, 창의적인 글쓰기나 아이디어 제안은 다른 AI들보다 아쉽다. 팩트는 완벽하지만 재미있는 스토리텔링은 기대하기 어렵다.

• 검색 결과에 의존적

웹에 있는 정보만 제공한다. 아무리 똑똑해도 인터넷에 없는 정보는 찾을 수 없다. 또한 웹에 있는 정보가 부정확하거나 이미 왜곡되었을 경우, 거짓 정보를 답변할 수도 있다.

• 때로는 사용자가 정보 과부하

너무 많은 정보를 한꺼번에 제공해서 오히려 헷갈릴 때가 있다. 간단한 답변을 원할 때도 여러 소스의 정보를 다 보여 줘서 복잡할 수 있다.

• 언어 제한

영어 출처 위주로 검색하기 때문에 한국어 정보는 상대적으로 부족하다. 특히 한국 로컬 이슈는 놓칠 수 있다.

이처럼 각 AI마다 확실한 개성이 있다. 챗GPT는 만능 친구, 제미나이는 구글 전문가, 클로드는 신중한 멘토, 그록은 솔직한 친구, 퍼플렉시티는 정보통이다.

하나의 AI로 모든 걸 해결하려고 하지 마라. 상황에 따라 적절한 전문가를 부르는 게 핵심이다. 앞으로는 AI 사용 스킬이 경쟁력이 될 것이다. 각 AI의 특성을 파악하고 적재적소에 활용하는 사람이 앞서갈 것이다.

미드저니

"그림을 못 그려도 예술가가 될 수 있다"라는 꿈을 현실로 만들어 내는 AI다. 2022년에 등장해서 전 세계 크리에이터들의 마음을 사로잡았다. 단어 몇 개만 입력하면 상상 속 이미지가 눈앞에 펼쳐진다.

1. 미드저니가 유용한 이유

- 예술가 뺨치는 창작 능력

"몽환적인 숲속 여우, 달빛이 비치는 밤"이라고 입력하면 미드저니는 진짜 화가가 그린 것 같은 작품을 출력한다. 단순한 이미지 생성이라고 보기에는 정말 예술 작품처럼 보이는 그림을 잘 생성해 낸다. 이미지 스타일도 마음대로 조정할 수 있다. 수채화, 유화, 디지털 아트, 사진, 만화 등 어떤 스타일로든 그려 준다.

• 상상을 현실로

머릿속에만 있던 이미지를 현실로 끌어낸다. "용이 도시 위를 날아다니는 모습"이나 "미래의 서울 풍경" 같은 상상 속 장면도 입력하면 생생하게 그려낸다. 심지어 존재하지 않는 것도 잘 그린다. "고양이와 강아지를 합친 동물", "투명한 자동차" 같은 기발한 아이디어도 척척 시각화해 준다.

• 훌륭한 디테일

털 한 올 한 올, 빛의 반사, 그림자의 미묘한 변화까지 세심하게 표현한다. 확대해서 봐도 어색하지 않을 정도로 정교하다. 색감과 구도도 예술가 수준이다. 자동으로 황금비를 맞춰서 보기 좋게 배치하고, 색상도 조화롭게 조합한다.

2. 다른 이미지 AI와 뭐가 다를까?

• 예술적 감각이 뛰어나다

다른 AI들이 기계가 그린 느낌이 난다면, 미드저니는 사람이 그린 느낌이 강하다. 감정과 분위기까지 담아낸다.

• 프롬프트 이해력이 뛰어나다

복잡한 설명도 정확하게 이해한다. "석양이 지는 바닷가에서 혼자 서 있는 여성, 바람에 날리는 머리카락, 슬픈 표정, 빈티지 필름 느낌"이라고 하면 모든 요소를 다 반영해서 그려 준다.

• 스타일 변화가 자유자재

같은 주제라도 스타일을 바꾸면 완전히 다른 느낌의 작품이 나온다. 한 번에 여러 버전을 만들어서 마음에 드는 걸 고를 수 있다.

• 사용자 커뮤니티가 활발

전 세계 사용자들이 작품을 공유하고 노하우를 나눈다. 다른 사람들의 작품을 보면서 영감을 얻을 수 있다.

3. 언제 써야 할까?

• 블로그나 SNS 썸네일 제작

"자기계발 블로그 썸네일, 미니멀하고 세련된 느낌"이라고 입력하면 클릭을 유도하는 매력적이고 유니크한 이미지를 얻을 수 있다.

• 브랜드 로고나 일러스트 제작

새로운 사업을 시작할 때 로고 디자인을 맡기면 수십만 원이 들지만, 미드저니로는 몇천 원에 여러 옵션을 만들 수 있다.

• 광고나 마케팅 소재 제작

제품 홍보 이미지, 이벤트 포스터, 배너 등을 만들 때 유용하다. "여름 휴가 느낌의 시원한 음료 광고 이미지"처럼 구체적으로 요청하면 딱 맞는 이미지가 나온다.

• 창작 활동 참고용

웹툰, 소설 삽화, 게임 캐릭터 등을 만들 때 아이디어 스케치용으로 활용하면 좋다. 완성품으로 바로 쓰기보다는 영감을 얻는 용도로 쓰는 게 효과적이다.

• 선물이나 개인용 작품 제작

반려동물 초상화, 가족 캐리커처, 기념품용 이미지 등 개인적인 용도로도 활용할 수 있다.

4. 아직 아쉬운 점들

• 정확한 인물 묘사는 어렵다

실존 인물이나 특정 얼굴을 정확하게 그리는 건 제한적이다. 비슷한 느낌은 낼 수 있지만 100% 똑같지는 않다.

• 텍스트나 로고는 잘 못 그린다

이미지 안에 글자를 넣거나 정확한 로고를 그리는 건 아직 어색하다. 따로 편집 프로그램으로 추가해야 한다.

• 사용법이 복잡하다

디스코드를 통해서 사용해야 하고, 프롬프트 작성 요령을 익혀야 한다. 초보자에게는 진입 장벽이 있다.

- 지속적으로 비용을 지불해야 한다

무료 체험 후에는 월 구독료를 내야 하며, 사용량이 늘어날수록 비용도 늘어난다.

소라

오픈AI에서 만든 동영상 생성 AI로, '텍스트를 영화로 만든다'는 혁신을 보여 줬다. 2024년 2월에 세상에 모습을 드러내며 영상 제작 업계를 발칵 뒤집어 놓았다. 할리우드 감독들이 이제 일자리가 위험하다고 할 정도의 충격을 줬다.

1. 소라가 유용한 이유

- 텍스트가 영화가 되는 마법

"도시를 걷는 고양이, 느린 모션으로"라고 입력하면 소라는 정말 영화 같은 영상을 출력한다. 단순한 애니메이션이 아니라 실사 영화 수준의 퀄리티다. 카메라 워크도 전문 감독 수준이다. "클로즈업에서 시작해서 서서히 줌아웃", "위에서 아래로 내려다보는 각도" 같은 복잡한 지시도 정확하게 구현한다.

- 물리 법칙까지 완벽하게 적용

물의 흐름, 천의 움직임, 불의 번짐까지 현실과 똑같이 표현한다. 중력, 마찰, 관성 등 물리 현상을 정확하게 시뮬레이션한다. 심지어 빛의 반사와 그림자까지 자연스럽다. 시간대에 따른 조명 변화, 날씨에 따른 분위기까지 실제와 구분이 안 될 정도다.

- 스토리텔링이 자연스럽다

단순히 움직이는 이미지가 아니라 이야기가 있는 영상을 만든다. 등장인물의 감정, 상황의 변화, 이야기의 흐름까지 자연스럽게 표현한다.

2. 다른 영상 AI와 뭐가 다를까?

- 현실감이 압도적이다

다른 AI들이 만드는 영상은 AI가 만든 티가 나는데, 소라가 만든 영상은 진짜 카메라로 찍은 것 같다. 텍스처, 조명, 움직임 모든 게 자연스럽다.

- 복잡한 지시를 완벽하게 이해한다

"비 오는 날 카페에서 창밖을 바라보는 여성, 카메라는 뒤에서 어깨 너머로 촬영하다가 서서히 측면으로 이동" 같은 복잡한 연출도 정확하게 구현한다.

- 캐릭터 일관성이 뛰어나다

영상 내내 같은 인물이 일관된 모습으로 나오는 편이다. 다른 AI들은 중간에 얼굴이 바뀌거나 옷이 바뀌는데 소라는 일관성을 유지하는 편이다.

- 시간의 흐름을 이해한다

과거, 현재, 미래의 변화를 자연스럽게 표현한다. 꽃이 피는 과정, 건물이 세워지는 과정 등 시간의 변화를 정확하게 구현한다.

3. 언제 써야 할까?

- 유튜브나 SNS 콘텐츠 제작

반려동물 일상 브이로그나 음식 리뷰 영상 같은 콘텐츠를 쉽게 만들 수 있다. 직접 촬영할 필요 없이 텍스트만으로 영상을 완성한다.

- 제품 홍보 영상 제작

새로 출시한 제품을 멋지게 소개하는 영상을 만들 수 있다. "고급스럽고 감성적인 분위기로 신제품을 소개하는 영상, 햇살이 비치는 창가, 부드러운 음악, 슬로모션 컷, 고급스러운 나레이션 포함"이라고 소라에 입력하면 전문 광고 수준의 영상을 얻을 수 있다.

- **교육용 콘텐츠 제작**

복잡한 개념을 시각적으로 설명하는 영상을 만들 수 있다. "지구의 자전과 공전을 쉽게 설명하는 애니메이션"처럼 교육 효과가 높은 영상을 제작한다.

- **스토리보드나 컨셉 영상 제작**

실제 촬영 전에 아이디어를 시각화할 때 유용하다. 감독이나 기획자가 아이디어를 설명할 때 말보다는 영상으로 보여주는 게 효과가 좋다.

- **이벤트나 기념 영상 제작**

결혼식, 생일, 회사 기념일 등 특별한 순간을 담은 영상을 만들 수 있다. 실제 촬영이 어려운 상황에서도 영상을 제작할 수 있다.

4. 아직 아쉬운 점들

- **접근성이 제한적이다**

2025년 8월 기준 소라는 챗GPT Plus 또는 Pro 구독자에게만 제공되는 등 특정 파트너에게만 제공되고 있어서 아직까지는 접근성이 좋지 않은 편이다.

• 비용적인 부담이 크다

소라는 Pro 요금제 기준 월 200달러, Plus 요금제 기준 20달러를 지불해야만 이용 가능하다. 엄청난 컴퓨팅 파워와 비용 구조로 인해 실제 사용료가 비싼 편이다. 조금 더 싼 편인 챗GPT Plus 요금제 구독자가 소라를 이용할 때는 최대 영상 길이를 5초까지 밖에 만들 수 없고, 워터마크도 제거할 수 없으며 최대 해상도에도 제한이 있는 등 Pro 요금제 이용자에 비해 제한이 더 많은 편이다.

• 긴 영상은 아직 어렵다

한 번에 20초까지는 제작할 수 있지만 더 긴 영상은 만들기 어렵다. 영화나 드라마 같은 장편 콘텐츠 제작에는 한계가 있다.

• 사람 얼굴 표현이 가끔 어색하다

대부분은 자연스럽지만 가끔 사람 얼굴이나 손동작이 어색할 때가 있다. 특히 복잡한 동작이나 상호작용은 아직 완벽하지 않다.

• 윤리적 우려가 있다

너무 사실적이어서 가짜 뉴스나 딥페이크 제작에 악용될 가능성이 있다. 오픈AI도 이런 우려 때문에 공개를 신중하게 하고 있다.

수노

'누구나 뮤지션이 될 수 있다'는 꿈을 현실로 만들어 준 음악 생성 AI다. 악기를 못 다뤄도, 음악 이론을 몰라도 텍스트 몇 줄만 입력하면 완성도 높은 음악을 금방 출력할 수 있다. 2023년 12월에 등장해 음악 업계에 새로운 바람을 불러일으키고 있다.

1. 수노가 유용한 이유

- 텍스트가 음악으로

"잔잔한 어쿠스틱 기타와 남성 보컬, 사랑에 관한 발라드"라고 수노에 입력하면 정말 프로 뮤지션이 만든 것 같은 음악을 출력할 수 있다. 멜로디, 화성, 리듬까지 모든 게 자연스럽다. 장르도 마음대로 선택할 수 있다. 팝, 록, 재즈, 클래식, 힙합, 일렉트로닉 등 어떤 스타일로든 만들어 준다. "뉴에이지 느낌"이나 "K-pop 스타일" 같은 구체적인 요청도 가능하다.

- 가사도 자동으로 생성

멜로디만 나오는 게 아니라 가사까지 붙여 준다. "이별에 관한 슬픈 노래"라고 하면 감정이 담긴 가사를 자동으로 작성해서 노래로 만든다. 언어도 다양하다. 한국어, 영어, 일본어 등 여러 언어로 가사를 만들 수 있다.

• 보컬까지 완벽하게 합성

단순한 기계 음성이 아니라 사람이 부르는 것 같은 자연스러운 보컬을 만든다. 남성, 여성, 아이 목소리 등 다양한 음색을 선택할 수 있다. 감정 표현도 뛰어나다. 슬픈 노래는 애절하게, 신나는 노래는 경쾌하게 부른다.

• 상업적 사용 가능

만든 음악을 유튜브, 스포티파이 등에 업로드해서 수익을 낼 수 있다. 실제로 수노로 만든 음악이 차트에 오르는 사례도 있다. 다만, 이렇게 상업적으로 이용해 수익화하려면 유료 구독이 필요하다.

2. 다른 음악 AI와 뭐가 다를까?

• 완성도가 압도적이다

다른 AI들이 만드는 음악은 AI 티가 나는데, 수노는 정말 사람이 만든 것 같다. 프로듀싱 퀄리티도 높아서 라디오에서 나와도 어색하지 않다.

• 사용법이 간단하다

복잡한 음악 지식이 필요 없다. 어떤 느낌의 음악을 원하는지만 설명하면 된다. 초보자도 5분 만에 곡을 완성할 수 있다.

- **장르 표현력이 뛰어나다**

거의 모든 음악 장르를 자연스럽게 표현한다. 특히 K-pop이나 J-pop 같은 아시아 음악 스타일도 잘 만든다.

- **빠른 생성 속도**

몇 분 안에 완성된 곡이 나온다. 아이디어가 떠오른 순간 바로 음악으로 만들어 볼 수 있다.

3. 언제 써야 할까?

- **유튜브나 팟캐스트 배경음악 제작**

"명상에 좋은 잔잔한 피아노 음악"이나 "운동할 때 듣기 좋은 신나는 비트" 같은 배경음악을 쉽게 만들 수 있다. 수노로 만든 음악은 저작권 걱정 없이 마음껏 사용할 수 있다.

- **브랜드 로고송이나 사운드 로고 제작**

회사나 제품의 시그니처 사운드를 만들 수 있다. "기업의 신뢰감을 주는 5초짜리 로고송" 같은 요청도 훌륭하게 처리한다.

- **이벤트나 기념일 음악 제작**

생일 축하 노래, 결혼 축가, 졸업식 음악 등 특별한 순간을 위한 맞춤 음악을 제작할 수 있다. 개인적인 의미를 담아 유니크한 음악을 만들 수 있다.

- 콘텐츠 제작에 필요한 음악 제작

영상, 게임, 앱 등에 들어갈 배경음악을 쉽게 만들 수 있다. 콘텐츠 분위기에 딱 맞는 음악을 주문 제작하는 느낌이다.

- 음악적 아이디어 테스트 용도

"이런 느낌의 음악이 어떨까?" 하는 아이디어가 있을 때 빠르게 구현해서 들어볼 수 있다. 녹음 전에 데모 버전을 만들기에도 좋다.

4. 아직 아쉬운 점들

- 완전히 독창적인 음악은 어렵다

기존 음악들을 학습해서 만들다 보니 어딘가 들어본 듯한 느낌이 날 때가 있다. 완전히 새로운 스타일의 음악은 만들기 어렵다.

- 세밀한 편집은 제한적이다

전체적인 분위기는 잘 만들지만, 특정 부분을 정교하게 수정하거나 편집하는 건 어렵다. 전문 음악 제작 도구에 비해서는 자유도가 떨어진다.

- 한국어 가사 품질이 아쉽다

영어 가사에 비해 한국어 가사는 부자연스러울 때가 있다. 한국어 특유의 운율이나 정서를 완벽하게 표현하지 못한다.

- 무료 사용에 제한이 있다

무료로도 체험할 수 있지만 곡 수나 기능에 제한이 있다. 본격적으로 사용하려면 유료 구독이 필요하다.

미드저니, 소라, 수노는 각각 이미지, 영상, 음악 분야에서 큰 변화를 이끌고 있다. 예전에는 전문 기술과 비싼 장비가 있어야 가능했던 창작 활동이 이제는 누구나 할 수 있게 되었다. 다만 완전히 AI에 의존하기보다는 아이디어와 방향성은 사람이 제시하고, 실제 구현은 AI가 도와주는 협업 관계로 접근하는 게 좋다. AI는 도구일 뿐, 진짜 창작의 핵심은 여전히 인간의 상상력과 창의성이다.

베오3

영상을 하나 만들려면 노력이 많이 필요하다. 촬영팀을 섭외하고 장비를 대여해야 하며, 편집 업체도 찾아야 한다. 그런데 이제 텍스트 몇 줄을 써서 풀 HD 영상이 뚝딱 나온다면?

베오3가 바로 그 마법을 부린다. 예전에는 30초 광고 영상 하나 만들려면 수백만 원을 들여 제작사에 맡겨야 했다. 하지만 베오3가 나타나면서 상황이 완전히 바뀌었다. 기존에 일반인들에게 가장 높은 진입 장벽이었던 게 바로 영상 제작이었다. 좋은 아이디어가 있어도 실제로 구현하려면 여러 벽에 부딪혔다.

하지만 이제는 베오3에 프롬프트 한 줄만 쓰면 끝이다. 오디오까지 완벽하게 동기화된 영상이 1분 만에 완성된다. 텍스트 한 줄만 입력하면 풀 HD 고화질 영상이 뚝딱 나온다. 게다가 배경음악, 효과음까지 자동으로 맞춰 준다. 전문 영상 제작팀을 내 컴퓨터 안에 고용한 것처럼 말이다.

요즘 숏폼을 보면 몇백만 뷰, 심지어 몇억 뷰를 기록한 핫한 영상들이 넘쳐 난다. '유리 과일 자르기 ASMR', '동물 인터뷰', '햄스터 브이로그' 같은 기발한 콘텐츠들이 하루아침에 입소문을 탄다. 베오3 출시 이후 완전히 새로운 유형의 크리에이터들이 등장했다. 영상 제작 경험이 전혀 없던 사람들이 하루아침에 몇백만 뷰의 영상을 만들어 낸다.

예전 같으면 '아이디어는 있는데 영상을 어떻게 만들지?' 하며 포기했을 콘텐츠다. 카메라 장비도 없고 편집 프로그램도 어려우며 음향 작업은 더더욱 막막했으니까. 하지만 오디오까지 지원되는 베오3가 등장하면서 게임의 룰이 완전히 바뀌었다. 아이디어만 있으면 누구나 바이럴 영상을 만들 수 있는 시대가 온 것이다.

기존 영상 제작	베오3 영상 제작
카메라와 조명 장비: 수백만 원 편집 프로그램: 복잡하고 어려움 음향 작업: 별도의 전문 지식 필요 시간과 노력: 몇 시간에서 며칠까지	텍스트 프롬프트 입력

1. 베오3가 유용한 이유

• 완성형 콘텐츠 제작

베오3는 구글이 2025년 5월에 공개한 AI다. 가장 놀라운 건 '네이티브 오디오' 기능이다. 영상을 만들면서 동시에 효과음, 대사, 배경음악까지 자동으로 만든다. 심지어 입 모양까지 완벽하게 맞춘다. 다른 AI들은 영상만 만들고 끝인데, 베오3의 출력물은 그것 자체가 완성된 콘텐츠다.

• 수준급 카메라 워크

카메라 워크도 수준급이다. 복잡한 지시도 정확히 이해한다. 영화감독이 연출하는 것처럼 다양한 앵글과 움직임을 구사한다.

• 캐릭터 일관성

캐릭터 일관성도 인상적이다. 첫 번째 장면의 주인공이 두 번째 장면에서도 일관된 모습으로 나오는 편이다. 장면 전환도 자연스럽다.

2. 다른 AI와 뭐가 다를까?

• 영상과 음성을 한 번에

기존 AI들은 영상만 만들었고, 음악이나 효과음은 따로 찾아서 편집해야 했다. 하지만 베오3는 텍스트 프롬프트 하나로 영상과 오디오를 동시에 완성한다. 구글의 음성 AI, 음악 AI와 연동되어 있어서 가능한 일이다.

"카페에서 커피 마시는 여성, 잔잔한 재즈 배경음악과 함께"라고 쓰면 영상과 음악이 동시에 출력된다. 심지어 입 모양도 자연스럽게 맞춘다.

- 영화 같은 퀄리티

이전 AI들은 짧고 어색한 클립만 만들어 줬다면, 베오3는 영화 같은 연출이 가능하다. 카메라 무빙, 조명, 장면 전환까지 꼭 전문 감독이 연출한 것처럼 자연스럽다.

프롬프트 해석력도 뛰어나다. "황혼 무렵 카페에서 30대 여성이 창밖을 바라보며 커피를 마시는데, 카메라는 뒤에서 어깨 너머로 촬영하다가 서서히 옆으로 이동" 같은 복잡한 지시도 정확히 구현한다.

- 구글이 제공하는 서비스와 완벽 연동

구글 드라이브에 있는 이미지를 바로 영상으로 만들고, 유튜브에 바로 업로드할 수 있다. 프레젠테이션용 영상도 구글 슬라이드에 바로 삽입된다.

3. 언제 써야 할까?

- 바이럴 숏폼 콘텐츠 만들 때

"동물 올림픽 모습, 진지한 배경음악"처럼 기발한 아이디어를 바로 영상으로 구현할 수 있다. 아이디어만 있으면 바이럴 가능성이 있는 콘텐츠를 몇 분 만에 완성한다.

- 제품 광고 영상이 필요할 때

"새로 출시한 향수를 우아하게 소개하는 광고 영상"으로 프롬프트를 짜 넣으면 전문 광고처럼 완성도 높은 영상이 나온다.

- 교육용 콘텐츠 만들 때

복잡한 개념을 쉽게 설명하는 영상을 만든다. "경제 원리를 쉽게 설명하는 애니메이션"처럼 쉬운 교육 영상을 만들 수 있다.

4. 아직 아쉬운 점들

- 가격이 부담스럽다

월 18만 원이라는 가격이 개인이 쓰기엔 부담스럽다. 하지만 바이럴 영상 하나로 벌어들일 수 있는 수익을 생각하면 투자 가치는 충분하다.

- 완벽하지는 않다

UI가 미흡하여 사용하기가 조금 어렵다. 또한 복잡한 액션 영상이나 여러 명이 등장하는 영상은 아직 어색한 편이다. 하지만 단순하고 기발한 아이디어 영상을 제작하려고 한다면 충분히 만족스럽다.

영상 제작의 패러다임이 완전히 바뀌었다. 예전엔 큰 제작비와 전문 장비가 있어야 퀄리티 높은 영상을 만들 수 있었다면, 이제는 창의적인 아이디어와 베오3만 있으면 된다.

누구나 영상 크리에이터가 될 수 있는 시대가 왔다. 더 이상 기술 진입 장벽에 막혀서 좋은 아이디어를 포기할 필요가 없다. 베오3가 그 가능성을 현실로 만들어 주는 도구가 되었다. 이제 '무엇을 만들 것인가'에 집중할 수 있다. 기술적인 부분은 AI가 해결해 주므로, 온전히 창의적인 발상과 스토리텔링 구성에만 신경 쓰면 된다.

'내가 언제 몇백만 뷰 영상을 만들 수 있게 됐지?' 하는 놀라움을 경험하고 싶다면, 베오3로 당신만의 바이럴 콘텐츠에 도전해 보길 권한다. 다음 화제작의 주인공은 바로 당신일 수도 있다.

여러 AI를 제대로 사용하는 상황별 가이드

하나의 AI로 모든 것을 해결하려는 생각은 버려야 한다. 상황마다 최적의 AI가 있다.

1. 텍스트 AI

- 실시간 정보를 검색한다면: 퍼플렉시티

오늘 뉴스가 궁금하거나 최신 트렌드를 알고 싶을 때, 가장 먼저 퍼플렉시티를 찾아야만 한다. "오늘 증시 상황은 어때?", "최신 AI 업계 소식은?" 같은 질문을 하면 정확한 출처까지 함께 알려 준다. 실시간 정보가 필요할 때, 사실 확인이 중요할 때 사용하면 좋다. 이런 장점들이 있지만, 실시간 정보를 구할 때 외에는 챗GPT가 더 나을 수 있다.

• 신중한 관점이 필요하다면: 클로드

클로드는 복잡한 계약서를 검토하거나 윤리적 판단이 필요한 일에 최고다. 10만 자짜리 보고서도 핵심만 뽑아서 쉽게 요약하고, 계약서의 리스크도 분석해 준다. 답변이 신중하고 균형 잡혀 있어서 중요한 결정을 내릴 때 믿을 만하다. 클로드의 답변은 안전하고 보수적인 편이기 때문이다.

• 구글 서비스를 많이 사용한다면: 제미나이

구글 서비스를 많이 쓴다면 제미나이만한 AI가 없다. 구글 캘린더 일정을 정리하거나 지메일에서 중요한 메일만 골라서 요약하는 것도 가능하다. 구글 서비스와 연동이 필요할 때 사용하면 좋다.

• 흥미를 끄는 콘텐츠가 필요하다면: 그록

그록은 재미있고 가벼운 콘텐츠가 필요할 때 찾는 AI다. X(구 트위터)의 실시간 동향도 파악할 수 있고, 기존 AI들과는 다른 독특한 관점을 제시한다. 일상적인 관점과는 다른 관점이 필요할 때 사용하면 좋다. 공식적인 업무보다는 창의적 용도에 적합하다.

2. 비주얼 AI

• 이미지를 제작한다면: 미드저니

미드저니는 블로그 썸네일이나 SNS에 사용할 이미지가 필요할 때 최고다. "미니멀한 느낌의 카페 로고"라고 하면 꽤나 뛰어난 감각으로 결과물을 만들어 낸다. 세부적으로 커스터마이징이 가능한 대신, 그만큼 이용자의 프롬프트 작성 기술에 따라 결과물이 바뀐다.

• 영상을 제작한다면: 소라, 베오3

유튜브 인트로나 제품 소개 영상이 필요할 때 쓴다. 소라는 창작에, 베오3는 구글 생태계와 연동에 특화되어 있다. 특히 최근 업데이트 된 베오3는 즉시 사용 가능한 완성도 높은 영상을 빠르게 제작해주어, 광고·교육·콘텐츠 제작 현장에서 특히 유용하다. 단, 긴 영상 제작이나 세밀한 편집, AI 접근성은 아직 한계가 있어서 목적에 따라 선택이 필요하다.

• 음악을 제작한다면: 수노

브랜드 로고송이나 유튜브 BGM이 필요할 때 활용한다. "경쾌한 느낌의 30초 브랜드 로고송"이라고 하면 다양한 장르의 음악을 만들어낸다. 장르를 선택해 가사를 붙인 노래까지 제작할 수 있다.

3. 상황별 AI 선택 가이드

• 정보가 필요할 때

최신 정보 → 퍼플렉시티

심층 분석 → 클로드

빠른 검색 → 제미나이

• 창작이 필요할 때

글쓰기 → 챗GPT-4.5

이미지 → 미드저니

영상 → 소라

음악 → 수노

• 업무 효율을 높이고 싶을 때

문서 작성 → 클로드

빠른 응답 → o4-mini (챗GPT)

종합 업무 → GPT-4o, o3 (챗GPT)

4. 실전 활용 시나리오

• 콘텐츠 제작

기획	o3(챗GPT)로 분석 및 전략

글쓰기	GPT-4.5로 창작
이미지	미드저니로 비주얼 제작
영상	소라, 베오3로 동영상 제작
음악	수노로 BGM 제작

 이렇게 단계별로 최적의 AI를 조합하면 개인이 광고대행사 수준의 결과물을 만들 수 있다. 예를 들어, 유튜브 채널을 개설한다고 해보자. 처음 기획할 때부터 마지막 완성까지, 요리 레시피를 따라하는 것과 마찬가지다. 누구나 퀄리티 높은 콘텐츠를 만들 수 있다.

 먼저 1단계에서는 챗GPT의 모델인 o3로 기획 및 전략 수립을 해야 한다. "20대 직장인을 위한 자기계발 유튜브 채널 전략을 세워 줘"라는 프롬프트를 시작으로 대화를 이어 나가 타깃을 분석하고 콘텐츠 방향성을 정하며 차별화 포인트를 도출한다.

 다음 2단계인 글쓰기 단계에서는 GPT-4.5로 "첫 번째 영상 스크립트를 감성적이고 몰입도 높게 작성해 줘"와 같은 대화를 시작으로 시청자의 마음을 움직일 대본을 완성해 내면 된다.

 대본을 만들었으니 이제 시각 효과를 입히는 일이 남았다. 이미지를 만드는 장인 미드저니에 다음과 같이 입력해 보자. "클릭을 유도하는 자극적인 썸네일 이미지 디자인". 이렇게 브랜드 아이덴티티에 맞는 일관된 비주얼을 제작한다.

 다음은 영상 제작이다. 소라나 베오3로 스크립트에 맞는 영상 클립과 인트로 영상을 제작하면, 전문적인 품질의 영상 콘텐츠를 완성할 수 있다.

그다음은 수노로 배경음악을 제작한다. 채널 분위기에 맞는 시그니처 배경음악을 제작해, 브랜드 인지도를 높이는 차별화된 사운드를 만들어 보자.

이렇게 단계별로 서로 다른 AI를 활용한다면, 개인이 광고대행사 수준의 완성도 높은 콘텐츠 제작도 쉽게 할 수 있다.

• 비즈니스 분석

최신 정보	퍼플렉시티로 시장 동향 파악
데이터 분석	o3-pro(챗GPT)로 심화 분석
보고서 작성	클로드로 신중한 정리
발표 자료	GPT-4o로 빠른 작성

AI를 활용해 어떻게 새로운 시장 진출을 모색하는지 살펴보자. 인터넷 검색부터 시작해서 전문가 수준 분석까지, 탐정이 사건을 해결하듯 단서를 하나씩 모아가면 확신을 가지고 결정할 수 있다. 예를 들어 회사에서 펫 시터 앱 사업을 시작하려고 하며, 내가 보고서 작성을 맡았다고 해보자.

먼저 퍼플렉시티로 시장 동향을 파악한다. 퍼플렉시티는 최신 정보를 검색하는 데 특화되어 있기 때문에, 시장 동향을 파악하기 안성맞춤이다. "펫 시터 시장 현황과 최신 트렌드, 주요 경쟁사 분석"과 같은 명령어로 실시간 시간 정보와 정확한 데이터를 수집할 수 있다.

다음으로는 챗GPT의 o3-pro를 이용해 심화 분석을 한다. "펫시터 앱 사업 모델의 수익성과 성장 가능성 분석"을 요구하면 o3-pro 모델은 복잡한 비즈니스 로직과 재무 모델을 검토해 준다.

데이터 분석이 되었다면, 보고서를 작성해야만 한다. 보고서 작성에는 데이터를 신중하게 처리하는 클로드가 제격이다. 클로드에게 "시장 분석 결과를 바탕으로 한 종합 보고서 작성"을 요구하면 균형 잡힌 관점에서 사업 리스크와 사업 기회 요소를 정리한다.

다음은 GPT-4o로 빠르게 발표 자료를 작성한다. "경영진 보고용 PPT 자료를 간결하고 임팩트 있게 제작"하도록 명령하면 발표 핵심 메시지를 효과적으로 전달하는 프레젠테이션을 만들 수 있고, 혼자서 만든 보고서라도 전문 컨설팅 회사 수준의 체계적인 시장 분석을 완성할 수 있다.

• 마케팅 캠페인

전략 수립	o3(챗GPT)로 마케팅 전략 기획
카피 작성	GPT-4.5로 감성적 문구 제작
이미지 제작	미드저니로 광고 이미지 제작
영상 제작	소라, 베오3로 홍보 영상 제작
음악 제작	수노로 브랜드 사운드 제작

이번에는 마케팅 전략에 AI를 활용하는 사례를 생각해 보자. 머릿속 아이디어부터 실제 광고 소재까지, 오케스트라 지휘자처럼 각 AI의 장점을 조화롭게 섞으면 큰 가능성을 갖는 캠페인을 하나 탄생시

킬 수 있다. 수제 디저트 온라인 쇼핑몰 론칭을 고려하고 있다고 해보자.

먼저 o3(챗GPT)로 마케팅 전략 기획을 세운다. AI에게 "온라인 디저트 시장에서의 포지셔닝과 마케팅 전략 수립"을 요구해 타깃 고객을 분석하고 타 업체에게 어떻게 경쟁 우위를 점할 수 있을지, 마케팅 수단들을 어떻게 조화시킬 것인지를 설계한다.

다음은 GPT-4.5를 사용해 카피를 작성한다. "20-30대 여성의 마음을 움직이는 브랜드 스토리와 카피 작성"을 요구해 주요 타깃층을 사로잡을 수 있는 감성적 문구를 제작한다. 브랜드 네이밍부터 슬로건, 제품 설명 문구까지 GPT-4.5를 활용하면 오랜 시간을 들이지 않고 작업을 해낼 수 있다.

다음은 광고 이미지 제작이다. 미드저니를 사용해 "인스타그램과 네이버 쇼핑에 최적화된 제품 이미지와 광고 소재" 제작을 진행해 보자. 브랜드 아이덴티티를 반영하면서도 일관된 비주얼로 이미지를 제작해 낼 수 있을 것이다.

이미지 제작 뒤에는 홍보 영상을 제작한다. 소라나 베오3가 나설 차례다. "브랜드 론칭 티저 영상과 제품 소개 영상 제작"을 입력하여 SNS와 온라인 광고에 활용할 매력적인 영상 콘텐츠를 뽑아 내자.

영상을 제작했으면 마지막으로 브랜드 사운드를 수노로 제작한다. "브랜드 이미지에 맞는 시그니처 로고송과 배경음악"을 만들어 브랜드 인지도를 높이는 차별화된 오디오 아이덴티티를 만들어 내자.

이 모든 것들이 모여 대형 광고대행사 수준의 통합 마케팅 캠페인을 완성해 낸다.

5. 매일 쓰는 AI 루틴

AI를 프로젝트에 맞춰 단계별로 사용할 수도 있지만, 나의 하루의 루틴에 맞춰 나의 업무 곳곳에 효과적으로 배치해 볼 수도 있다. 예시를 살펴 보고, 각자 매일의 AI 사용 루틴을 짜 보자. 나의 업무와 일상 곳곳에 AI를 배치하여 나의 하루를 더 효과적이며 생산적인 것으로 만들어 보자.

- **아침 루틴 (7-9시)**

뉴스 체크: 퍼플렉시티로 오늘의 트렌드 파악
일정 정리: 제미나이로 구글 캘린더 연동
할 일 정리: o4-mini(챗GPT)로 빠른 업무 정리

- **오전 작업 (9-12시)**

이메일 응답: GPT-4o로 빠른 답변
기획 회의: o3(챗GPT)로 전략적 사고
문서 작성: 클로드로 신중하게 분석 반영

- **오후 창작 (1-6시)**

기획안 작성: 제미나이, o3(챗GPT)
콘텐츠 글: GPT-4.5, 소넷 4(클로드)로 글쓰기
이미지: 미드저니로 비주얼 제작
영상 기획: 소라, 베오3로 부분 동영상 콘텐츠

• **저녁 정리** (6-8시)

회의록 정리: 클로드로 장문 요약

내일 준비: o4(챗GPT)로 간단한 정리

AI 선택 실전 체크리스트

・시간이 얼마나 있나?

☐ 급하다 → o4-mini(챗GPT), 퍼플렉시티

☐ 여유 있다 → 최적 AI 조합 선택

・품질이 얼마나 중요한가?

☐ 완벽해야 한다 → 오퍼스 4(클로드), o3-pro(챗GPT), 2.5 pro(제미나이)

☐ 빠르면 된다 → o4-mini(챗GPT)

・창의성이 필요한가?

☐ 새로운 아이디어 필요 → GPT-4.5, 미드저니

☐ 정확한 정보 필요 → 퍼플렉시티

・결과물이 무엇인가?

☐ 텍스트 → GPT 계열, 클로드

☐ 이미지 → 미드저니

☐ 영상 → 소라, 베오3

☐ 음악 → 수노

진짜 고수는 하나의 AI만 쓰지 않는다. 여러 AI를 조합해서 시너지를 낸다. 최신 정보가 필요할 땐 퍼플렉시티, 창의적인 글쓰기엔 GPT-4.5, 신중한 분석엔 클로드. 각각이 가진 특별함을 알고, 상황에 맞게 조합하는 순간 마법이 일어난다.

하나의 AI에 의존하던 시절은 이제 지났다. 나는 이걸 '스마트한 도구의 힘'이라고 부른다. 여러 AI를 자유자재로 조합해서 쓰는 사람이 진짜 몸값을 올리는 시대가 왔다. 목적에 맞게 조합해서 쓰는 순간, 작업 효율은 기하급수적으로 올라갈 것이다.

AI가 반복적이고 시간 소모적인 일들을 대신 처리해 주면, 당신은 정말 의미 있는 일에 온전히 집중할 수 있다. 결국 AI는 도구일 뿐이다. 진짜 중요한 건 그 도구를 어떻게 조합해서 쓰느냐다. 상황에 맞는 도구 조합이 성공의 열쇠이고, 그 열쇠는 바로 당신 손에 있다. 지금 당장 시작해 보자.

해결하고 싶은 프로젝트를 골라, 여러 AI를 사용해 결과를 내 보자.

1. 현재 진행 중인 프로젝트 한 개 선택하기
2. 필요한 작업을 세 단계로 나누기
3. 각 단계에 최적인 AI 한 개씩 선택하기
4. 실제로 AI 조합으로 작업해 보고 결과 확인하기

💬 AI, 나는 이제 잘 쓰고 있을까?

☐ 상황에 따라 다른 텍스트 AI를 사용한다

☐ 최신 뉴스를 검색할 때 퍼플렉시티를 사용한다

☐ 신중한 보고서 작성에 클로드를 사용한다

☐ 톡톡 튀는 아이디어를 짤 땐 그록을 쓴다

☐ 그림 그리기, 음악 작곡, 동영상 제작 등은 각자 맞는 AI를 사용해 제작할 수 있다

☐ 홍보 전략 수립, 시장 조사 보고서 작성 등을 AI의 도움을 받아 단계별로 수행한다

Part 4 AI 시대에 살아남는 사고방식

AI 시대는 막을 수 없는 현실이다.

AI를 두려워하며 멈출 것인지, AI와 함께 성장할 것인지는

당신의 선택에 달렸다.

나는 이렇게 쓰고 있진 않을까?

☐ 지식이 힘이라고 생각한다

☐ 남이 쓰는 프롬프트만 열심히 수집한다

☐ 프롬프트를 수집해서 그대로 사용한다

☐ 정보를 확인하려고 주로 AI를 쓴다

☐ 한 번 질문하고 더 질문을 이어가지 않는다

☐ AI에게 다른 상황이나 관점을 요구하지 않는다

9장

내 생각이 얕으면 AI도 얕아진다

"AI가 대답을 다 해주니까 생각할 필요 없겠네."

정말 위험한 착각이다. AI가 발전할수록 오히려 인간의 사고력은 더 중요하다. AI는 인간의 생각을 대신하는 도구가 아니라, 생각을 확장하는 도구다. 많은 사람들이 AI 시대에는 암기나 계산 능력이 중요하지 않다고 말한다. 맞다. 하지만 그렇다고 해서 생각하는 능력까지 필요 없다는 뜻은 아니다. 오히려 정반대다.

이제는 '무엇을 물어볼 것인가', '어떻게 문제를 정의할 것인가', '어떤 관점에서 접근할 것인가'를 결정하는 능력이 그 어느 때보다 중요하다. AI는 답을 주지만, 질문은 여전히 인간의 몫이다. 지금까지 이책에서는 AI 활용법을 다뤘다. 하지만 이 장에서는 더 근본적인 질문을 던진다.

"어떤 사고방식을 가져야 AI 시대에 도태되지 않을까?"

이제 AI 도구 사용법을 넘어서, AI 시대를 살아가는 사고법을 익힐 시간이다.

프롬프트 복사하는 사람 vs. 질문 설계하는 사람

"월 1,000만 원 버는 AI 프롬프트, 대공개!"

온라인에 떠도는 이런 '만능 프롬프트'를 저장해 본 경험이 있는가? 우리는 마법의 주문 한 줄이면 AI가 황금알을 낳아줄 것이라 기대한다. 하지만 이런 프롬프트를 복사해 붙여 넣는 순간, 이미 AI 시대에 가장 빨리 도태되는 지름길에 올라선 것이다.

남의 프롬프트만 모으는 사람은 결국 남의 생각만 복제할 뿐이다. 진짜 기회는 프롬프트를 '수집'하는 사람이 아니라, 어떤 문제든 자신만의 질문으로 '설계'하는 사람에게 찾아온다. AI를 사용하는 사람들은 크게 두 유형으로 나눌 수 있다. '프롬프트 복사자'와 '질문 설계자'다. 겉으로는 같은 AI를 쓰는 것 같지만, 결과는 천지 차이다.

인터넷에 떠도는 프롬프트들은 대부분 특정 상황, 특정 목적을 위해 만들어진 것들이다. 하지만 많은 사람들이 이런 맥락은 무시하고 프롬프트 문장만 복사해 그대로 사용한다. 요리를 할 줄 모르는 사람이 레시피만 열심히 모으는 것처럼 말이다.

이런 사람들에게는 일정한 공통점이 있다. 먼저, 수집에만 집중한다. "이 프롬프트 좋네" 하며 저장만 한다. 정작 언제 어떻게 쓸지는 생각하지 않는다.

 그다음으로는 맥락을 무시한다. 남이 쓴 프롬프트를 내 상황에 맞춰 수정하지 않고 그대로 쓴다. 당연히 엉뚱한 결과가 나오지만, AI 탓을 하고 넘어간다.

 셋째로 의존성이 높다. 새로운 프롬프트가 없으면 아무것도 할 수 없다. 스스로 질문을 만들 줄 모르기 때문이다.

 반면에 질문 설계자는 프롬프트를 하나의 완성된 문장으로 보지 않고, 여러 요소들의 조합으로 본다. 프롬프트를 참고는 하지만, 자신의 상황에 맞게 재구성한다. 요리사가 레시피를 보되 자신만의 비법을 더하는 것처럼 말이다.

 이런 사람들은 원리를 이해해, 왜 이 프롬프트가 좋은지, 어떤 요소가 핵심인지 분석한다. 또 맥락을 반영해 자신의 업무나 목표, 제약사항에 맞게 질문을 수정할 줄 안다. 그 때문에 지속적으로 프롬프트를 개선할 줄 안다. 기본 프롬프트를 바탕으로 결과를 보고 질문을 계속 다듬어 나간다.

구분	프롬프트 복사자	질문 설계자
접근 방법	"이 프롬프트 써 보자"	"내 상황에 맞게 수정하자"
결과물	일반적이고 뻔함	구체적이고 맞춤형
성장 속도	느림	빠름
사고 과정	결과에 의존	과정을 중시
AI와의 관계	단순 사용	협력적 파트너십
문제 해결 태도	프롬프트 탓	질문 방식 개선

복사해서 쓰면 안 된다는 이야기가 아니다. 복사 자체가 아니라, 아무 생각 없이 복사만 하는 것이 문제다.

내가 운영하는 인스타그램 '리더인' 채널에서도 바로 복사해 붙여 넣어 쓸 수 있는 '복붙형' 프롬프트를 자주 소개한다. 바로 써먹을 수 있는 문장이 있으면, 초보자들이 부담 없이 AI를 시작할 수 있기 때문이다.

입문자에게는 실행의 진입 장벽을 낮춰 주는 것이 가장 필요하다. 실제로 나의 복붙형 프롬프트 콘텐츠는 AI에 대한 막연한 두려움을 깨 주는 역할을 해왔고, 많은 사람들이 복붙형 프롬프트를 통해 처음으로 AI를 직접 다뤄보는 경험을 할 수 있었다.

하지만 거기서 멈추면 안 된다. 복붙형 프롬프트는 시작이지, 끝이 아니다. 좋은 프롬프트를 그대로 써 보는 건 연습의 일부일 뿐, 그 경험을 바탕으로 자신만의 질문을 만들어 봐야 한다. 프롬프트를 복사해서 시작해도 괜찮다. 하지만 언젠가는 그 프롬프트를 내 상황, 내 문제, 내 목표에 맞게 요리할 줄 알아야 한다. 그래야 AI라는 강력한 도구를, 진짜 내 실력으로 다룰 수 있다. 그렇지 않으면 계속해서 남의 길을 걷게 될 뿐이다.

생각 없이 복사만 하는 순간, 성장은 멈춘다. AI 시대의 진짜 경쟁력은 빠르게 가져다 쓰는 능력이 아니라, 설계하는 능력이다. AI 시대에 살아남는 사람은 잘 묻는 사람, 다르게 보는 사람, 그리고 자기 관점으로 질문을 다시 짜는 사람이다.

'아는 것'보다 '묻는 법'이 중요하다

학창 시절에는 많이 아는 학생이 똑똑한 학생이었다. 하지만 AI 시대에는 많이 아는 사람보다 잘 묻는 사람이 더 앞서간다. 정보는 AI가 제공하지만, 어떤 정보가 필요한지, 어떻게 활용할지는 여전히 인간이 결정해야 하기 때문이다.

과거에는 정보를 많이 알고 있는 것 자체가 경쟁력이었다. 의사는 의학 지식을, 변호사는 법률 지식을, 회계사는 세무 지식을 외워야 했다. 하지만 이제는 다르다.

AI가 방대한 의학 논문을 순식간에 검토하고, 복잡한 법률 조항을 정리하고, 세무 계산을 처리한다. 그렇다면 전문가의 가치는 사라질까? 오히려 더 중요해졌다. 대신, 정보 그 자체보다 정보를 어떻게 해석하고 연결하며 판단하는가 하는 문제가 중요해졌다. 가치가 '아는 것'에서 '판단하는 것'으로 바뀌었다.

의사는 AI가 제시한 여러 진단 가능성 중에서 환자에게 가장 적합한 것을 선택한다. 변호사는 AI가 찾은 판례들을 바탕으로 가장 유리한 논리를 구성한다. 핵심은 '무엇을 AI에게 물어볼 것인가?'다.

과거	현재
지식 = 힘	질문 = 힘
정보 자체가 경쟁력	정보 활용 능력이 경쟁력
많이 아는 사람이 인정받음	잘 묻는 사람이 더 나은 답을 얻음
암기와 축적이 중요	연결과 응용이 중요

질문이 중요해진 만큼, 모든 질문이 같은 가치를 갖지 않는다. 질문에도 레벨이 있다. AI를 얼마나 잘 활용해 고난도의 작업을 함께할 수 있느냐 하는 것이 기준이다.

AI 시대의 질문 레벨
레벨 1　정보 확인형
레벨 2　비교 분석형
레벨 3　전략 제안형
레벨 4　창의적 확장형

먼저 가장 낮은 수준의 질문은 "A가 뭐야?" 또는 "A는 언제 생긴 거야?" 등의 질문이다. 이런 정보 확인형 질문은 구글 검색으로도 충분한 질문으로, 굳이 AI를 써서 할 필요가 없는 질문이다.

그보다 나은 질문은 비교 분석형 질문으로, "A와 B의 차이점은 뭐야?" 또는 "어떤 것이 더 좋을까?"를 묻는 질문이다. 이런 질문은 AI의 분석 능력을 활용하므로 앞의 질문들보다는 수준이 높다고 할 수 있지만 아직은 부족하다.

그다음으로 높은 수준의 질문은 전략 제안형 질문이다. "이 상황에서 A와 B 중 뭘 선택해야 할까?" 또는 "이 문제를 해결하려면 어떤 방법이 좋을까?"와 같이 AI와 협업하여 문제를 해결해 볼 수 있는 질문이다.

AI를 활용하는 질문의 최고봉은 창의적 확장형 질문이다. "A를 B에 적용한다면 어떤 새로운 가능성이 있을까?", "이 아이디어를 완전히 다른 분야에 쓴다면?" 등 AI를 사용해 새로운 가능성을 탐색하는 질문이다.

낮은 수준의 질문에서 벗어나 높은 수준의 질문을 하는 방법은 무엇일까? 먼저, '왜'를 연속으로 물어보는 방법이 있다. 사건이나 현상의 이유를 연속해서 묻다 보면 표면적 문제에서 근본적 문제로 파고들어 가게 된다.

BAD	GOOD
매출이 떨어진 이유가 뭐야?	매출이 떨어진 이유가 뭐고, 그 이유 뒤에 숨은 진짜 원인은 뭐야? 그리고 이런 문제가 앞으로도 반복될 가능성은 어떻게 줄일 수 있을까?

다음으로는 한 방향에서만 질문하지 말아야 한다. 예시를 보면 알 수 있는데, 보통 던지는 질문은 하나의 관점을 적용해 질문하는 것이며, 이 사실을 잘 깨닫지 못하기 쉽다. 답변을 받더라도 만족해 하지 말고, 여러 관점을 적용해 같은 질문에 대한 다른 답변을 얻어낼 수 있어야만 한다.

BAD	GOOD
이 제품의 장점이 뭐야?	이 제품을 고객, 경쟁사, 유통 업체, 투자자 관점에서 각각 어떻게 평가할까? 각 관점에서 보는 장단점과 개선점을 알려 줘.

또 가정을 바꿔 보는 것도 질문 레벨을 올리는 데 유용하다. 단순히 평가를 요구하지 않고, 현재의 상황과 흐름이 바뀌어도 여전히 현재

의 대안이 적합한지 살펴보도록 지시하면 여러 가지 경우의 수에 대한 시뮬레이션이 가능하다.

BAD	GOOD
지금 이 마케팅 전략이 맞아?	만약 예산이 절반으로 줄어든다면? 타겟이 20대에서 40대로 바뀐다면? 온라인에서 오프라인으로 주력 채널이 바뀐다면? 각각의 경우에 어떤 전략이 필요할까?

이제 '아는 것'으로는 차별화가 안 된다. AI가 인간보다 더 많이, 더 정확하게 알고 있기 때문이다. 그럼 무엇으로 차별화할 것인가? 바로 '묻는 능력'이다.

뭘 모르는지 아는 사람이 이긴다. 학창 시절 공부를 잘하던 우등생들이 사회에서 항상 성공하는 것은 아니다. 시험 문제는 정해져 있었지만, 인생의 문제는 스스로 찾아야만 하기 때문이다. AI 시대에는 이 원리가 더욱 극명하게 적용된다. AI는 직원으로서 완벽하다. 24시간 일하고, 불평하지 않고, 엄청난 양의 정보를 처리한다. 하지만 단 하나의 한계가 있다. 당신이 시키는 일만 한다는 것.

AI는 당신을 위해 일할 준비가 되어 있다. 하지만 깊이 있게 생각하는 사람만이, 이 도구를 진짜 자신의 무기로 바꿀 수 있다.

AI 질문 레벨을 올리는 방법

- ☐ 이유를 연속으로 물어라
- ☐ 다른 관점을 요청하라
- ☐ 상황과 가정을 바꿔 보라

• **지금 사용하고 있는 프롬프트의 질문 레벨을 올려 보자.**

복사한 프롬프트도 괜찮다. 하지만 반드시 내 상황에 맞게 수정해보는 것이 목표다.

지금 쓰고 있는 프롬프트는 어떤 수준인가?

최근 사용한 질문 :

___

___

☐ 정보 확인형: 단순 사실 묻기 → "A가 뭐야?"

☐ 비교 분석형: 장단점 묻기 → "A와 B 중 뭐가 더 나아?"

☐ 전략 제안형: 상황 판단 요청 → "내 상황엔 어떤 전략이 좋아?"

☐ 창의 확장형: 새로운 연결 시도 → "이걸 전혀 다른 분야에 적용하면?"

지금 내 질문은 몇 레벨인지 점검하고, 한 단계만 더 높여서 다시 물어보자.

다시 작성한 질문 :

___

___

___

💬 AI, 나는 이제 잘 쓰고 있을까?

☐ 질문이 힘이라고 생각한다

☐ 남이 쓰는 프롬프트를 참고한다

☐ 남의 프롬프트를 참고해 나에게 맞게 사용한다

☐ 전략 수립이나 창의적 탐색을 위해 주로 AI를 쓴다

☐ 분석의 원인 등을 연속으로 질문한다

☐ AI에게 다른 상황이나 관점을 항상 요구한다

💬 나는 이렇게 쓰고 있진 않을까?

☐ "예", "아니오"로 대답할 수 있는 질문을 많이 한다

☐ "A가 낫냐, B가 낫냐" 하는 선택형 질문을 많이 한다

☐ AI가 내놓은 첫 답변을 그냥 사용한다

☐ AI가 그렇다고 하면 그런 거다

☐ AI를 한번 공부하고 난 뒤에는 크게 더 노력할 필요 없다

☐ 결정이나 판단을 AI에게 맡긴 적이 있다

☐ 생성한 이미지나 영상으로 남을 속여 본 적이 있다

10장

AI 고수와 초보자의 결정적 차이

　같은 AI를 써도 결과가 천지 차이인 사람들이 있다. 무엇이 그들을 다르게 만드는 걸까? 그 비밀은 기술이나 정보량에 있지 않다. 바로 '생각의 그릇' 크기에 있다. 초보자는 AI를 자신의 얕은 생각의 그릇 안에 가두고, 고수는 AI를 이용해 생각의 그릇 자체를 깨고 확장한다.
　더 중요한 건, 고수들은 AI에게 휘둘리지 않는다. AI가 할 수 있는 것과 할 수 없는 것을 명확히 구분하고, 자신만의 영역을 지킨다. 동시에 AI와 협업해서 더 큰 성과를 낸다. 이 장에서는 AI를 쓰는 사람과 AI에게 휘둘리는 사람의 결정적 차이를 알아보고, 생각의 그릇을 넓히는 질문법은 무엇인지 살핀다.

생각의 그릇을 넓히는 질문 vs. 생각을 가두는 질문

AI에게 던지는 질문은 두 종류로 나눌 수 있다. AI 고수들은 생각의 경계를 넓히는 질문을 던지고, 초보자들은 생각을 좁은 틀에 가두는 질문을 던진다. 같은 문제를 놓고도 어떻게 질문하느냐에 따라 사고의 폭이 완전히 달라진다.

생각을 가두는 질문의 특징은 답의 범위를 질문에서부터 미리 제한한다는 점이다. 질문하는 사람의 고정관념이나 편견을 그대로 드러내는 질문들이다.

먼저, 초보자들은 닫힌 질문을 선호한다. "이게 맞아, 틀려?"처럼 "예"와 "아니오"로밖에 답할 수 없는 질문을 한다. 또는 "A야, B야?"와 같은 질문도 마찬가지다. 이 경우 답은 "A"와 "B" 둘 가운데 하나일 수밖에 없어, A와 B 외에 더 좋은 C, D, E와 같은 옵션이 있을 가능성을 처음부터 막는다. 결국 AI는 사용자가 던져 준 선택지 안에서만 답할 수밖에 없다.

다음으로는 단일 정답을 찾으려 하는 질문이 있다. "정답이 뭐야?" 또는 "가장 좋은 방법은?" 같은 질문이다. 이런 질문은 복잡한 문제를 단순화하려는 질문자의 경향을 드러낸다. 세상 문제는 대부분 상황마다 답이 다른데, 이런 질문을 하면 AI는 역시 모든 상황을 무시하고 단 하나의 답만 말할 수밖에 없다.

그다음은 현재 관점에 갇혀 있는 질문이다. "이 업계에서는……", "이렇게 하는 게 원래 방식이야"와 같은 대화를 AI에게 한 적이 있다면 반성해야만 한다. 기존 틀을 벗어나려 하지 않는 질문이기 때문이다. 이 질문은 사실 질문이 아니다. 이미 답을 정해 놓고 AI한테 "맞지?"라고 확인받으려는 것이다. AI는 이때 사용자가 듣고 싶어 하는 말은 하겠지만, 완전히 새로운 아이디어는 제시하기 어렵다.

이제 생각의 그릇을 넓히는 질문의 특징을 알아보자. 생각의 그릇을 넓히는 질문은 AI가 더 넓게 생각할 수 있는 공간을 열어 준다. 내가 미처 생각하지 못한 관점이나 다른 방법들을 AI가 찾도록 한다.

고수들은 먼저 열린 질문을 한다. "어떤 가능성들이 있을까?", "다른 방법은 없을까?" 등은 다양한 답변이 나올 수 있는 질문이다. AI는 더 자유롭게 여러 가지 아이디어를 내놓을 수 있게 된다. 예상하지 못한 해결책이나 새로운 방법을 발견할 확률이 높아진다.

또 좋은 질문은 다중 관점을 추구한다. "고객은 어떻게 생각할까?", "경쟁사라면 어떻게 할까?", "10년 뒤엔 어떻게 바뀔까?" 등의 질문이 있다. 다른 사람 입장에서 바라보게 하면 AI는 한쪽으로 치우치지 않고 균형 잡힌 답을 낸다. 내가 놓친 부분들이 보이기 시작한다.

연결과 확장을 시도하는 것도 중요하다. "이 아이디어를 다른 분야에 적용하면?", "반대로 생각해 보면 어떨까?", "제약이 없다면 뭘 할 수 있을까?" AI는 엄청난 연결 능력을 갖고 있다. 이런 질문은 AI의 특성을 제대로 쓰는 질문이다. 전혀 다른 분야 지식을 섞거나, 뒤집어서 생각해 완전히 새로운 아이디어를 만들어 낼 수 있다.

구분	가두는 질문	넓히는 질문
형태	닫힌 질문(네/아니오)	열린 질문(어떻게, ~한다면)
답의 범위	제한적	확장적
관점	단일 시각	다중 시각
시간 범위	현재 중심	과거/현재/미래
결과	단순한 선택	새로운 발견

그렇다면 그릇을 넓히는 질문 설계법을 하려면 어떻게 해야 할까? 먼저 상황을 바꿔 설정해 볼 수 있다. 기본 질문이 "신제품 마케팅 전략을 세워 줘"였다면, 여러 다른 상황을 바꿔 설정해 전략을 검토해 볼 수 있다. 예를 들면, "만약 예산이 무제한이라면?", "만약 타겟이 완전히 다른 연령대라면?", "만약 1년이 아니라 1개월 안에 성과를 내야 한다면?", "만약 온라인이 아니라 오프라인만 가능하다면?" 등과 같은 질문은 신제품 마케팅 전략을 재검토할 수 있는, 그릇을 넓히는 질문들이다.

거꾸로 생각하는 방법도 있다. 보통 생각하는 방향을 뒤집어 완전히 반대로 접근해 보자. 원래의 질문이 "고객을 어떻게 유치할까?"였다면, 이 질문을 뒤집어 "고객이 우리를 어떻게 찾게 할까?", "고객을 유치하지 않고도 매출을 늘리는 방법은?", "기존 고객을 떠나지 않게 하는 게 더 중요하지 않을까?"와 같이 질문을 바꿔볼 수 있다. 이런 발상의 전환을 돕는 질문들은 고정관념이나 편견을 깨는 답변을 얻어낼 수도 있다.

꼬리에 꼬리를 무는 질문 설계법도 좋다. 겉으로 보이는 문제에서 시작해 진짜 문제가 보일 때까지 계속 파고 들어가는 방법이다. "매출이 떨어졌어"에서 시작했다면 "왜 매출이 떨어졌을까?"라고 질문을 던지고 다시 여기서 더 파고 들어가, "그런 현상이 왜 생겼을까?", "그 근본 원인을 해결하려면 어떻게 해야 할까?"로 들어가고 여기서 더 나아가 "그런 문제를 미리 예방하려면 어떤 시스템이 필요할까?"와 같은 질문을 해 보자. 이렇듯 질문 하나가 당신의 사고를 감옥에 가둘 수도, 드넓은 초원으로 이끌 수도 있다.

내 그릇을 넓히는 질문 설계법

- ☐ 상황을 바꿔 질문하라
- ☐ 질문을 거꾸로 뒤집어라
- ☐ 진짜 문제가 보일 때까지 질문하라

AI를 쓰는 사람 vs. AI에게 휘둘리는 사람

AI를 대하는 태도에 따라 사람을 두 그룹으로 나눌 수 있다. AI를 도구로 부리는 사람과 AI에게 휘둘리는 사람. 이 차이는 기술 실력과는 상관없다. 순전히 마인드셋의 차이다.

먼저 AI에게 휘둘리는 사람들의 특징을 보자. 이들은 AI가 만든 생각의 틀에 갇힌다. 편하고 빠르지만, 지적으로 게을러지고 결국 AI 없이는 아무것도 못 하게 된다. 이들은 AI를 맹신해 AI가 출력한 답변을 무조건 옳다고 생각하며, 그 답변을 자신의 능력을 발휘해 판단하려 하지 않고, 검증하려고 하지 않는다. 그러다 보니 AI에 의존하게 되어 AI가 없으면 아무것도 하지 못하고, 스스로 생각하기를 포기하고 그만 AI가 모든 것을 해결해 주기를 기대한다. 이런 사람들은 AI가 "A 방법이 좋다"라고 하면 무조건적으로 그대로 따라 하며, AI의 답변이 틀렸을 경우에는 대처하지 못한다.

이처럼 AI를 맹신하고 의존하면서도, AI를 두려워하여 "AI를 따라갈 수 없어" 또는 "AI가 내 일자리를 빼앗을 것이다"와 같이 소극적이며 방어적으로 생각하고 만다.

AI를 제대로 쓰는 사람들은 그렇지 않다. AI를 사용해 자신의 생각을 대신하도록 하지 않고, AI를 활용해 자신의 생각을 더 단단하게 만든다. 번거롭지만 비판적 사고 능력이 성장하고 AI를 더 깊이 있게 활용하는 방법을 터득한다.

이런 사람들은 AI를 하나의 도구로 인식할 뿐이다. AI는 강력하지만 완벽하지 않다는 점을 알고 있으며, 그러므로 AI의 답변을 비판적으로 검토하고 최종 판단은 자신이 내린다.

또 AI에게 전적으로 일을 맡기지 않고, AI와 '협업'을 한다. AI의 강점과 약점을 파악해 적재적소에 AI를 활용하는 대신, AI가 하지 못하는 일은 자신이 보완해서 한다. AI를 잘 쓰는 사람들은 AI를 성장 도구로 활용한다. AI와 대화를 나누면서 새로운 관점을 얻고 사고력을 확장하며 AI 시대에 맞는 새로운 역량을 계발한다.

AI를 제대로 쓰는 사람은 AI가 "A 방법이 좋다"라고 하면, 왜 A가 좋은지 근거를 묻고, 다른 대안인 B나 C 방법의 단점을 확인하며 현재 상황에서 A를 적용할 때 주의할 점 등을 종합적으로 판단해서 결정한다. AI를 제대로 쓰는 사람은 여러 판단을 할 때의 AI 의존도가 상대적으로 낮다. 그는 어디까지나 AI를 활용할 뿐이다.

상황	AI 의존도	나의 역할
정보 수집	높음	신뢰성 검증
아이디어	중간	창의적 조합
의사 결정	낮음	최종 판단
평가	낮음	가치 판단

이렇듯 인간이 주도권을 갖고 AI를 사용하려 한다면 참고하면 좋을 다섯 가지 원칙이 있다.

AI를 주도적으로 사용하는 다섯 가지 원칙
- 원칙 1. AI는 어디까지나 조언자여야 한다
- 원칙 2. 첫 답변은 초안일 뿐이다
- 원칙 3. 의심하고 검증해야 한다
- 원칙 4. AI는 도구일 뿐 내 능력을 포기해서는 안 된다
- 원칙 5. 함께 성장하라

첫 번째 원칙은 AI는 어디까지나 조언자이고 내가 결정자라는 점이다. AI의 제안을 참고하되, 최종 결정은 반드시 내가 내려야 한다.

AI가 못 보는 맥락과 가치를 내가 보완해야 한다. "AI가 이렇게 하라고 하니까 그냥 이대로 하자"라는 접근보다는, "AI 제안을 보니 좋네. 하지만 우리 상황에서는 이 부분을 조금 수정해야겠어"라고 결정할 줄 알아야 한다.

두 번째 원칙은 AI가 내놓은 첫 답변은 초안일 뿐임을 잘 기억해야 한다는 것이다. AI와 한 번의 대화로 끝내지 않고 실행 과정에서 새로운 질문이 생기면 다시 AI에게 물으면서 계획을 수정해야만 한다. AI가 한 번에 완벽한 답을 줄 것이라고 기대하면 AI에게 의존하게 되지만, AI의 답변을 바탕으로 더 구체적으로 물어보고 계속 발전시켜 나가자고 생각하면 주도적으로 AI를 활용할 수 있게 된다.

세 번째로는 AI의 답변을 의심하고 검증해야 한다. AI가 내놓은 답변을 무조건 믿어서는 안 된다. 다른 정보 출처와 비교하고, 논리적으로 따져보며 실제로 적용해야 한다.

네 번째로 AI는 도구일 뿐임을 기억하고, 도구로 인해서 내 능력을 포기해서는 안 된다. AI로 내 능력을 확장하되, 내 능력을 포기하지는 않는다. AI가 잘하는 일과 내가 잘하는 일을 조합해 더 나은 시너지를 만들어야 한다. "이제 AI가 다 해주니까 나는 생각 안 해도 돼"라고 생각해서는 AI를 잘 쓸 수가 없다. "AI가 정보 처리를 해주니까 나는 더 중요한 판단에 집중할 수 있어"와 같이 방향을 잡아야 한다.

다섯 번째로는 함께 성장하라는 것이다. AI는 경쟁의 대상이 아니다. AI와 경쟁하려 하지 말고 AI와 함께 성장하라. AI를 통해 내가 모르던 것을 배우고 새로운 관점을 얻어야 한다. "AI가 나보다 똑똑하니까 나는 필요 없겠지"라고 생각해서는 발전할 수 없다. "AI 덕분에 더 높은 수준의 일에 도전할 수 있겠네"라고 생각해야만 한다.

자, 이렇게 AI에게 휘둘리지 않고 내가 주도적으로 AI를 사용하는 데까지는 안전히 도착했다. 그렇다면 그다음은 고수의 길로 한 단계 올라서는 길이 남았다. 나는 강연 등을 하면서 수많은 AI 고수들을 접할 기회가 있었는데, 그들에게는 몇 가지 공통된 패턴이 있었다. 나이, 직업, 기술 수준과는 무관한 사고방식의 차이였다. 이런 특징들을 이해하고 따라 하면 누구나 AI 고수가 될 수 있다.

먼저 AI의 한계를 명확히 알고, 결과를 보완하려고 노력해야 한다. AI는 보유한 정보를 실시간 업데이트할 수 없기 때문에, 최신 정보를 보유하고 있지 못하다. 또 데이터로 설명할 수 없는 감정과 직감의 문제, 가치관과 철학이 필요한 윤리적 판단의 문제, 완전히 새로운 발상이 필요한 창의성의 문제에 있어서는 취약하다.

고수들은 이런 AI의 한계를 직접 보완한다. 최신 정보는 직접 검색으로 확인하며, 중요한 결정은 사람과 상의하고 윤리적 문제는 원칙에 따라 판단한다. 창의적 아이디어가 필요한 일은 AI의 제안과 자신의 아이디어를 조합해서 새롭게 만들어 낸다.

지속적인 학습도 중요하다. AI 기술이 빠르게 발전하므로 계속 새로운 기능과 활용법을 배워야 한다. AI 관련 뉴스와 업데이트 소식을 체크해야 하고, 다른 사용자들의 활용 사례를 벤치 마킹하며 새로운 AI 도구들을 끊임없이 테스트한다. 이 과정에서 AI를 활용하는 사람들이 모인 커뮤니티에 참여해 소식을 주고받는다.

한편, AI 사용으로 인한 윤리적 사용의 문제가 중요함을 안다. AI를 쓸수록 책임감도 커져야만 한다. 고수들은 정확하지 않은 정보는 퍼뜨리지 않으며, AI 생성 콘텐츠임을 필요 시 밝힌다. 다른 사람의 저작권을 침해하지 않으면서 AI로 만든 가짜 정보로 사람들을 속이지 않는다.

결국 같은 AI를 써도 결과가 다른 이유는 간단하다. 마음가짐이 다르기 때문이다. AI를 두려워하며 "나는 뒤처질 거야"라고 생각하는 사람이 있다. 반면 AI를 보며 "이제 더 재미있는 일들을 해볼 수 있겠네"라고 생각하는 사람도 있다. 첫 번째 사람은 AI 시대에도 여전히 작아질 것이고, 두 번째 사람은 AI와 함께 더 커질 것이다.

자, 마인드셋과 관련 있는 중요한 내용이므로 다시 한번 돌이켜 보자. AI 시대에 가장 위험한 사람은 AI를 무서워하는 사람이 아니다. 진짜 위험한 건 AI에게 "이거 해 줘"라고만 말하는 사람이다. 편하긴 하지만, 결국 AI 없이는 아무것도 못 하는 사람이 되어버린다.

AI는 도구다. 어떻게 쓰느냐에 따라 약이 되기도, 독이 되기도 한다. 단순히 '편하게 쓰자'며 AI에게 모든 걸 맡기면 생각하지 않는 습관이 몸에 밴다. 그 순간, 사고력은 점점 퇴화한다. 반대로 AI를 내 사고를 확장하고 정리하는 도구로 쓰면 정말 강력한 약이 된다. 던지는 질문 하나하나에 깊이 있는 피드백과 관점을 되돌려 주기 때문이다.

예전을 생각해 보자. 영어 정보, 학술 자료, 최신 기술… 접근조차 어려운 장벽들이 많았다. 돈이 있어야 하고, 인맥이 있어야 하고, 시간이 많아야 했다. 이제는 다르다. AI가 그 격차를 무너뜨려 줬다. 누구나 배울 수 있고, 누구나 깊이 생각할 수 있으며 누구나 실행할 수 있는 시대다. 정말이지 좋은 기회가 찾아왔다. 'AI가 내 일자리를 빼앗을까 봐 무서워' 하고 생각할 시간에, 'AI와 함께 어떤 새로운 일을 만들어볼까?' 하고 생각해 보자. 독으로 만들지, 약으로 만들지는 당신의 선택이다.

AI 고수가 되는 마음가짐

- ☐ AI의 한계를 명확히 알아, 다른 방법으로 보완한다
- ☐ AI를 지속적으로 학습한다
- ☐ 윤리적으로 사용한다

AI를 사용한 사고의 확장을 경험해 보자.

최근 이슈가 되는 뉴스 기사 하나를 AI에게 요약시키자. 답변을 받은 뒤, 추가 질문을 던져 보자.

"네가 방금 요약한 내용과 정반대되는 주장을 하는 기사나 의견이 있다면 세 가지만 찾아서 요약해 줘."

하나의 사안을 보는 관점이 얼마나 넓어지는지, 비판적 질문의 힘을 직접 느끼게 될 것이다.

AI, 나는 이제 잘 쓰고 있을까?

☐ "예", "아니오"로 대답할 수 있는 질문은 하지 않는다

☐ "A가 낫냐, B가 낫냐" 하는 선택형 질문을 잘 하지 않는다

☐ AI가 내놓은 첫 답변을 본 뒤 여러 차례 질문을 추가한다

☐ 역발상 질문, 상황을 바꾼 질문 등을 할 수 있다

☐ AI에 대해 끊임없이 찾아보고 배운다

☐ AI의 답변을 검증하고 스스로 판단한다

☐ AI를 사용할 때 필요한 경우 AI 결과물임을 명시한다

11장

AI가 대체할 수 없는 당신만의 강점

"AI가 다 해주면 난 뭘 해야 해?"

이런 질문을 자주 받는다. AI가 발전할수록 인간의 설 자리는 줄어들까? 정답은 '그렇지 않다'다. 나날이 AI가 발전하자 불안감을 느끼는 사람들이 많지만 걱정할 필요는 없다. AI가 아무리 발전해도 대체할 수 없는 영역이 분명히 있다. 오히려 AI가 발전할수록 인간만이 할 수 있는 일의 가치는 더욱 커진다.

중요한 건 AI와 경쟁하려 하지 않는 것이다. AI가 잘하는 일은 AI에게 맡기고, 인간이 잘하는 일에 집중해야 한다. AI에게는 없고 인간에게만 있는 것이 무엇일까? 창의성? 감정? 도덕적 판단? 이런 추상적인 답보다는, 더 구체적이고 실용적인 관점에서 접근해 보자. AI와 함께 일하는 시대에 어떤 능력이 진짜 가치를 가질 것인지 말이다.

이 장에서는 AI가 할 수 있는 것과 할 수 없는 것을 명확히 구분하고, 당신만이 할 수 있는 일들을 찾아본다. 그리고 그런 강점들을 어떻게 키워 나갈지 구체적인 방법까지 제시하겠다.

AI가 할 수 있는 것과 할 수 없는 것

AI에 대한 막연한 두려움은 AI를 정확히 모르기 때문에 생긴다. AI가 무엇을 잘하고 무엇을 못하는지 명확히 알면, 오히려 AI와 성장할 수 있는 방법이 보인다. AI의 능력과 한계를 정확히 아는 것이 첫 번째 단계다. 과대평가도, 과소평가도 위험하다.

AI는 무엇을 할 수 있을까? AI는 사람이 하기 힘들거나 오래 걸리는 일들을 빠르고 정확하게 해낸다. 하지만 AI가 뭘 잘하는지 아는 것만으로는 안 된다. 언제 AI한테 맡기고 언제 내가 직접 해야 하는지 구분할 줄 알아야 한다.

AI는 엄청난 양의 정보 처리를 잘한다. 많은 자료를 순식간에 훑어 보고, 숨어있는 규칙이나 연결점도 잘 찾아낸다. 사람과 달리 복잡한 계산도 실수 없이 처리한다. 예를 들어, 고객 몇만 명의 구매 내역에서 패턴을 찾는 일은 AI가 사람보다 훨씬 더 잘한다.

글쓰기와 언어 작업에서도 강점을 보인다. 긴 글을 짧게 요약하거나, 다른 나라 말로 번역하기, 틀린 문법을 고쳐 글 다듬기 등을 할 때 AI의 작업 정확도는 꽤나 높다. 예를 들어, 열 쪽짜리 보고서를 단 한 페이지로 줄이는 데에 들어가는 시간은 AI가 인간보다 훨씬 더 빠르다.

반복 단순 작업에도 강하다. 정해진 규칙대로 계속 반복하고, 똑같은 작업을 대량으로 처리하여도 일정한 품질을 유지한다. 예를 들어, 사진 수백 장을 같은 크기로 맞추는 일은 AI가 인간보다 더 잘한다.

여러 관점에서 바라보는 일도 잘한다. 한 문제를 이것저것 다른 각도로 보아, 인간이 선입견에 빠져 미처 생각하지 못한 해결책을 제안하고, 서로 다른 아이디어를 섞어서 새로운 방식을 만들어 낸다. 예를 들어, 마케팅 문제를 열 가지 다른 시각에서 분석하는 일은 AI가 인간보다 더 빠른 속도로 해낼 수 있다.

AI는 24시간 쉬지 않고 일할 수 있어, 이것 역시 AI의 장점이다. AI는 피곤을 모르고 계속 같은 실력을 유지하며, 밤낮 구분 없이 계속해서 작업할 수 있다. 짜증을 내거나 쉬고 싶어 하지도 않는다. 덕분에 고객 문의에 자동으로 답변하는 일이나, 특정 시스템이 정상 작동하는지 계속해서 지켜보는 업무에 유용하다.

반면에 AI가 결코 할 수 없는 일들, 사람만이 할 수 있는 일들이 있다. AI에게 맡겨서는 안 되고, 오히려 사용자가 집중해야 할 부분들이다. 이 영역에서 강해질수록 AI 시대에도 대체되지 않는 사람이 된다.

먼저 사람과 사람 사이의 소통 능력이 있다. 말 속에 숨은 뜻을 알아차리는 것과 같은 일은 AI가 미처 할 수 없다. 대화 상대가 자란 문화나 배경을 고려해 겉으로 드러난 발화 이면의 진짜 의미를 파악하고 표정이나 목소리 톤 같은 신호를 읽는 것은 AI가 인간을 따라올 수 없다. 예를 들어, 앞에 앉은 상대가 "괜찮다"라고 계속 말할 때, 실은 화난 상황임을 눈치채는 일은 인간이 훨씬 더 잘한다.

인간의 감정을 느끼고 공감하는 일 역시 인간이 잘한다. 마음에서 우러나는 감정을 갖고서 상대의 마음을 진심으로 이해하여 힘들어하는 이에게 따뜻한 위로를 건네는 일은 사람이 아닌 AI로서는 할 수가 없다.

사람들과 인간관계를 맺는 일도 오로지 사람만이 할 수 있다. 사람들이 따르고 싶어 하는 매력을 갖고, 진심으로 믿고 의지할 수 있는 관계를 만들며 오랫동안 쌓아 온 신뢰 관계를 유지하는 일은 사람이 잘한다. 고객과 몇 년 동안 든든한 파트너 관계를 이어가는 일은 AI가 할 수 없는 일이다.

옳고 그름을 판단하는 것도 인간만이 할 수 있는 일이다. 내 가치관으로 맞고 틀린 것을 결정하고, 때로는 돈과 도덕 사이에서 갈등을 하다가 판단을 내리기도 하며, 책임감 있게 여러 중요한 결정을 내린다. 예를 들어, 회사 이익은 되지만 직원들에게 불공평한 일을 거절하는 행동은 AI는 할 수가 없다.

인간은 또한 완전히 새로운 아이디어를 떠올릴 수 있다. 지금까지 없던 방식으로 문제를 해결하고, 논리가 없어도 "이거다!" 하고 갑자기 깨달을 수도 있다. 또 몸으로 직접 겪으면서 배우는 일도 인간만이 할 수 있다. 실패하고 다시 시도하면서 실력이 늘어가며, 급한 상황에서 재빠르게 대처한다.

인생에 대한 결정 역시 인간만이 할 수 있다. 미래에 대한 꿈과 목표를 정하고, 어떤 목표를 위해 살아갈지 스스로 정하며 내 가치관과 꿈에 맞는 방향을 설정하는 일은 사람이 해야 한다.

AI와 함께 일할 준비

AI를 사용해서 얻을 수 있는 최고의 결과는 AI가 잘하는 것과 내가 잘하는 것을 적절히 섞어서 쓸 때 나온다.

자료 분석 업무라고 해보자. AI가 할 일은 많은 양의 자료를 모으고 그 안에서 패턴을 찾는 일이다. 여기서 인간은 AI가 찾아낸 패턴을 보고 이 결과가 진행 중인 사업에 무엇을 의미하는지 해석하고 전략을 세워야 한다.

아이디어가 필요한 업무에서는 어떨까. AI는 여러 가지 아이디어를 제안하고 조합해 낸다. AI를 사용하는 인간은 AI의 아이디어를 실제로 실행할 수 있는 것인지 검토하고 어떤 과제를 먼저 수행할지 정할 수 있다.

글쓰기를 한다고 해보자. AI는 글의 기본 틀과 필수 내용을 채운다. 사람은 이 초안을 활용해 상황에 맞게 고치고, 독자에 맞게 감정이나 느낌을 잘 넣어 완성하면 된다.

AI와 협업하기 위해서는 AI의 강점을 잘 아는 동시에, AI가 대체할 수 없는 나만의 강점을 찾아야 한다. 나만의 무기가 무엇인지 알아야 협업도 더 잘할 수 있고, 다른 사람과의 경쟁에서 살아남을 수 있다. 다음 네 가지 방향에서 스스로를 돌아보면서 내 강점을 찾아 계발해야만 한다. AI가 아무리 똑똑해져도 이런 건 절대 따라할 수 없으니까.

먼저 내가 직접 겪은 경험들이 있다. 내가 몸소 겪어본 일들은 AI가 절대 가질 수 없는 나만의 보물이다. 실패든 성공이든, 힘들었던 일이든 기뻤던 일이든 모든 경험이 나만의 자산이다.

나의 강점 찾기
- 나의 경험
- 인간관계
- 직감
- 소중한 가치들

<u>스스로에게 질문을 던져 보자.</u> "내가 겪어본 것 중에서 다른 사람들한테 도움이 될 만한 경험은 뭐가 있을까?" 하고 말이다.

나의 인간관계 또한 AI를 넘어설 수 있는 장점이다. AI는 정보끼리 연결은 할 수 있지만 사람과 사람을 잇지는 못한다. 내가 아는 사람들, 내가 신뢰하는 사람들이 곧 나의 힘이다. 내가 연결해 줄 수 있는 사람들, 만들어 줄 수 있는 기회는 무엇이 있을까 생각해 보자.

논리로 설명할 수 없는 직감도 중요하다. 데이터로는 증명할 수 없지만, 성공할 듯한 사업이나 신뢰할 수 있는 사람, 앞으로의 유행 등에 대한 예감은 논리만으로는 설명할 수 없지만 일을 해 나가는 데에 중요한 요소다. 따라서 내가 평소에 감으로 잘 맞히는 것들이 무엇이 있는지 돌이켜 보는 것도 나의 중요한 자산을 점검하는 한 과정이다.

내가 소중하게 여기는 가치들을 정리하는 것도 좋다. 내가 절대 포기할 수 없는 가치는 무엇이며, 그것을 지키기 위해 무엇을 할 수 있을까? 이런 가치에 대한 판단은 삶의 방향을 결정하기도 하고, 그 가치에 대한 진정성이 사람들의 신뢰나 시장에서의 브랜드 가치를 높여 주기도 한다. 내가 정말 중요하게 생각하는 신념과 원칙들을 잘 생각해 보자.

당신의 진짜 경쟁력은 AI가 잘하는 일을 더 잘하려고 애쓰는 데서 나오는 게 아니다. AI가 절대 할 수 없는, 당신만의 고유한 질문과 경험, 그리고 가치관에서 나온다.

함께 성장하는 도구를 가진 사람은, 두려워하지 않는다

AI 시대를 두려워하는 사람과 기대하는 사람의 차이는 간단하다. 관점의 차이다. AI를 위협으로 보느냐, 기회로 보느냐의 차이다. AI를 두려워하는 사람은 AI를 경쟁 상대로 본다. "AI가 내 일을 빼앗아 갈 것이다", "AI보다 못하면 도태될 것이다"라고 생각한다.

하지만 AI를 제대로 이해하고 활용하는 사람들은 다르다. AI를 함께 성장하는 도구로 본다. AI 덕분에 자신이 더 높은 차원의 일을 할 수 있다고 생각한다.

AI에 대한 두려움은 크게 세 가지다. "AI가 내 일을 대신할 거야"라는 일자리에 대한 위협을 느껴서 두렵기도 하고, "AI를 못 쓰면 뒤처질 거야"라는 뒤처짐에 대한 두려움, "너무 빨리 변해서 적응을 못하겠어"라는 세상의 변화에 대한 두려움 등이다. 하지만 이런 걱정은 대부분 잘못된 인식에서 비롯된다.

AI를 적으로 보아 나의 경쟁 상대로 생각하면 생각이 움츠러들 수밖에 없다. 지금 자리만 지키면서 새로운 기회를 스스로 막아 버리고 성장할 수 있는 순간을 놓친다. 예를 들어 한 번역가가 AI가 번역을 잘한다는 이야기를 듣고서 "번역가는 이제 끝났구나" 하고 자조하고 만다면, 새로운 것을 배우지도 변할 수도 없을 것이다.

"AI가 잘하면 나는 필요없어져", "AI가 발전하면 내 일자리는 사라져"와 같이 AI가 잘하면 나는 못하고, AI가 살아남으면 나는 살아남지 못한다고 생각해서는 안 된다.

또 지금 하고 있는 업무, 지금 종사하고 있는 직업만이 전부라고 생각해 새로운 것을 배우려 하지 않고 변화하는 것 자체를 거부해도 안 된다.

구경만 하면서 걱정하는 것도 옳지 않다. AI의 발전을 그냥 지켜보기만 하면서 준비는 하지 않고 걱정만 반복하는 것이다. 이런 태도는 내 미래를 남이 정해 준다고 생각하는 것이나 마찬가지여서, 올바른 대응이라고 할 수 없다.

반면, AI를 업무 파트너나 유용한 도구로 보는 사람들은 넓게 생각한다. 지금 내 능력에 AI를 더해서 더 대단한 결과를 만들어 내고, 바뀌는 상황을 성장할 기회로 써먹는다. 같은 번역가라고 해도 AI가 번역을 잘한다는 얘기를 듣고서 AI는 기본 번역을 맡게 될 것이니 문화적 느낌을 잘 살려 번역하는 데 집중하자고 결심해 더 고급스러운 번역 서비스를 만들어 볼 수도 있을 것이다.

다가올 AI 시대에는 변화, 성장, 협동의 마인드셋을 가져야 한다. AI가 가져올 변화 가운데서 스스로 먼저 움직여 AI 사용법을 미리 배우고 앞으로의 변화를 예상하고 준비해야 한다. 이를 위한 변화 마인드셋으로는 "바뀌는 것이 무서워", "모르는 것이 무서워", "뒤처질까 걱정이야" 대신에 "바뀌는 데서 기회를 찾아보자", "배우면 돼", "앞서 갈 수 있는 기회야"와 같이 생각하면 좋다.

> **AI 시대에 적응하는 방법 5단계**
>
> 1단계: 업무를 항목별로 쪼개어, AI 사용 가능 여부를 체크
>
> 2단계: AI가 잘할 일은 맡기고, 다른 일에 집중할 방법 찾기
>
> 3단계: AI가 대신하기 어려운 영역을 더 갈고 닦아 연습
>
> 4단계: AI 도구를 잘 다루는 능력 기르기
>
> 5단계: 꾸준히 AI 기술을 배우고 실험하는 습관 만들기

AI 시대를 틈타 계속 성장할 수 있다고 생각하면 새로운 기회를 적극적으로 찾게 되어 인생의 새로운 출발을 모색할 수 있다. "지금 이것이 내 최선이야", "이미 늦었어", "나는 안 될 거야"와 같은 생각에서 벗어나 "더 나아질 수 있어", "지금이라도 시작하자", "해보고 결정하자" 등의 성장의 마인드셋을 장착해야 한다.

AI와 함께 일한다고 생각하는 발상의 전환도 필요하다. "AI와 함께하면 더 좋은 결과를 낼 수 있어", "AI가 발전하면 내가 할 수 있는 역할도 더 넓어져"처럼 AI를 좋은 업무 파트너로 생각하는 것이다. AI와 사람의 대결 구도 대신에 AI와 사람의 팀을 떠올리고, AI를 경쟁 상대가 아니라 함께할 동반자로 인식해야만 한다. 이러한 마인드셋을 할 수 있을 때 더 미래를 잘 대비하고 더 좋은 성과를 거둘 수 있게 된다.

AI를 '나를 대체할 경쟁자'로 보면 두려움에 사로잡힌다. 하지만 AI를 '나를 도와주는 파트너'로 보면 설렘이 시작된다.

약점은 AI에게 맡겨라. 자료 찾기나 초안 쓰기처럼 내가 싫어하거나 시간을 오래 들여야 하는 일은 과감히 AI한테 맡겨라. 그리고 아낀 시간과 힘을 나만이 할 수 있는 더 창의적인 일에 써라.

나의 강점도 AI로 키워라. 내가 가진 참신한 아이디어를 AI를 통해 수십 가지 버전으로 만들어 보고, 내 전문 지식을 AI를 써서 더 많은 사람한테 전해라. AI는 내 장점을 더 빠르게, 더 멀리, 더 널리 퍼뜨려 줄 최고의 도구다.

결국 AI 시대에 살아남는 방법은 분명하다. AI와 경쟁하며 두려워하는 게 아니라, AI 어깨 위에 올라타 더 넓은 세상을 보는 것이다. AI는 내 생각을, 창의력을, 가능성을 담는 그릇이다. 그 그릇의 모양과 크기를 정하는 건 오직 자신뿐이다. 당신은 이미 AI라는 역사상 가장 강력한 사고 확장 도구를 손에 쥐었다. 이제 두려움은 접어 두고, 함께 성장할 일만 남았다.

AI는 도구일 뿐이다. 내가 물어본 만큼, 내가 바라본 만큼만 답해줄 뿐이다. 그 도구를 무기로 바꾸는 사람은 단 한 명, 바로 질문을 설계할 줄 아는 사람이다.

이제 당신은 AI를 검색창처럼 쓰던 시절을 벗어났다. 정보를 찾는 단계를 넘어서, 의미를 만들고 판단을 내리는 단계를 향해 가고 있다. 앞으로 AI는 더 똑똑해질 것이고, 기술은 더 빠르게 진화할 것이다. 하지만 그 안에서 흔들리지 않고 중심을 잡는 법을 익힌 사람은 어떤 변화 속에서도 멀리 달릴 수 있다.

이제 당신만의 목적지로 달릴 시간이다. 오늘부터 스스로에게 물어보자.

"나는 AI와 함께 어떤 사람이 되고 싶은가?"

답은 이미 당신의 다음 질문 속에 있다. 그리고 그 질문을 던지는 순간, 당신의 새로운 여행이 시작될 것이다.

AI 시대에도 절대 흔들리지 않는 나를 만드는 문장 세 개를 써 보자.

오늘 AI에게 맡긴 일 한 개 쓰기
→ 오늘은 AI에게 _____ 를 시켰다.

오늘 내가 스스로 판단한 일 한 개 쓰기
→ 이건 내가 직접 결정했다.

→ 이유: _____

오늘 내가 키운 강점 한 가지 쓰기
→ AI가 못하는 이건, 오늘 내가 더 잘하게 됐다.

→ _____

이 세 문장만 매일 기록해도, AI 시대에 흔들리지 않는 중심이 생긴다.

🤖 AI, 나는 이제 잘 쓰고 있을까?

☐ AI는 나의 협업 파트너라고 생각한다

☐ AI가 나의 모든 것을 대체할 수는 없다

☐ AI와 인간이 각자 무엇을 더 잘하는지 안다

☐ 대화, 공감, 위로 등은 인간이 더 잘한다

☐ 도덕적 판단과 책임은 인간만이 할 수 있다

☐ 나의 가치관과 비전은 나만이 세울 수 있다

에필로그

"길은 무한하지만, 핸들은 언제나 당신 손에 있다."

책의 마지막 페이지에 도착한 당신에게 먼저 축하의 말을 전한다. 이 책의 첫 문장에서, 나는 이렇게 말했다.

"당신은 페라리를 자전거처럼 타고 있다."

지금, 그 말이 조금은 다르게 들리기를 바란다. 당신은 이제 운전석에 앉았고, 시동은 이미 걸려 있다. 핸들은 손에 쥐어졌고, 앞으로 펼쳐진 도로는 무한하다. 이 책이 해 줄 수 있는 건 거기까지다. 이제 남은 것은 단 하나, 당신만의 길을 직접 운전해 나아가는 것이다.

이 책을 읽는 동안에도 AI는 계속 발전하고 있다. 그리고 공교롭게도 이 책을 마무리하는 지금, GPT-5가 세상에 나왔다. GPT-5는 기존 GPT-4, GPT-4.5, o3 모델을 하나로 묶은 단일 시스템으로, 상황에 따라 스스로 최적의 모드를 선택하는 '자동 변속' 구조다. 수학, 코딩, 멀티모달 이해, 건강 관리 조언 등 다양한 분야에서 이전보다 훨씬 스마트해졌고, 속도와 정밀함 모두 새로운 기준을 세웠다.

그러나 이 변화가 전하는 메시지는 단순하다. 모델 이름이 바뀌어도, 진짜 성능을 끌어내는 힘은 '무엇을, 어떻게 물을 것인가'에 있다. 더 이상 두려워할 필요는 없다. 당신은 이제 어떤 AI가 나와도 흔들리지 않는 사람이다. 운전법을 아는 사람은, 차가 바뀌어도 당황하지 않는다. 도구는 계속 바뀌지만, 그 도구를 이끄는 핸들은 언제나 당신 손에 있다.

앞으로의 세상은 더욱 극명하게 나뉠 것이다. AI를 활용하는 사람의 생산성은 계속해서 기하급수적으로 높아진다. 그들은 더 많은 기회를 잡고, 더 큰 가치를 만들고, 보다 자유롭고 유연한 삶을 살아가게 될 것이다. 반대로 AI를 외면한 사람들은 점점 더 힘겨운 경쟁에 내몰린다. 노력만으로는 도저히 극복할 수 없는 격차에 직면하게 될 것이다. 하지만 당신은 이미 첫걸음을 내디뎠고, 그 선택은 옳았다. AI는 인간을 대체하기 위해 만들어지지 않았다. 오히려 그 역량을 열배, 백 배 더 넓히기 위해 만들어졌다.

앞으로 세상은 더욱 빠르게 변한다. AI는 더 똑똑해질 것이고, 지금은 상상도 못한 도구들이 생겨날 것이다. 그러나 절대 변하지 않는 것이 있다. 질문하는 사람이 답을 얻는다는 진리, 도구를 쓰는 사람이 앞서간다는 법칙, 시작하는 사람만이 도착할 수 있다는 사실.

이제는 솔직해질 시간이다. 노력만으로는 이길 수 없는 상대가 이미 등장했다. AI는 더 이상 먼 미래가 아니다. 이미 시작된 현재이고, 이제는 당신이 움직일 시간이다. 그렇다면 우리가 해야 할 일은 분명하다. AI의 어깨에 올라타는 것. AI는 당신을 어디든 데려갈 수 있다.

하지만 아무리 완벽한 엔진을 탑재한 페라리라도, 어디로 갈지는, 언제 멈출지는, 어떻게 달릴지는 오직 당신이 정한다.

마지막으로, 한 가지 약속을 남기고 싶다. 이 책에서 배운 원리를 삶에 적용하고, AI와 함께 성장하는 과정에서 분명 놀라운 경험을 하게 될 것이다. 그 경험을 혼자만 간직하지 말고 주변 사람들과 나누기를 부탁한다. 당신이 처음 시작할 때처럼 막막한 누군가에게, "나도 할 수 있었으니, 당신도 할 수 있다"라고 말해 주기를 바란다.

이 책을 읽은 독자들은 지금 이 순간에도 같은 길을 걷고 있다. 서로 질문을 나누고, 실행을 공유하며, 함께 성장하고 있다. 나 역시 그 길 위에 있다. 나는 SNS와 커뮤니티를 통해 계속해서 인사이트를 나누고, 질문에 답하며 함께 새로운 시대를 열어갈 것이다.

자, 마지막으로 한 번 더 묻는다. AI에 밀려나는 사람이 될 것인가, AI를 내 편으로 만드는 사람이 될 것인가?

이 질문에 대한 당신의 대답은, 지금 이 책을 덮은 후 무엇을 하느냐로 결정된다. 페라리는 이제 출발 준비를 마쳤다. 그 변화의 주인공이 되기를.

당신의 여정에, 진심을 담아 뜨거운 응원을 보낸다.

부록   일상 속의 실전 챗GPT 활용

1. 식단 짜고 요리하기

2. 육아에 활용하기

3. 나의 학습력 향상시키기

4. 깊이 독서하기

5. 새로운 분야 익히기

6. 업무용 문서 작성하기

7. 문서 요약하기

8. 업무 스트레스 관리하기

9. 여행 계획 세우기

10. 여행 돌발 상황에 대응하기

11. 나에게 맞는 취미 찾기

12. 글쓰기 시작하기

13. 웹툰 기획하기

14. 운동 루틴 만들기

15. 마음 건강 돌보기

16. 가계부 똑똑하게 짜기

아무리 AI가 강력하다 해도, 갑자기 큰 프로젝트에 먼저 적용하려면 당황하고 만다. 오히려 집안일 등 사소한 일상 속에서 AI를 먼저 활용하는 것이 좋다. 그래야 이 경험이 쌓여 나중에 큰 프로젝트에서도 자연스럽게 AI를 활용할 수 있다.

1. 식단 짜고 요리하기

AI와 함께하면 집안일 스트레스의 90%가 사라진다. 그 방법은 바로 질문을 구체적으로 만드는 데 있다. 집안일은 AI 활용 연습하기에 최적의 무대다. 실패해도 안전하고, 성공하면 바로 보상이 따라온다.

1) 맞춤형 1주 식단표 만들기

복잡하게만 보이는 집안일에도 일정한 패턴이 있다. 그 패턴을 AI가 학습하면, 당신만의 집안일 비서가 탄생한다. 더 이상 냉장고 앞에서 한숨 쉴 필요가 없다. 오늘부터 당신의 하루는 확실히 달라진다. AI는 재고와 예산, 가족의 일정까지 동시에 계산해 '가장 효율적인 다음 행동'을 제안한다.

① 질문 준비 노트

　가족 구성원 _____명
　가족들의 연령과 성별 _____, _____,
　_____, _____

조건 1. 주중엔 간단한 요리, 주말엔 한 가지 정성 요리

조건 2. 싫어하는 음식: _____

조건 3. 재료는 최대한 겹치게 해서 낭비 줄이기

추가 조건 : _____

다음 형식으로 정리할 것

1. 일주일 메뉴표 [아침/점심/저녁]

2. 장보기 리스트 [보유/구매]

3. 예상 요리 시간, 영양 포인트

② 질문 예시

"우리 가족은 4명(40대 남자 1명, 40대 여자 1명, 10세 초등학생 1명, 13세 중학생 1명)이고, 아이들은 매운 음식과 해산물을 못 먹어. 냉장고에 현재 돼지고기 300g, 닭가슴살 500g, 계란 1판, 감자 5개, 양파 3개, 무 1개가 있고, 추가 장보기 예산은 10만 원이야. 일주일 동안의 저녁 메뉴 일곱 가지를 짜 보았으면 해. 요리 시간은 40분 이내이어야 하고, 영양 포인트도 고려해서 표로 정리해 줘."

③ 답변 예시

요일	메뉴	주재료(보유/구매)	요리 시간	영양 포인트
월	돼지고기 김치찌개	돼지고기 300g(보유) 당근(구매)	30분	단백질, 비타민 B1, 유산균, 유기산

화	닭 가슴살 샐러드	닭 가슴살 200g(보유), 상추(구매)	15분	단백질, 비타민 B군, 셀레늄, 비타민 A
수	감자조림과 계란말이	감자 5개(보유), 계란 4개(보유), 간장(구매)	35분	탄수화물, 칼륨, 단백질, 루테인
목	무 갈비찜	무 반개(보유), 갈비(구매)	40분	콜라겐, 철분, 단백질, 섬유질
금	닭 가슴살 볶음밥	닭 가슴살 300g(보유), 양파 2개(보유), 고추장(구매)	25분	단백질, 비타민 C, 플라보노이드
토	계란찜과 미역국	계란 6개(보유), 미역(구매)	20분	단백질, 요오드, 철분
일	불고기	양파 1개(보유), 불고기용 고기(구매)	35분	단백질, 섬유질, 철분

④ **상황별 맞춤 식단 만들기**

- **다이어트 식단**

  "위 식단에서 탄수화물을 절반으로 줄이고, 단백질과 채소 비중을 늘려 줘. 메뉴별 대략적인 칼로리도 알려 줘."

- **편식이 심한 아이**

  "5세 아이가 당근, 피망, 양파를 싫어해. 이 재료들이 없는, 영양 균형 맞는 대체 메뉴로 바꿔 줘. 아이가 좋아할 만한 비주얼 아이디어도 함께."

- **워킹맘의 시간 제약**

  "평일 저녁은 모두 20~30분 이내 완성 가능한 메뉴로 바꿔 줘. 미리 준비할 수 있는 건 주말에 할 수 있도록 가이드도 만들어 줘."

- 냉장고 비우기

"냉장고에 삼겹살 200g, 양파 1개, 당근 반 개, 대파 조금이 남았어. 이걸로 만들 수 있는 메뉴 세 가지와 각각의 레시피를 알려 줘. 조리 시간은 20분 이내로."

2) 스마트한 장보기

식단이 나왔으니, 이제 장보기 리스트를 만들 차례다. AI를 활용하면 동선도 효율적이고, 충동 구매도 방지할 수 있다.

① 질문 준비 노트

마트 동선별로 정리 (_____ → _____ → _____ 순서)
예상 가격대를 옆에 표시 (_____인 가족 기준)
총예산 _____ 원 이내
조건. 대체할 재료를 알려 줄 경우 괄호 안에 표시

② 질문 예시

"위 식단에 필요한 추가 재료를 마트 진열 순서대로 정리해 줘. 내가 가는 마트는 입구에 채소, 중간에 육류, 끝에 냉동식품 코너야. 각 재료별로 저렴하게 사는 팁과 예상 가격, 대체할 수 있는 재료도 하나씩 알려 줘. 총예산은 15만 원이야."

③ 예시 답변 (코너별 답변 중략)

[채소 코너] (입구)

- 미역 200g - 예상 가격: 5,000원

  절약 팁: 건미역을 대용량 포장해 냉동실에 보관하면 1개월 동안 사용 가능

  대체재: 다시마 + 멸치 (국물 맛 더 진함)

- 양파 3kg - 예상 가격: 6,000원

  절약 팁: 망 단위 구매가 낱개 구매보다 40% 경제적

  대체재: 대파 (양파 대신 향신료 역할)

  [예상 총액: 150,000원] 예산 내 여유 확보

추가 절약 전략:

갈비 → 사태살: 변경하면 10,000원 절약

소고기 → 돼지고기: 변경하면 15,000원 절약

대용량 구매 + 냉동 보관으로 다음 달까지 활용

할인 시간 공략하면 추가 20% 절약

3) 요리 순서 최적화

식사 준비 시간이 촉박하다면, 자신에게 맞는 조건을 설정해 요리 순서를 최적화하자. 요리 시간이 절약된다.

① 질문 준비 노트

[요일] _____ [메뉴명] _____ 을 [목표 시간] _____ 내에

완성하려면, 어떤 순서로 요리해야 할까? 재료 손질부터 완성까지 타임라인으로 알려 줘.

② 질문 예시

"월요일 돼지고기 김치찌개를 30분 내에 완성하려면, 어떤 순서로 요리해야 할까? 재료 손질부터 완성까지 타임라인으로 알려 줘."

③ 예시 답변

[돼지고기 김치찌개 30분 타임라인]

0~5분: 쌀 씻어서 밥솥에 넣기 + 돼지고기 한입 크기로 자르기

5~10분: 김치 송송 썰기 + 양파 채썰기 (밥 하는 동안)

10~15분: 팬에 기름 두르고 돼지고기 볶기

15~20분: 김치 넣고 함께 볶기(김치 신맛 날리기)

20~25분: 물 붓고 끓이기 + 두부 넣기

25~30분: 간 맞추기 + 대파 넣고 마무리

④ 상황별 맞춤 요리법 설정

・시간대별 활용

바쁜 평일: "(메뉴)를 15분 내에 완성하려면"

여유 있는 주말: "(메뉴)를 1시간 내에 완성하려면"

・상황별 활용

손님 접대용: "4인분 (메뉴)를 45분 내에 완성하려면"

도시락용: "내일 도시락용 (메뉴)를 전날 밤 30분 내로 완성하려면"

- **난이도별 활용**

  초보자: "(메뉴)를 실패 없이 40분 내에 완성하려면"

  숙련자: "(메뉴)를 프로처럼 20분 내에 완성하려면"

- **도구별 활용**

  전자레인지 활용: "(메뉴)를 전자레인지 활용해서 15분 내에 완성하려면"

  에어프라이어 활용: "(메뉴)를 에어프라이어로 25분 내에 완성하려면"

2. 육아에 활용하기

1) 발표 과제 숙제 도우미

아이들 숙제를 도와주는 것은 생각보다 훨씬 어렵다. AI를 활용하면 고민을 훨씬 덜 하면서 아이가 스스로 숙제를 하도록 도울 수가 있다.

① **질문 준비 노트**

　　　＿＿＿＿학년 학생

　　주제: ＿＿＿＿

　　발표 시간: ＿＿＿＿분

　　핵심 내용 개수 ＿＿＿＿가지

　　핵심 포인트 ＿＿＿＿를 제시

　　조건 1. 내용 수준은 아이가 직접 조사하고 이해할 수 있는 수준

　　조건 2. 각각에 대한 [실험/체험/실천 방법]을 포함해서 발표 구성을 짤 것

　　조건 3. PPT 슬라이드 개수와 각 슬라이드별 내용을 함께 포함

② 질문 예시

"초등학교 5학년 학생이 '지구온난화 해결책'을 주제로 5분 동안 발표를 해야 해. 아이가 직접 조사하고 이해할 수 있는 수준으로, 해결 방법 세 가지를 제시하고 각각에 대한 간단한 실험이나 실천 방법을 포함해서 발표 구성을 짜 줘. PPT 슬라이드 개수와 각 슬라이드별 내용도 알려 줘."

③ 예시 답변

[지구온난화 해결 방법 발표 구성안]

슬라이드1: 제목 + 발표자 소개

슬라이드2: 지구온난화가 무엇인지 한 문장 설명 + 북극곰 사진

슬라이드3: 해결 방법1 – 전기 아끼기 (가정 실천 계획 세 가지)

슬라이드4: 해결 방법2 – 나무 심기 (학교 화분 기르기 체험담)

슬라이드5: 해결 방법3 – 대중교통 이용하기 (가족 실천 계획)

슬라이드6: 내가 오늘부터 실천할 것 세 가지

슬라이드7: 질문받기

④ 과목별 예시 질문

· 과학 발표

"초등학교 3학년 학생이 '식물의 한살이'를 주제로 3분 동안 발표를 해야 해. 아이가 직접 조사하고 이해할 수 있는 수준으로, 4가지 성장 단계를 제시하고 각각에 대한 관찰 실험을 포함해서 발표 구성을 짜 줘. PPT 슬라이드 개수와 각 슬라이드별 내용도 알려 줘."

- **사회 발표**

  "초등학교 4학년 학생이 '우리 동네 문화재'를 주제로 7분 동안 발표를 해야 해. 아이가 직접 조사하고 이해할 수 있는 수준으로, 세 곳의 문화재를 제시하고 각각에 대한 견학 체험담을 포함해서 발표 구성을 짜 줘. PPT 슬라이드 개수와 각 슬라이드별 내용도 알려 줘."

- **독서 발표**

  "초등학교 6학년 학생이 '내가 읽은 책 소개'를 주제로 5분 동안 발표를 해야 해. 아이가 직접 조사하고 이해할 수 있는 수준으로, 세 가지 인상 깊은 장면을 제시하고 각각에 대한 느낀 점과 실생활 적용 방법을 포함해서 발표 구성을 짜 줘. PPT 슬라이드 개수와 각 슬라이드별 내용도 알려 줘."

⑤ 다양한 변형 활용

- **과목별 활용**

  과학: "[실험/관찰/탐구 활동]을 포함해서"

  사회: "[견학/인터뷰/체험담]을 포함해서"

  국어: "[독서 감상/창작 활동/토론]을 포함해서"

  도덕: "[실천 사례/봉사 활동/다짐]을 포함해서"

- **발표 형식별 활용**

  개인 발표: "혼자서도 할 수 있는 [활동]을 포함해서"

  모둠 발표: "친구들과 함께할 수 있는 [협동 활동]을 포함해서"

  체험 발표: "직접 만들고 보여줄 수 있는 [만들기]를 포함해서"

- **난이도별 활용**

  초급: "가장 기본적인 [개념/원리]를 포함해서"

중급: "심화된 [분석/비교]를 포함해서"

고급: "창의적인 [아이디어/해결책]을 포함해서"

⑥ 심화 질문 준비 노트

_____학년 학생

주제: _____

발표 시간: _____ 분

핵심 내용 개수 _____ 가지

핵심 포인트 _____ 를 제시

조건 1. 내용 수준은 아이가 직접 조사하고 이해할 수 있는 수준

조건 2. 각각에 대한 [실험/체험/실천 방법]을 포함해서 발표 구성을 짤 것.

조건 3. PPT 슬라이드 개수와 각 슬라이드별 내용을 함께 포함

조건 4. [우리 아이의 특징] _____

(예시: 부끄러워함, 목소리가 작음, 발표를 좋아함 등)

조건 5. [제약 조건] _____

(예시: 준비 시간 하루, 특별한 준비물 없음 등)

⑦ 심화 질문

"초등학교 2학년 학생이 '내가 좋아하는 동물'을 주제로 3분 동안 발표를 해야 해. 우리 아이는 목소리가 작고 부끄러워하며, 준비 시간이 하루밖에 없어. 아이가 직접 조사하고 이해할 수 있는 수준으로, 동물의 특징과 좋아하는 이유를 포함해서 발표 구성을 짜 줘. 발표할 때 긴장하지 않는 팁과 PPT 디자인 아이디어도 함께 알려 줘."

2) 교과별 학습 숙제 도우미

① 질문 준비 노트

_____학년 학생

과목: _____

구체적인 단원과 내용: _____분

아이가 직관적으로 이해할 수 있는 [놀이/비유/실험/체험] 방법을 제시

조건 1. 집에 있는 [도구/재료]를 활용할 수 있는 방법

조건 2. 단계별로 설명

② 질문 예시 (수학 과목)

"초등학교 3학년 우리 아이가 분수 덧셈 ($1/2 + 1/3$)을 어려워해. 아이가 직관적으로 이해할 수 있는 놀이나 비유 방법을 알려 줘. 집에 있는 일상용품을 활용할 수 있는 방법으로 단계별로 설명해 줘."

③ 예시 답변 (수학 과목)

[분수 덧셈 3단계 놀이 학습법]

1단계: 피자 조각 놀이 (시각화)

색종이로 같은 크기 원 두 개를 만듦

첫 번째 원은 반으로 접어 $1/2$ 표시

두 번째 원은 3등분 해서 $1/3$ 표시

아이가 직접 색칠하며 "반 조각"과 "세 개 중 한 조각" 이해

2단계: 실제 음식으로 체험 (구체화)

식빵 두 장 준비해서 하나는 반으로, 하나는 3등분

아이가 직접 먹어보며 양 비교하기

"반 조각 + 세 개 중 한 조각 = 얼마나 될까?" 질문

3단계: 통분 개념 자연스럽게 (추상화)

6칸짜리 달걀판 활용

$1/2 = 3/6$, $1/3 = 2/6$ 으로 같은 크기로 만들기

3개 + 2개 = 5개, 즉 $5/6$ 이라는 결과 도출

④ 질문 예시 (과학 과목)

"초등 4학년 아이가 '물의 순환' 과학 숙제를 해야 해. 집에서 간단히 할 수 있는 실험이나 관찰 활동을 추천해 줘. 준비물은 주방 용품 위주로, 안전하고 시각적으로 임팩트 있는 걸로."

⑤ 예시 답변 (과학 과목)

[물의 순환 실험 키트]

준비물: 큰 볼, 작은 컵, 랩, 고무줄, 동전 한 개, 따뜻한 물

실험 과정:

1. 큰 볼에 따뜻한 물 붓기 (바다 역할)

2. 가운데 작은 컵 놓기 (땅 역할)

3. 랩으로 덮고 고무줄로 고정

4. 랩 가운데에 동전 올려 살짝 움푹하게 만들기

5. 30분 후 관찰하기

예상 결과: 랩 안쪽에 물방울이 맺혀 작은 컵으로 떨어짐

설명: 증발 → 응결 → 강수 과정을 한 번에 관찰

⑥ 과목별 예시 질문

· 국어 - 독서 감상문

"초등 2학년 아이가 『마당을 나온 암탉』이라는 책의 독서 감상문을 써야 해. 아이 스스로 생각하고 표현할 수 있도록 돕는 질문을 알려 줘. 단계별로 쉬운 것부터 어려운 것 순서로 질문을 열 개 만들어 줘."

· 사회 - 지역사회 탐구

"초등 3학년 아이가 '우리 동네 조사하기' 숙제를 해야 해. 아이가 직접 관찰하고 체험할 수 있는 활동을 알려 줘. 도보로 30분 이내 거리에서 할 수 있는 방법을 체크리스트 형태로 만들어 줘."

· 영어 - 단어 암기

"초등 4학년 아이가 영어 단어 20개를 외워야 하는데 금방 잊어버려. 아이가 재미있게 기억할 수 있는 놀이나 연상법을 알려 줘. 집에서 가족과 함께 할 수 있는 게임 형태로 설명해 줘."

⑦ 다양한 변형 활용

· 과목별 활용

수학: "구체적인 [교구/놀이감]을 활용한 체험 방법으로"

과학: "집에서 할 수 있는 [관찰/실험]을 포함해서"

국어: "아이 수준에 맞는 [질문/대화법]을 통해"

사회: "실제 [견학/체험/조사] 활동을 포함해서"

영어: "재미있는 [게임/노래/역할놀이]를 활용해서"

- 학습 스타일별 활용

    시각형: "그림이나 도표로 정리할 수 있는 방법으로"

    청각형: "말하고 듣는 활동을 중심으로"

    체험형: "직접 만지고 움직이는 활동을 포함해서"

- 아이 성향별 활용

    집중력 부족: "5분 단위로 나눠서 할 수 있는 방법으로"

    완벽주의: "실수해도 괜찮다는 마음으로 접근할 수 있게"

    자신감 부족: "작은 성공 경험을 쌓을 수 있도록"

⑧ 심화 질문 준비 노트

_____ 학년 학생

과목: _____

구체적인 단원과 내용: _____

아이가 직관적으로 이해할 수 있는 [놀이/비유/실험/체험] 방법을 제시

조건 1. 집에 있는 [활용 가능한 도구/재료]를 활용할 수 있는 방법

조건 2. 단계별로 설명

조건 3. [우리 아이의 특징] _____

(예시: 집중력이 짧음/시각적 학습 선호/손으로 만지는 걸 좋아함 등)

조건 4. [제약 조건] _____

(예시: 준비 시간 30분/특별한 교구 없음/형제와 함께 학습해야 함 등)

조건 5. (추가 요청) _____

(예시: 부모 개입 최소화/반복 학습 방법/성취감 느낄 수 있게)

⑨ 심화 질문

"초등 1학년인 우리 아이가 수학 과목에서 덧셈을 어려워해. 우리 아이는 5분 정도밖에 집중하지 못하고 손으로 만지는 걸 좋아해. 준비 시간은 10분 이내이면 좋겠고 특별한 교구는 없어. 아이가 직관적으로 이해할 수 있는 놀이 방법을 알려 줘. 아이가 성취감을 느끼고 스스로 할 수 있게 해 줘."

3) 놀이 아이디어 (주말 및 방학)

① 질문 준비 노트

나이, 학년: _____

놀이 스타일: _____

놀이 종류: _____ 가지

집의 환경: _____

활동 범위: [실내 / 실외]

활동 시간: _____ 분/시간

조건 1. 특별한 구매 물품이나 준비물이 없을 것

조건 2. 날씨와 시간 제약을 반영할 것

② 질문 예시

"우리 집에는 일곱 살, 아홉 살 아이가 있고, 거실에 소파와 테이블이 있어. 밖은 비가 오고 있어서 실내에서 두 시간 정도 놀아야 해. 특별한 준비물 없이, 집에 있는 것들로 아이들이 협력하며 놀 수 있는 활동을 세 가지 추천해 줘."

③ 예시 답변

• 거실 탈출 게임 (60분)

　부모가 미리 준비한 수수께끼 다섯 개로 단서 만들기

　첫 번째 단서는 냉장고, 마지막은 아이들 간식이 숨겨진 곳

　형이 읽기 담당, 동생이 답 맞히기 담당

　협력하지 않으면 절대 풀 수 없게 설계

• 집안 미니 올림픽 (45분)

　양말 농구: 세탁 바구니에 양말 던지기

　베개 이어달리기: 베개 떨어뜨리지 않고 거실 한 바퀴

　책 탑 쌓기: 누가 더 높이 책을 쌓나 경쟁

　형제가 번갈아 심판 보기, 메달까지 만들어 주기

• 미래 상상 놀이 (30분)

　"이십년 후 우리 집은 어떨까?" 주제로 그림 그리기

　각자 그린 후 서로 설명하며 하나로 합치기

　로봇 집사, 하늘을 나는 자동차 등 상상력 발휘

　완성된 그림으로 역할놀이까지 연결

④ 놀이 유형별 예시 질문

• 창의력 중심 놀이

　"우리 집에는 다섯 살, 여덟 살 아이가 있고, A4 용지와 색연필, 가위가 있어. 오늘 하루 종일 집에 있어야 해서 실내에서 네 시간 정도 놀아야 해. 최소한의 준비물로 아이들이 창의력을 발휘하며 놀 수 있는 활동 세 가지를 추천해 줘."

- 체력 소모 놀이

  "우리 집에는 여섯 살 쌍둥이가 있고, 거실과 복도가 연결되어 있어. 비가 와서 실내에서 한 시간 정도 놀아야 하는데 아이들 에너지가 넘쳐. 안전하게 체력을 소모할 수 있고 소음이 크지 않은 활동 세 가지를 추천해 줘."

- 조용한 놀이

  "우리 집에는 네 살, 일곱 살 아이가 있고, 아기가 자고 있어서 조용히 놀아야 해. 거실에서 한 시간 반 정도 소근소근 놀 수 있는 활동을 추천해 줘. 집중력도 기르고 성취감도 느낄 수 있는 걸로."

⑤ 다양한 변형 활용

- 날씨별 활용

  비 오는 날: "실내에서 조용히 할 수 있는"

  더운 여름: "시원하고 간단한"

  추운 겨울: "몸을 따뜻하게 움직일 수 있는"

- 시간별 활용

  30분 이내: "빠르게 준비하고 즐길 수 있는"

  1-2시간: "충분히 몰입할 수 있는"

  하루 종일: "단계별로 발전시킬 수 있는"

- 목적별 활용

  창의력 계발: "상상력을 자극하는"

  협동심 기르기: "함께해야만 성공할 수 있는"

  체력 기르기: "적당히 몸을 움직이는"

⑥ 심화 질문 준비 노트

나이, 학년: _____

놀이 스타일: _____

놀이 종류: _____ 가지

집의 환경: _____

활동 범위: [실내 / 실외]

활동 시간: _____ 분/시간

조건 1. 특별한 구매 물품이나 준비물이 없을 것

조건 2. 날씨와 시간 제약을 반영할 것

조건 3. [우리 아이의 특징] _____

(예시: 에너지가 넘침/조용한 걸 좋아함/경쟁을 싫어함 등)

조건 4. [상황 제약] _____

(예시: 큰 소리를 내지 말 것/준비 시간 5분/정리 간단하게 등)

조건 5. [놀이 효과] _____

(예시: 창의력 기르기/아이의 체력 소모/집중력 기르기)

조건 6. [추가 조건] _____

(예시: 부모 개입 최소/교육 효과/형제 갈등 방지)

⑦ 심화 질문

"우리 집에는 세 살, 여섯 살 아이가 있고, 원룸이라 공간이 좁아. 우리 아이들은 에너지가 넘치고 경쟁하는 편이어서 금방 싸워. 소음을 내면 안 되고 준비 시간은 5분 이내야. 거실에서 1시간 동안 집중력을 기를 수 있는 놀이를 추천해 줘. 형제 갈등 없이 각자 만족할 수 있게 해 줘."

4) 다양한 상황별 육아 고민 해결

① 떼쓰는 아이 달래기

"다섯 살 아이가 마트에서 과자를 사달라고 떼를 써. 달래도 안 되고, 혼을 내도 더 심해져. 이런 상황에서 아이의 감정을 다치게 하지 않으면서도 효과적으로 상황을 정리할 수 있는 방법 다섯 가지를 알려 줘. 각 방법별로 예상되는 아이 반응과 대처법도 함께."

② 형제 싸움 중재

"여덟 살, 다섯 살인 형제가 자주 싸워. 장난감이나 부모의 관심 때문에 주로 싸우는데, 공정하게 중재하면서 두 아이 모두 만족할 수 있는 룰과 방법을 만들고 싶어. 연령차를 고려한 구체적인 가이드라인을 제시해 줘."

③ 아이 식습관 개선

"세 살 아이가 편식이 너무 심해. 특히 채소를 전혀 안 먹어. 억지로 먹이지 않으면서도 자연스럽게 채소에 관심을 갖게 할 수 있는 창의적인 방법들을 알려 줘. 요리 참여, 놀이, 스토리텔링 등 다양한 접근법으로."

④ 육아 정보 팩트 체크

"'아이가 열날 때 해열제 없이 미지근한 물로 몸을 닦아 주면 효과가 있다' 하는 말이 정말인지 의학적 근거와 함께 알려 줘. 만약 잘못된 정보라면 올바른 방법도 제시해 줘."

3. 나의 학습력 향상시키기

AI가 당신의 뇌를 대신하는 게 아니라, 당신의 뇌를 더 활발하게 움직이게 만들어야 한다. 이제 공부는 달라져야 한다. AI 시대의 공부는 정보를 많이 외우는 것이 아니라, 질문을 통해 정보를 끌어내고 연결하는 능력이 핵심이다. 모르는 것을 부끄러워할 필요는 없다. AI는 24시간 대기 중인, 가장 친절한 개인 교사다. 질문 하나만 잘 던져도, 복잡했던 개념이 내 삶과 연결된 지식으로 바뀌기 시작한다. 진짜 공부는 암기에서 시작되지 않고, 이해에서 시작된다. AI는 이해를 돕는 최고의 도구다.

1) 맥락을 만드는 질문법: "왜"를 묻기

① 질문 준비 노트

시대, 상황: _____

인물: _____

사건: _____

입장: _____

영향: _____

반대 세력: _____

지배층: _____

조건. 사건의 원인을 _____ 가지 설명

② 질문 예시

"15세기 조선시대 상황을 바탕으로 세종대왕이 한글을 만들게 된 이유 세 가지를 설명해 줘. 각 이유별로 백성들의 입장에서 어떤 어려움이 있었는지도 알려 줘. 그리고 당시 지배층이 한글 창제를 어떻게 바라보았는지도 덧붙여 줘."

2) 연결 고리를 만드는 질문법

① 질문 준비 노트

학년: _____
개념1: _____
개념2: _____
비유 대상: _____
분야: _____
조건 1. 개념1과 개념2의 차이 설명
조건 2. 비유 대상을 활용해 두 개념의 연결점을 설명
조건 3. 분야에 해당 개념이 미친 영향을 설명

② 질문 예시

"중학교 2학년 수준에서 광합성과 호흡의 차이를 설명해 줘. 일상 속 비유를 활용해서 두 과정이 어떻게 연결되는지도 알려 줘. 그리고 이 두 과정이 자연 생태계에 미치는 영향도 설명해 줘."

3) 단계별로 이해를 쌓는 질문법

① 질문 준비 노트

학년: _____

개념: _____

단계: _____

필요 퀴즈 문제의 개수: _____개

조건 1. 설정한 단계의 숫자에 맞춰 나눠서 설명

조건 2. 단계별로 이해를 돕는 쉬운 예시를 첨부

조건 3. 복습용으로 간단한 퀴즈 문제 첨부

② 질문 예시

"고1 학생이 미적분의 '극한' 개념을 처음 배우는 상황이야. 극한 개념을 다섯 단계로 나누어 설명해 줘. 각 단계에 짧은 예시도 함께. 마지막엔 개념 확인 문제를 세 개 만들어 줘."

4) 오개념을 잡는 질문법

① 질문 준비 노트

학년: _____

과목: _____

개념: _____

오개념: _____개

조건 1. 오개념과 올바른 개념을 비교해 설명

조건 2. 실험, 현상, 비유 등의 예시를 포함할 것

조건 3. 개념을 바로잡기 위한 간단한 수업 활동을 함께 제안할 것

② 질문 예시

"중학생들이 전기회로를 공부할 때 자주 하는 오개념 세 가지와 이를 바로잡는 방법을 알려 줘. 실험이나 비유를 통해 구분할 수 있게. 그리고 이를 실제 수업에서 활용할 수 있는 간단한 실습 활동도 제안해 줘."

5) 실생활과 연결하는 질문법

"이걸 왜 배우는지 모르겠어요"를 해결하는 질문법이다.

① 질문 준비 노트

과목: _____

개념: _____

사례의 개수: _____ 개

조건 1. 각각의 사례별로 개념이 실생활에서 활용된 원리를 설명할 것

조건 2. 개념이 사용된 실제 제품이나 현상의 예시를 작성할 것

② 질문 예시

"고등학교 화학에서 배우는 산화-환원 반응이 실생활에서 어떻게 쓰이는지 사례를 다섯 가지 들어 주고, 사례별로 원리 설명도 함께 알려 줘. 각 사례가 등장하는 실제 제품이나 현상도 예시로 제시해 줘."

6) 스토리텔링 질문법

정보를 서사와 감정의 흐름으로 구성하면 기억에 오래 남는다.

① 질문 준비 노트

[역사/사건/인물] _____ 을
[드라마/소설/웹툰] _____ 시놉시스처럼 재구성해 줘.
주요 인물들의 성격을 입체적으로 묘사하고,
사건의 흐름을 [감정/동맹/배신] _____ 중심으로 구성해 줘.

② 질문 예시

"고구려, 백제, 신라를 각기 다른 성격을 가진 세 명의 주인공으로 상상하고, 이들의 정치적 관계를 드라마 시놉시스처럼 설명해 줘. 각 나라의 왕을 개성 있는 캐릭터로 표현하고, 역사적 사건들을 장면처럼 구성해 줘."

7) 거꾸로 설명 질문법

내가 방금 공부한 내용을 직접 AI에게 설명해 보고 AI가 거꾸로 나에게 질문을 던지게 하면, 내가 잘 모르는 부분이 드러난다.

① 질문 준비 노트

너는 [지식이 없는 학생/초등학생/외국인]이야.
내가 방금 배운 _____ [개념]을 설명할게. 이해 안 되는 부분이 있으면 질문해 줘. 내가 제대로 설명했는지 확인할 수 있도록 [퀴즈/요약/피드백]도 해 줘.

② 질문 예시

"너는 경제를 전혀 모르는 중학생이야. 내가 수요와 공급의 법칙을 설명해 볼게. 어려운 용어나 이상한 설명이 있으면 바로 질문해 줘. 그리고 마지막에 내가 설명한 내용을 퀴즈로 정리해 줘."

8) 비유 질문법

개념은 단어보다 이미지로 잘 기억할 수 있다. AI는 이런 비유를 창의적으로 알려준다.

① 질문 준비 노트

배경 지식, 전공, 학습 스타일: _____

개념: _____

비유 대상: _____

조건 1. 개념을 나에게 익숙한 비유대상에 빗대어 구체적으로 설명

조건 2. 각 구성 요소를 비유 안에 녹여서 눈에 보이듯 전달

② 질문 예시

"나는 문과생이고 과학 개념에 약해. 블록체인의 작동 원리를 '레고 블록 놀이'에 비유해서 설명해 줘. 각각의 요소(블록, 체인, 분산 저장, 해킹 방지)를 레고에 대응시켜 구체적인 장면처럼 말해 줘."

4. 깊이 독서하기

독서가 부담스러운 이유 중 하나는 처음부터 끝까지 다 읽어야 한다는 강박 때문이다. 모든 책을 처음부터 끝까지 읽을 필요는 없다. 핵심만 콕 집어내는 기술만 있으면 된다. AI를 사용하면 이런 스마트한 독서를 해낼 수 있다.

두꺼운 책도 3단계 전략적 독서법을 사용하면 30분 만에 핵심을 뽑아낼 수 있다. 책의 구조를 X-레이처럼 투시하고, 저자와 깊이 있는 대화를 나누고, 내 삶에 바로 적용할 수 있게 된다. AI는 줄거리 요약 머신이 아니다. 더 이상 책의 두께에 겁먹지 마라. 오늘부터 당신도 책을 지배하는 독자가 될 수 있다.

1) 관점 렌즈 장착 질문법 (질문 전)

책을 펼치기 전에, 먼저 어떤 시선으로 읽을지 정해야 한다. 같은 책도 시선을 바꾸면 완전히 다르게 보인다. AI에게 관점 렌즈를 만들어 달라고 해보자. AI가 작성한 관점 렌즈를 바탕으로 독서하면, 질문을 품고 책을 읽는 능동적인 독자가 될 수 있다.

AI는 당신만의 독서 안내서를 써 줄 수 있다. AI는 책에서 주목해야 할 핵심 주제, 저자의 문제의식, 논쟁 지점을 짚어 주며 독서 지도를 그린다. "읽기 전에 저자가 어떤 시대와 배경에서 이 책을 썼는지도 요약해 줘."라고 요청하면, 시대적 맥락까지 입체적으로 잡을 수 있다.

① 질문 준비 노트

『[책 제목] _____』을 읽으려고 해.
내용을 더 잘 이해하려면 어떤 관점으로 읽는 게 좋을까?
그리고 비판적으로 생각해 볼만한 질문 세 가지를 만들어 줘.

② 질문 예시

"『이기적 유전자』를 읽으려 해. 핵심 내용을 잘 이해하려면 어떤 관점으로 읽는 게 좋을까? 그리고 비판적으로 생각해 볼만한 포인트 세 가지를 질문 형태로 정리해 줘."

2) 주장 요약 및 반박 질문법 [읽는 중]

책을 읽고 나서 그냥 넘기면 금방 잊힌다. 한 장이나 한 챕터를 읽고 나면, 핵심 내용을 정리하고 글쓴이의 주장에 반박해 보는 질문을 던져 보자. AI와 짧은 토론을 나누는 느낌으로 접근하면 좋다. 이때 나의 생각을 검증하는 데 AI를 활용해 보자. "이 장에서 저자가 생략했거나 약하게 주장한 부분은 뭐야?"라고 물어보면, 독해력이 더 깊어진다.

① 질문 준비 노트

『[책 제목] _____』 [몇 장] _____을 읽었어.
이 장의 핵심 내용을 한 문장으로 요약해 줘. 그 주장에 대한 반론 한두 가지와, 저자가 예상할 수 있는 반박 논리도 알려 줘.

② 질문 예시

"『이기적 유전자』 3장을 읽었어. 저자의 핵심 주장을 한 문장으로 요약해 줘. 그 주장에 내가 제기할 수 있는 반론은 무엇이고, 저자가 예상하는 반박은 어떤 것일까?"

3) 적용과 확장 질문법 (읽은 후)

책 속 개념을 일상에 적용하거나 다른 분야와 연결해 응용할 수 있어야만 비로소 그 책이 내 것이 된다. AI에게 책 속 개념을 실생활에 적용하거나, 다른 저자의 책과 관련지어 토론을 시켜 보자. AI는 두 책을 비교하거나, 가상의 토론을 구성하는 것도 잘 해낸다. "이 책을 읽고 나서 든 생각을 한 문단으로 정리해 줘."라고 하면, 정리된 관점까지 얻을 수 있다.

① 질문 준비 노트

『[책 제목] _____』에서 배운

[핵심 개념] _____ 을

내가 속한 [학교/회사/팀/가정 등] _____ 에 적용해 보려고 해.

활용할 수 있는 구체적인 아이디어나 방법을 세 가지 제안해 줘.

② 질문 예시

"『이기적 유전자』의 '밈(Meme)' 개념을 내가 운영하는 카페의 인스타그램 마케팅에 활용하려고 해. 사람들에게 공유하고 싶어질 만한 아이디어 세 가지를 제안해 줘."

4) 독서력을 높이는 다섯 가지 질문법

AI에게 어떤 질문을 던지느냐에 따라, 같은 책도 다르게 읽히며 내 삶과 지식이 연결되는 방식도 달라진다.

4-1) 책 구조 파악하기

두꺼운 책을 읽을 때는 책의 구조를 먼저 파악해야만 한다. 전체 목차와 장별 핵심을 구조화해서 보면, 저자가 어떤 흐름으로 이야기를 끌고 가는지 한눈에 보인다. 특히 복잡한 주제를 다룬 책일수록 효과가 좋다. AI에게 목차 정리와 흐름 요약을 함께 요청하자.

① **질문 준비 노트**

"『[책 제목] _____』의 전체 목차를 요약해 줘. 각 장이 어떤 주제를 담고 있고, 전체 흐름에서 어떤 역할을 하는지도 알려 줘."

"『[책 제목] _____』의 챕터별 구성과 핵심 메시지를 한 줄 요약으로 정리해 줘. 그 흐름을 나열식이 아니라 논리적 구조로 설명해 줘."

② **질문 예시**

"『사피엔스』의 전체 구조와 각 장의 핵심 주제를 목차 형식으로 정리해 줘. 각 장이 전체 논리 흐름에서 어떤 역할을 하는지도 설명해 줘."

"『넛지』라는 책을 처음 읽으려 해. 챕터별 구성 흐름을 한 줄 요약으로 정리해 줘. 각 장이 어떤 키워드를 중심으로 쓰였는지도 알려 줘."

4-2) 핵심 개념 뽑아내기

책 한 권의 인사이트는 결국 몇 가지 핵심 개념에 응축돼 있다. 하지만 많은 독자들이 그 개념이 무엇인지조차 모른 채 책을 덮는다. AI에게 개념을 명확히 정리하게 시킨 뒤, 일상 언어와 사례로 바꿔 보자. 개념을 이해해야 책을 더 오래 기억한다.

① 질문 준비 노트

"『[책 제목] _____』에서 가장 중요한 개념 세 가지를 뽑아 줘. 각각을 [초등학생/중학생/비전공자]도 이해할 수 있도록 설명해 줘."

『[책 제목] _____』의 핵심 개념인 [개념] _____을 실생활에 적용할 수 있는 예시 세 가지를 들어 줘.

② 질문 예시

"『사피엔스』에서 말하는 '허구' 개념을 중학생도 이해할 수 있게 설명해 줘. 그리고 현대 사회의 실제 사례 세 가지를 들어 줘."

"『넛지』에서 사용하는 '선택 설계자(choice architect)'라는 개념을 일상에서 적용할 수 있는 세 가지 예시와 함께 쉽게 설명해 줘."

4-3) 비판적 독서 질문법

책을 제대로 읽으려면 책의 내용에 동의만 해서는 안 된다. 때로는 의심하고, 반박하고, 다른 해석을 시도해야 한다. AI는 이러한 연습을 도와주는 최고의 도구다. 저자의 주장에 균열을 내는 연습을 하다 보면, 독해력뿐 아니라 사고력도 성장한다.

① **질문 준비 노트**

"『[책 제목] _____』의
[주장/이론] _____ 에 대해
비판적으로 생각해 보고 싶어. 반론 세 가지를 논리적으로 제시해 줘."

"『[책 제목] _____』에서 저자가 강조하는 주장을 내가 반박한다면, 어떤 논리를 들 수 있을까? 그에 대한 재반박도 AI가 대신 정리해 줘."

② **질문 예시**

"『사피엔스』에서 저자가 '농업혁명은 인류 최대의 사기'라고 말하는데, 이 주장에 대한 반박 논리 세 가지를 제시해 줘. 반박마다 구체적인 근거도 함께."

"『정의란 무엇인가』에서 '능력주의는 정당한가?'라는 주장에 대해 비판적으로 생각해 보고 싶어. 이에 대한 반론과 반론에 대한 반박까지 AI가 시뮬레이션해 줘."

4-4) 연결 독서 질문법

한 권의 책만 읽으면, 책의 내용이 진리처럼 느껴지기 쉽다. 그러나 다른 책과 비교해 보면, 저자들의 관점 차이가 보이고 이해가 넓어진다. AI에게 비슷한 주제를 다룬 책을 추천받고, 어떤 점에서 시각이 서로 다른지 비교하게 해보자. 지식의 입체감이 생긴다.

① **질문 준비 노트**

"『[책 제목] _____』와 비슷한 주제를 다룬 책 세 권을 추천해 줘.
각각 어떤 관점에서 주제를 다루는지도 비교해 줘."

"『[책 제목 A] _____』와

『[책 제목 B _____]』는

어떤 점에서 관점이 같고 어떤 점에서 다를까? 두 책의 차이를 정리해 줘."

② 질문 예시

"『사피엔스』와 주제가 비슷한 책 세 권을 추천해 줘. 각 책이 인류 역사에 대해 어떤 다른 관점에서 접근하는지 비교해 줘."

"『돈의 심리학』과 『부자 아빠 가난한 아빠』는 모두 재테크 관련 책인데, 두 책이 '돈'에 대해 말하는 핵심 차이를 비교해 줘."

4-5) 실전 적용 질문법

읽은 내용을 삶에 적용하지 않으면, 독서는 그저 정보 수집일 뿐이다. 진짜 공부는 현실에서 써먹을 수 있을 때 비로소 완성된다. AI에게 "이걸 어디에, 어떻게 적용할 수 있을까?"라고 묻기만 해도 창의적인 아이디어를 얻을 수 있다.

① 질문 준비 노트

"『[책 제목] _____』에서 배운

[개념/프레임] _____ 을 내가 지금 겪고 있는

[상황/문제/프로젝트] _____ 에 적용한다면 어떤 방법이 좋을까?"

"『[책 제목] _____』에서

인상 깊었던 [개념] _____ 을

일상생활에 활용할 수 있는 세 가지 구체적인 실천법을 알려 줘."

② 질문 예시

"『사피엔스』의 '허구를 믿는 능력' 개념을 우리 학교의 동아리 활동이나 행사 기획에 활용할 수 있는 방법 세 가지를 제안해 줘."

"『넛지』에서 배운 개념을 내가 맡고 있는 반장 역할이나 조별 과제 리더십에 어떻게 적용할 수 있을지 아이디어 세 가지를 알려 줘."

5. 새로운 분야 익히기

처음 접하는 분야를 공부할 때 가장 어려운 점은 "대체 어디서부터 시작해야 할까?" 하는 막막함이다. 전문 용어는 낯설고, 기초도 없으며 순서를 몰라 헤매기 일쑤다. 하지만 AI와 함께하면 이런 고민을 하지 않아도 된다. 당신의 현재 수준에 딱 맞춘 학습 순서, 설명, 연습까지 AI를 활용해 모두 준비할 수 있다. 여기서 소개하는 다섯 가지 실전 질문 전략을 잘 사용하면 AI를 이용해 새 분야를 빠르게 익힐 수 있다.

1) 전체 흐름 그리기

완전히 새로운 분야를 접했다면 AI에게 "어디서부터 어디까지 어떤 순서로 배우면 돼?"라고 물어보면 된다. 지금 위치와 목표만 알려주면 AI가 학습 단계별로 안내한다.

① 질문 준비 노트

나는 [현재 수준/직무/전공] _____ 이고,

[분야명] _____을 처음 공부하려고 해.
[기간] _____ 안에 [목표] _____까지 도달하고 싶어.
나만을 위한 전체 학습 로드맵을 주차별로 짜 줘.
각 단계별 공부할 내용, 참고 자료, 미니 프로젝트도 포함해서.

② 질문 예시

"나는 데이터 분석을 처음 접하는 마케터야. 2개월 안에 SQL을 배워서 캠페인 데이터를 직접 분석할 수 있게 되고 싶어. 주차별 계획과 연습 문제까지 포함해서 학습 로드맵을 짜 줘."

"완전 초보자인 내가 프로그래밍을 배워서 6개월 뒤에 간단한 웹사이트를 만들 수 있으려면 어떤 순서로 공부해야 해? 각 단계마다 필요한 시간과 핵심 개념도 알려 줘."

2) 낯선 용어 익히기

새로운 분야엔 낯선 용어가 많다. 단어를 하나하나 찾으면 비효율적이다. 이럴 땐 AI에게 "초보자가 꼭 알아야 할 핵심 용어만 모아서 설명해 줘"라고 지시하자. 단순한 정의가 아니라, 예시와 비유까지 함께 요구하면 더 오래 기억한다.

① 질문 준비 노트

"[분야명] _____을 배우는 데
꼭 필요한 핵심 용어 10~20개를 정리해 줘.
각 단어마다 [쉽게 설명/예시/비유] _____도 함께 포함해서 알려 줘."

② 질문 예시

"나는 주식 투자를 처음 해보는 사회 초년생이야. 꼭 알아야 할 핵심 용어 열 개만 정리해 줘. 각 단어를 아르바이트나 월급과 연결해서 설명해 줘."

"UI/UX 디자인을 막 배우기 시작했어. 많이 쓰이는 개념 열다섯 개를 초보자 기준으로 알려주고, 실생활 예시나 앱 사례랑 같이 설명해 줘."

3) 손으로 익히기

공부는 직접 풀어보고, 써 봐야 진짜 내 것이 된다. AI에게 "방금 공부한 내용을 바탕으로 연습문제 만들어 줘"라고 지시해 보자. 난이도나 형식(객관식, 실습 등)까지 정하면 더 정확하게 결과물을 받을 수 있다.

① 질문 준비 노트

"방금 공부한 [개념/단원] _____ 을 연습할 수 있는 문제 다섯 개를 만들어 줘.
난이도는 [초급/중급/고급] _____, 문제마다 정답과 해설도 부탁해."

② 질문 예시

"객체 지향 프로그래밍의 핵심 개념(클래스, 객체, 상속)을 익혔어. 초보자 수준에서 연습할 수 있는 문제 다섯 개를 만들어 줘. 코드 예시랑 같이."

"디지털 마케팅 기초를 배우는 중인데, SNS 광고 기획과 관련된 실습 과제 세 개만 추천해 줘. 내가 참고할 수 있는 사례나 포맷도 같이 알려 줘."

4) 내가 제대로 가고 있는지 확인하기

혼자 공부하다 보면 점검이 필요한 때가 온다. 그럴 때 AI를 사용해 중간 점검을 해보자. 지금까지 배운 내용을 종합해서 객관식, 주관식, 실습 문제로 테스트를 내도록 하면 된다.

① **질문 준비 노트**

"지금까지 공부한 [분야명] _____ 내용을 점검할 수 있는 문제 5~10개를 만들어 줘. 객관식, 주관식, 실습형을 섞어서."

② **질문 예시**

"파이썬 기초를 2주 동안 공부했는데, 지금 내 수준이 어느 정도인지 확인하고 싶어. 초중급 수준 문제를 다섯 개 정도 만들어 줘. 문제별로 풀어야 하는 제한 시간도 함께 알려 줘."

"UX디자인 입문 과정을 마쳤어. 이걸 기반으로 내가 얼마나 이해했는지 체크할 수 있는 사례형 질문을 다섯 개만 만들어 줘."

5) 약한 부분 다시 잡기

어느 부분에서 자주 틀리는지 알았으면, AI에게 "이 부분만 집중해서 다시 배우게 해 줘"라고 말해보자. 요약 정리, 쉬운 설명, 퀴즈, 미니 과제 등 다양한 결과를 받아 볼 수 있다.

① 질문 준비 노트

"최근 풀었던 문제에서 [개념] _____ 을 자주 틀렸어.
이 부분만 집중적으로 다시 배우고 싶은데,
요약 정리와 연습문제, 비유 설명까지 포함해서 알려 줘."

② 질문 예시

"SQL JOIN 개념이 헷갈려. LEFT JOIN이랑 INNER JOIN 차이를 정확히 설명하고, 구분하는 예제도 만들어."

"디자인에서 여백을 쓰는 게 아직 어려워. 여백 활용의 핵심 원칙과 초보자가 자주 실수하는 예시를 같이 설명해 줘. 연습 과제도 있으면 좋겠어."

6. 업무용 문서 작성하기

직장인의 하루는 글쓰기의 연속이다. 회의 내용을 정리하고, 메일을 보내고, 결과를 보고한다. 이 작업들에는 생각보다 엄청난 시간과 에너지를 쓴다. 특히 완벽한 문장을 만들어야 한다는 압박감이 스트레스를 키운다. 하지만 이제 그럴 필요 없다. AI는 문서 초안 작성을 잘한다. 당신은 그저 아이디어만 던져 주고, 귀찮고 지루한 살 붙이기는 AI에게 맡기면 된다.

1) 회의록 작성

회의록 작성의 핵심은 구조화다. 산발적으로 나온 의견들을 논리적 흐름으로 정리해야만 한다. AI에게 작업을 맡기면 효율적이다.

1-1) 회의 중 기초 자료 정리

회의 중 모든 말을 받아 적지 않아도 된다. 클로바노트(clovanote), 다글로(daglo) 같은 음성 기록 AI를 사용해 회의 내용을 자동으로 텍스트로 변환할 수 있다. 회의가 끝난 뒤 이 텍스트 파일을 회의록 작성에 사용할 기초 자료로 쓰면 된다.

1-2) 회의 초안 작성

그다음으로는 기초 자료 텍스트 파일을 챗GPT에 첨부하여 회의 초안을 작성해야만 한다.

① 질문 준비 노트

"다음은 음성 기록으로 정리된 [회의 텍스트]야.
이 내용을 요약해서 [우리 부서 보고용 회의록]으로 만들어 줘.
형식은 [안건 → 의견 요약 → 결정 사항 → 담당자별 액션 아이템] 순서로 작성.
말투는 [간결하고 부드럽게], 흐름은 [논리적으로]"

② 질문 예시

"다음 메모를 바탕으로 회의록을 작성해 줘.
형식: 안건 → 논의 내용 → 결정 사항 → 다음 계획
문장 스타일은 간결하고 부드럽게.
중요 포인트는 강조해서 보여 줘."

③ 회의 성격별 예시 질문

- 기획 회의용: "이번 회의에서 나온 아이디어와 각자의 역할을 정리해. 다음 회의 전까지 누가 뭘 준비해야 하는지도 표로 보여 줘."
- 프로젝트 진행 회의용: "프로젝트 일정이 지연되고 있어. 그 원인, 현재 상태, 대처 방안을 중심으로 회의 내용을 정리해 줘."
- 고객 미팅용: "고객과의 미팅 내용을 팀에게 공유할 거야. 고객 요청 사항과 우리 대응 방안을 각각 정리해 줘."

④ 심화 질문 준비 노트

"오늘 회의는 [기획/진행/고객 미팅] 목적이었어.
회의록은 [팀 공유용/보고용/간단 요약]으로 정리해 줘."

1-3) 회의 초안 검토 및 다듬기

① 질문 준비 노트

"작성된 회의록에 [빠진 포인트]나 [추가할 요소]가 있으면 알려 줘.
[체크리스트]나 [요약 박스]를 넣는 [아이디어]도 같이 제안해 줘."

② 질문 예시

"이 회의록에서 빠진 내용은 없을까? 특히 이슈나 리스크를 더 명확히 정리할 수 있을까?"
"상사가 이 회의록을 읽고 궁금해할 질문 세 개랑 그에 대한 답변을 맨 아래에 추가해 줘."

③ 심화 질문 예시

"위 회의록에서 우선순위가 높은 해야만 할 일 세 개를 뽑아 줘."

"각각의 예상 소요 시간과 난이도도 알려 줘."

"이번 회의에서 결정되지 않은 이슈들을 정리해서, 다음 회의 전에 미리 준비해야 할 자료 목록을 만들어."

2) 이메일 작성

2-1) 명확한 목적 설정

메일을 잘 쓰려면 목적을 명확히 해야만 한다. 내가 누구에게 무엇을 원하는지를 정확히 알려주면, AI가 나머지를 채워 준다.

① 질문 준비 노트 (타 부서 협업)

상황: 타 부서 협업 요청
받는 사람: [부서명] _____ [직급] _____ [이름] _____
요청 내용: [구체적 업무 설명] _____
마감일: [날짜] _____
중요도: [높음/보통/낮음] _____
톤: 정중하면서도 명확하게
길이: 200자 내외

② 질문 예시 (타 부서 협업)

"디자인팀에 이번 주 금요일까지 배너 수정 요청하려고 해. 정중하면서도 요청 내용은 분명하게 써 줘."

③ **질문 준비 노트 (불만 고객 응대)**

    고객 불만 내용: [구체적 불만 사항] _____

    발생한 문제점: [인정할 부분] _____

    제시할 해결책: [보상/개선 방안] _____

    재발 방지 대책: [예방 조치] _____

    톤: 진심 어린 사과와 적극적 해결 의지 표명

    길이: 300자 내외, 너무 길지 않게

④ **질문 예시 (불만 고객 응대)**

"배송 지연된 고객에게 사과 메일을 쓰고 싶어. 원인과 재발 방지 대책도 포함해서, 따뜻한 말투로."

⑤ **질문 준비 노트 (문제 상황 보고)**

    문제 상황: [구체적 문제 설명] _____

    영향 범위: [프로젝트/팀/고객 등] _____

    현재 대응 상황: [진행 중인 조치] _____

    추가 필요 사항: [도움 요청 내용] _____

    톤: 책임감 있고 해결 지향적으로

    구조: 문제 → 영향 → 대응 → 요청 순서

⑥ 질문 예시 (문제 상황 보고)

"예약 발송 기능이 정상 작동하지 않아 전체 캠페인 일정이 지연되었어. 수동 발송으로 대체하기 위해 임시 인력 지원 요청이 필요해."

2-2) 어투 조정

① 질문 준비 노트

"이 메일을 [부드럽게/격식 있게/급하지만 정중하게] 고쳐 줘.
받는 사람은 [고객/상사/외부 업체]야."

② 질문 예시

"이 메일이 너무 딱딱하게 들린대. 말투를 조금 가볍고 부드럽게 바꿔 줘."
"가벼운 어투로 쓴 메일인데, 외부 업체에 보내야 해서 격식 있는 표현으로 고쳐 줘."

2-3) 길이 조정

상사에게는 짧고 명료하게, 외부 파트너에게는 상세하게 쓰는 것이 좋다.

① 질문 준비 노트

"메일을 [짧게 요약/자세히 설명]해 줘.
대상은 [내부 상사/처음 만나는 외부인]이야."

② 질문 예시

"이 메일을 세 줄로 요약해 줘. 핵심만 보이게."

"처음 보는 사람한테 보내는 거라, 배경 설명 포함해서 길게 써 줘."

2-4) 확인 메일

① 질문 준비 노트

"[보낸 날짜]에 보낸 메일에 대한 리마인드 메일을 정중하고 자연스럽게 써 줘."

② 질문 예시

"일주일 전에 보낸 메일에 아직 답이 없어. 부담 없이 부드럽게 확인해 줘."

"회의 전에 피드백 받아야 하는데 아직 답이 없어. 자연스럽게 리마인드 메일 써 줘."

2-5) 심화 질문

"위 이메일이 상대방에게 어떤 인상을 줄지 평가해 줘."

"더 좋은 표현이나 빠진 내용이 있다면 수정 제안해 줘."

"같은 내용을 더 간결하면서도 정중한 톤으로 다시 작성해 줘."

3) 보고서 작성

보고서 작성에서 가장 시간이 오래 걸리는 부분은 구조 잡기와 내용 정리다. AI를 활용하면 이 두 과정을 획기적으로 단축할 수 있다.

3-1) 구조 짜기

① 질문 준비 노트

보고서 주제: [구체적 주제] _____

목적: [보고/제안/분석 등] _____

독자: [상사/임원/고객 등] _____

분량: A4 _____ [페이지] 내외

다음 요소를 포함할 것

- 목차 구성 (3-5개 대제목)

- 각 챕터별 핵심 내용

- 예상 페이지 분배

- 시각 자료 활용 포인트

② 질문 예시

"이번 분기 SNS 마케팅 보고서를 써야 해. 핵심 성과는 ROAS 150%, 인스타 팔로워 20% 증가. 문제점은 틱톡 채널 활성화 실패. A4 세 장 정도 분량의 구조를 짜 줘."

3-2) 데이터 시각화

① 질문 준비 노트

[공유할 데이터 또는 정보를 공유한 뒤]

분석 관점

1. 주요 트렌드나 변화

2. 문제점 및 원인 분석

3. 개선 방안 제시

4. 향후 전망

조건. 각 인사이트마다 근거가 되는 데이터도 함께 제시할 것

② 질문 예시

"월별 매출, 채널별 전환율, 연령별 구매 데이터를 보고서에 넣을 거야. 어떤 차트를 쓰면 좋을지 추천해 줘."

3-3) 독자에게 맞추기

① 질문 준비 노트

이 보고서를 [간결하게/스토리처럼] 바꿔 줘.

읽는 사람은 [팀장/경영진/외부 발표자]야.

독자의 관심사와 이해 수준에 맞게 내용과 톤을 조정해 줘.

② 질문 예시

"우리 팀장은 짧은 결론을 좋아해. 간결한 톤으로 바꿔 줘."

"임원용 보고서야. 문제-해결-인사이트 구조로 스토리처럼 써 줘."

3-4) 초안 검토

① **질문 준비 노트**

[작성한 문서 내용]

검토 관점

1. 논리적 흐름이 자연스러운가?

2. 핵심 메시지가 명확한가?

3. 불필요한 내용이나 중복은 없는가?

4. 독자가 이해하기 쉬운가?

5. 전문성과 신뢰성이 느껴지는가?

조건: 개선점을 알려 주되, 각 항목별로 구체적인 수정 제안을 할 것

② **질문 예시**

"보고서 초안이야. 논리 흐름, 핵심 메시지, 빠진 내용이 있는지 확인해 줘. 상사가 궁금해할 질문 세 개도 예상해서 정리해 줘."

7. 문서 요약하기

읽어야 할 문서가 산더미인데 시간이 부족하다면, AI의 요약 능력을 활용해 핵심만 빠르게 파악해 볼 수 있다.

1) 단계별 문서 요약

문서 요약은 한 번에 끝내려 하지 말고, 단계별로 접근하는 것이 효과적이다.

1단계: 전체 구조 파악 → 문서의 목적, 챕터별 구성, 결론 파악
2단계: 관심 있는 영역의 핵심만 추출
3단계: 지금 내가 해야 할 일 리스트를 도출

① 질문 준비 노트

"[문서 제목] 전체를 단계별로 요약해 줘.

1단계는 전체 구조,

2단계는 [관심 분야] _____ 관련 핵심 내용,

3단계는 내가 지금 해야 할 일 리스트를 정리해 줘.

각 항목은 번호로 구분해서 핵심만 간단하게 써 줘."

② 질문 예시

"이 보고서를 전체 구조부터 먼저 파악하고 싶어. 각 챕터에서 어떤 얘기를 하고 있고, 마지막에 어떤 결론을 내리는지 간단히 정리해 줘."

"이 문서 중에서 마케팅 파트만 집중해서 요약해 줘. 내 업무에 관련 있는 부분만 뽑아 줘."

2) 유형별 맞춤 요약

같은 문서라도 성격에 따라 요약 방식이 달라져야 한다. 시장조사, 회의 자료, 기술 문서, 법률 문서 등 문서 유형에 따라 요약 포인트가 다

르다. AI에게 요약 목적을 함께 알려주자.

① 질문 준비 노트

다음은 [문서 유형: 시장조사/기술자료/회의록]이야.

[업무 적용/상사 보고/실무 이해] 목적으로 요약해.

요약 기준은 다음과 같아.

[문서 핵심 내용 요약/ 우리 업무에 주는 시사점/ 활용할 수 있는 전략 아이디어]

문장은 짧고 명확하게 써 줘.

② 질문 예시

"이 시장조사 보고서를 요약해 줘. 시장 규모, 경쟁사 현황, 고객 니즈, 그리고 회사의 영업에 참고할 만한 시사점을 위주로."

"이 기술 문서를 비전공자인 나도 이해할 수 있는 수준으로 쉽게 정리해 줘. 전문 용어는 쉬운 말로 풀어 줘."

3) 효율성을 높이는 관점 요구

요약을 더 정확하게 만들고, 실질적인 행동으로 연결하려면 요약 관점을 명확히 해야 한다. 단순 요약이 아닌, 비교 분석, 트렌드 파악, 결정 포인트 중심으로 요청해 보자.

① 질문 준비 노트

[자료 제목/내용]을 비교해서 정리해 줘.

기준은 [비용/실행 난이도/리스크 등]이고,

A안 장단점, B안 장단점, 최종 추천안과 그 이유,

이 순서로 표로 깔끔하게 정리할 것.

② 질문 예시

"보고서에 나온 A안과 B안을 비교해서 장단점을 표로 정리해. 최종적으로 어떤 안이 더 나은지 판단도 함께."

"이 자료들에서 반복해서 나오는 키워드와 공통된 트렌드를 요약해 줘. 우리 업계에 주는 의미도 함께 알려 줘."

4) 요약 자료의 실전 적용

요약은 읽고 끝내는 게 아니라, 업무에 활용되어야 가치가 생긴다. 요약 결과를 상사에게 보고하거나, 팀에게 공유하거나, 해야 할 일 리스트로 정리하는 흐름까지 만들어야 실무에서 쓸 수 있다.

① 질문 준비 노트

[요약 내용]을 [상사 보고용/팀 공유용/실행 계획용]으로 다시 정리해 줘.

각 항목은 다음처럼 써 줘.

1. 핵심 메시지 (한 줄)

2. 왜 중요한지

3. 내가 지금 해야 할 일 (혹은 우리 팀의 다음 액션)

② 질문 예시

"이 요약 내용을 기반으로 상사에게 보고할 핵심 메시지 세 가지만 뽑아 줘. 각 항목은 한 줄 핵심 + 근거 + 제안 액션으로 정리해 줘."

"이 보고서 요약을 팀원들에게 공유할 거야. 각자 업무에 영향 주는 부분만 뽑아서 5분 안에 읽을 수 있는 분량으로 정리해 줘."

5) 요약 수준 조절

임원은 의사 결정 포인트를, 실무자는 실행 지침을, 고객은 쉬운 설명과 이익 중심 정보를 원한다. 요약 대상에 맞춰 톤과 분량을 조절하자.

① 질문 준비 노트

[문서 제목]을 [임원/실무자/고객]에게 보여줄 용도로 요약할 것.
요약 기준
-핵심 내용 요약 (3~5줄)
-이해하기 쉬운 표현으로 재구성
[보고/실행/설명]에 바로 쓸 수 있도록 정리.

② 질문 예시

"이 보고서를 임원진에게 보고하려고 해. 핵심 결론, 재무 영향, 그리고 승인 여부만 담아서 한 페이지로 요약해 줘."

"이 기술 자료를 고객에게 설명할 수 있도록 바꿔 줘. 기술 용어는 쉬운 말로 풀고, 이 기술이 고객에게 어떤 이익을 주는지 중심으로 정리해 줘."

6) 핵심 포인트 정리

긴 문서에서 중요한 정보만 빠르게 뽑아내는 것이 진짜 요약이다. 지금 당장 실행할 일, 의사 결정 포인트, 바뀐 항목 중심으로 요약을 시키면 가장 실용적이다.

① 질문 준비 노트

[문서 제목]에서 다음 기준으로 핵심만 추려 줘.
내가 지금 해야 할 액션, 의사 결정을 위한 정보, 변경된 항목과 그 영향
각 항목은 번호로, 간단하고 직관적으로 정리해 줘.

② 질문 예시

"이 회의록에서 우리가 바로 해야 할 일만 뽑아 줘. 담당자랑 기한도 같이 정리해 줘."

"이 개정안을 읽고 우리 업무에 어떤 변화가 생기는지만 정리해 줘. 바뀐 항목과 그 이유, 영향을 중심으로."

7) 요약 퀄리티 높이기

정확하고 유용한 요약을 받으려면 질문도 구체적이어야 한다. 문서의 배경, 다음 단계, 궁금한 점까지 함께 요청하면 AI의 요약을 실무에 더 써먹을 수 있다.

① 질문 준비 노트

[문서 제목]을 요약하면서 다음 세 가지도 추가해 줘.

1. 이 문서가 나온 배경과 목적
2. 이 문서를 바탕으로 우리가 다음에 해야 할 일 세 가지
3. 아직 확실하지 않거나, 따로 확인이 필요한 항목

② 질문 예시

"이 문서가 왜 나왔는지, 어떤 맥락에서 작성된 건지도 요약에 포함해 줘."

"이 자료 읽고 나서 다음에 우리가 뭘 해야 하는지 제안해 줘. 그리고 추가로 확인해야 할 이슈도 같이 정리해 줘."

8. 업무 스트레스 관리하기

직장 스트레스의 80%는 사람 문제에서 온다. 상사의 의도를 못 알아차리거나, 동료와의 오해, 까다로운 고객 대응, 한도 없는 업무량과 시간 압박까지. 딱 떨어지는 정답이 없는 문제들 속에서, AI는 냉정하지만 똑똑한 조언자다. AI를 통해 직장인의 대표 고민을 해결해 보자.

1) 상사와의 소통

상사가 드러내지 않은 의도, 보고할 때의 말 순서, 상사의 성향에 따라 대응 방식도 달라야만 한다. 애매한 지시나 지연된 피드백도 AI에게 해석을 맡기면 훨씬 파악하기 좋다.

① 질문 준비 노트

상황: _____

[예: 일정 지연, 예산 초과 등]

상사의 말: [정확한 표현] _____

내 해석: [내가 느낀 뉘앙스] _____

상사의 성향은 _____

[예시: 빠른 의사 결정 선호, 꼼꼼한 타입].

이 상황에서 내가 해야 할 보고 방식과 핵심 메시지를 알려 줘. 예상 질문도 미리 정리해 줘.

② 질문 예시

"상사가 '이건 좀 더 생각해 보자'라고 했는데, 이 말이 긍정적인 건지 부정적인 건지 헷갈려. 무슨 의미일까?"

"이번 프로젝트 일정이 밀렸는데, 우리 팀장에게 보고하려고 해. 부정적인 반응을 줄이고 협조를 이끌어 내는 보고 방식을 만들어 줘."

2) 동료와의 갈등

팀원과의 소소한 갈등이 프로젝트 전체 분위기를 망치기도 한다. 상대의 입장과 감정을 분석하고, 감정이 아닌 사실과 목표 중심의 해결안을 요청하자.

① 질문 준비 노트

갈등 상황: [구체적 갈등 사례] _____

상대방 입장: [상대가 주장하는 것] _____

내 입장: [내 생각] _____

갈등 원인: [성격/방식/목표 차이 등] _____
서로 상하지 않게 풀 수 있는 대화법과 다음 행동 단계를 알려 줄 것.

② 질문 예시

"같은 팀 동료가 자꾸 내 일에 간섭해. 의견은 다르지만 감정이 상하지 않게 말하고 싶어. 어떻게 말해야 할까?"

"우리 팀이 제각각이라 협업이 잘 안 돼. 각자 성향과 업무 스타일을 고려한 개선 방법을 알고 싶어."

3) 고객 응대

불만 많은 고객을 응대할 때 다른 것보다도 나의 감정 소모가 가장 힘들다. AI는 감정적 흔들림이 없기 때문에, 정중하면서도 전략적인 대응을 조언해 준다.

① 질문 준비 노트

클레임 내용: [불만 상세 설명] _____
고객 성향: [예: 감정적, 논리적, 반복 민원 등] _____
회사가 해 줄 수 있는 범위: [환불/재배송 등] _____
초기 대응 멘트, 문제 해결 방안, 재발 방지 메시지, 관계 회복용 후속 조치, 이 순서대로 정리해 줘.

② 질문 예시

"고객이 배송 지연에 대해 화를 냈어. 상황은 설명했는데도 이해를 못 해. 감정은 달래면서, 회사 정책은 지키는 대응이 필요해."

"클레임이 접수됐는데 우리가 완전히 잘못한 건 아니야. 초기 응답부터 관계 회복까지 단계별 대응 전략이 궁금해."

4) 업무 우선순위 설정

마감일, 중요도, 다른 사람과의 연관도 등을 기준으로 업무를 정렬하면 우선순위가 보인다.

① 질문 준비 노트

업무 목록:

업무1: [내용] - 마감일: [날짜] - 중요도: [상/중/하]

업무2: [내용] - 마감일: [날짜] - 중요도: [상/중/하]

기준

① 마감 급박성

② 중요도

③ 다른 사람과의 연관도

④ 예상 소요 시간

이 기준으로 오늘 일정과 이번 주 일정을 정리해 줘.

② 질문 예시

"오늘 할 일이 일곱 개야. 뭐부터 해야 할지 모르겠어. 급한 순, 중요한 순으로 정리해 줘.

5) 시간 관리

① 질문 준비 노트

필요 내용: 업무 효율 향상 방법. 내 상황을 분석해서 조언할 것.

현재 상황: _____

주요 업무: [업무 내용] _____

평균 근무시간: [시간] _____

주요 스트레스 요인: [구체적 내용] _____

집중력이 높은 시간대: [오전/오후 등] _____

개선하고 싶은 부분: [구체적 목표] _____

조건: 나만의 맞춤형 시간 관리 전략을 제안할 것. 실행 가능한 구체적인 방법 위주

② 질문 예시

"오전에 집중이 잘 되고, 오후엔 멍해져. 이걸 고려해서 업무를 배치해 줘."

6) 업무 스트레스 관리

지속적인 피로감, 예민함, 무기력함은 번아웃의 신호다. 정신과 몸을 동시에 다스리는 루틴을 AI로 짜 보자.

① 질문 준비 노트

필요 내용: 업무 스트레스로 인한 번아웃 대책

현재 상태: _____

주요 스트레스 원인: [구체적 내용] _____

신체적 증상: [피로/수면 문제/식욕 등] _____

정서적 상태: [짜증/무기력/불안 등] _____

내용: 스트레스를 줄일 수 있는 실질적인 방법을 알려줄 것

업무 성과: [집중력/창의성/동기 등의 변화]

조건 1. 업무 환경을 크게 바꾸지 않아야 함

조건 2. 바로 오늘부터 실행할 수 있는 방법을 알려주어야 함

② 질문 예시

"요즘 너무 피곤하고, 사소한 일에도 짜증이 나. 점심시간에 할 수 있는 짧은 스트레스 해소법 알려 줘."

"퇴근 후에도 머릿속이 복잡해. 일 생각을 끊고 휴식할 수 있는 저녁 루틴을 짜 줘."

9. 여행 계획 세우기

여행 계획의 첫 번째 고민은 항상 같다. "어디로 가지?" 하지만 정작 중요한 건 '어디'가 아니라 '어떻게'다. 같은 장소를 여행해도 누구와, 언제, 어떤 목적으로 가느냐에 따라 완전히 다른 여행이 된다. AI에게 이 귀찮고 막막한 첫 단계를 맡겨 보자. 당신이 해야 할 일은 그저 몇 가지 핵심 정보를 던져 주는 것뿐이다. 그러면 AI는 당신을 위해 맞춤형 여행 계획을 만들어 줄 것이다. 20년 경력의 여행 전문가가 옆에서 조언해 주는 것처럼 말이다.

1) 취향을 반영한 맞춤형 계획 짜기

여행 계획의 첫 단계에서는 나의 조건과 취향을 정리해야만 한다. AI에게 막연히 "여행지 추천해 줘"라고 하면 뻔한 답변만 돌아온다. 구체적인 조건을 입력하면 AI는 수십만 개의 여행 정보를 분석해서 딱 맞는 플랜을 제시한다.

① 질문 준비 노트

[목적지] _____

[기간] _____ 일 여행 계획을 짤 것.

여행 인원: _____ [명]

([관계/연령대]) _____

총 예산: [금액] _____ (항공료 포함/제외)

여행 스타일: [휴양/관광/체험/맛집 투어 등]

선호 사항: [자연/역사/문화/쇼핑 등] _____

기피 사항: [붐비는 곳/비싼 곳/체력 소모 등] _____

숙박 희망: [호텔/게스트하우스/민박 등] _____

조건

. 다음 양식으로 정리할 것

- 일차별 일정 (시간대별)

- 예상 비용 (항목별)

- 교통편 정보

- 준비물 체크리스트

② **질문 예시**

"오사카 3박 4일 여행 계획을 짜 줘.

여행 인원: 두 명 (20대 커플) / 총예산: 200만 원 (항공료 포함)

여행 스타일: 맛집 투어 + 관광

선호 사항: 현지 음식, 사진 명소 / 기피 사항: 너무 붐비는 관광지

숙박 희망: 깔끔한 비즈니스 호텔

다음 형식으로 정리해 줘.

- 일차별 일정 (아침/점심/저녁 포함)

- 예상 비용 (숙박/식비/교통/관광 분리)

- 지하철 노선 정보

- 꼭 먹어야 할 음식 리스트"

③ **예시 답변**

[오사카 3박 4일 여행 플랜]

Day 1	Day 2	Day 3	Day 4
오전: 간사이 공항 도착 → 호텔 체크인 점심: 도톤보리 라멘 거리 오후: 신사이바시 쇼핑 거리 → 도톤보리 사진 스팟 저녁: 이치란 라멘 + 도톤보리 야경	아침: 나니와 야시장 탐방 점심: 오코노미야키 전문점 (미즈노) 오후: 오사카성 공원 + 니시노마루 정원 저녁: 우메다 공중 정원 전망대 → 카페 휴식	오전: 교토 당일치기 (기온 거리, 기요미즈데라) 점심: 기온 거리 한정 요리 정식 오후: 후시미이나리 신사 → JR 귀환 저녁: 우메다역 로컬 이자카야	아침: 체크아웃 → 공항 이동 공항 면세 쇼핑 후 출국

[예상 비용 (2인 기준)]

　항공권: 60만 원

　숙박(호텔 3박): 75만 원

　식비: 30만 원

　교통비(지하철 + JR): 15만 원

　관광지 입장료, 쇼핑 등 기타: 20만 원

　총합: 약 200만 원

[교통 정보]

　오사카 지하철: 미도스지선을 주로 이용

　간사이 공항 ↔ 시내: 난카이 특급 또는 리무진 버스

　교토 당일치기: JR 패스 또는 한큐선 추천

[여행 준비물 체크리스트]

　휴대용 와이파이 또는 유심

　편한 신발 (도보 이동 많음)

　전기 어댑터 (일본은 110V)

　방한 또는 방습용 아이템 (계절 따라 다름)

　일본 교통앱 (NAVITIME, 구글맵)

2) 여행 스타일별 맞춤 질문

같은 여행지라도 여행 스타일에 따라 계획을 바꿔야 한다. AI에게 내 성향을 정확히 알려 주면 계획을 더 만족스럽게 세울 수 있다.

① 질문 준비 노트

"[연령대/관계]인 [여행 성향]인 우리가 [목적지] [기간] 여행을 가려고 해. [중요하게 생각하는 요소] 중심으로 계획해 줘. [제약사항이나 특별 요청]도 고려해서."

② 질문 예시

• 액티비티 여행

"체력 좋고 모험을 좋아하는 20대 친구들이 부산 2박 3일 여행을 가려고 해. 서핑, 클라이밍, 야경 투어 같은 액티비티 중심으로 계획을 짜 줘. 하루 일정이 꽉 차도 괜찮아."

• 힐링 여행

"스트레스가 심한 30대 직장인이 혼자 제주도 3박 4일 힐링 여행을 가려고 해. 조용한 카페 방문, 바닷가 산책, 온천 이용을 중심으로 느긋하게 일정을 짜 줘. 하루에 두세 곳만 가도 충분해."

• 가족 여행

"초등학생 자녀 두 명과 함께 경주 2박 3일 여행을 계획하고 있어. 아이들이 지루해하지 않으면서도 교육 효과가 있는 곳들로 구성해 줘. 이동 거리는 최소화하고."

3) 여행 시기 추천

같은 여행지도 언제 가느냐에 따라 전혀 다른 경험을 할 수 있다. AI는 날씨, 성수기, 현지 이벤트까지 고려해서 최적의 타이밍을 추천한다.

① 질문 준비 노트

[여행지] _____ 에

[계절/월] _____ 에 가려고 하는데,

그 시기의 [날씨/축제/특산물] _____ 정보와 함께

최적의 여행 계획과 [날씨 대비/계절 활용] 팁을 함께 알려 줘.

피해야 할 시기나 주의 사항도 포함할 것.

② 질문 예시

"12월 홋카이도 여행 계획을 짜 줘. 눈 축제와 온천을 즐기고 싶고, 추위에 약한 편이야. 실내 활동과 야외 활동의 균형을 맞춰서 구성해 주고 복장도 조언해 줘."

"7월 동남아 여행을 계획 중인데, 우기 시즌이라 걱정이야. 비가 와도 즐길 수 있는 실내 활동과 우기 대비 팁을 포함해서 계획 짜 줘."

4) 예산 조정하기

여행에서 가장 스트레스 받는 부분이 예산 관리다. AI에게 예산별 옵션을 요청하면 자신에게 맞는 여행 스타일을 선택할 수 있다.

① 질문 준비 노트

"위 여행 계획에서 예산을 [변경 금액] _____ 으로 [늘리려면/줄이려면] 어떻게 조정해야 할까? 우선순위는 [체험/음식/숙박/쇼핑] _____ 순서야. 조정 옵션을 표로 비교해서 보여 줘. 각 항목별로 절약 방법과 꼭 금액을 써야 할 할 부분도 알려 줘."

② 질문 예시

"부산 2박 3일 여행을 100만 원 예산으로 계획하고 있어. 숙박, 교통, 식비, 관광지, 쇼핑으로 나눠서 예산을 배분해 줘. 각 항목별로 절약 팁과 꼭 금액을 써야 할 포인트도 알려 줘."

"예산을 250만 원으로 늘릴 수 있다면 어떤 경험을 추가할 수 있을까? 가성비 좋은 업그레이드 옵션을 제안해 줘."

5) 숨은 명소 찾기

여행지를 정했으면 다음은 세부 일정을 짜야 한다. 사람들은 대부분 블로그나 인스타그램에 많이 나오는 유명 관광지와 맛집 위주로 계획을 세운다. 결국 어딜 가나 관광객으로 붐비고, 비싼 가격에 실망하며, 똑같은 구도의 인증샷만 남기고 만다. 진짜 특별한 여행을 원한다면 현지인들만 아는 숨은 명소를 찾아야 한다.

5-1) 현지인 관점으로 질문

① 질문 준비 노트

[목적지] _____ 에 사는 현지인 관점에서,
[연령대/취향] _____ 인 여행자에게 추천할 만한
[숨은 명소/로컬 맛집/특별한 체험] 다섯 곳을 알려 줘.
각 장소의 특징과 가는 방법도 함께.

② 질문 예시

"교토에 사는 현지인이라면 친구들에게 추천할 만한 조용하고 아름다운 장소 다섯 곳을 알려 줘. 관광객이 잘 모르는 곳으로, 계절감을 느낄 수 있는 곳이면 좋겠어."

"타이베이 현지인들이 실제로 자주 가는 야시장이나 음식점을 추천해 줘. 관광객을 상대하는 곳이 아닌, 진짜 현지 맛집으로."

5-2) 역할 부여하기

AI에게 역할을 부여하는 순간, 검색의 기준이 바뀐다. AI는 대중적인 정보가 아닌, 특정 조건을 만족하는 답변을 내놓는다.

① 질문 준비 노트

너는 지금부터 20년 넘게 산 로컬 [역할] _____ 이야.
내가 방문할 [도시/지역] _____ 에서,
[원하는 장소의 특징] _____ 인 곳을 세 곳 추천해 줘.
각 장소별로 추천 이유와 방문하기 좋은 시간대, 그리고 간단한 팁도 함께 알려 줘.

② 질문 예시

"너는 제주에서 20년 넘게 산 로컬 예술가이자, 오래된 골목길을 탐험하며 사진 찍는 것을 좋아하는 블로거야. 관광객은 거의 모르지만, 너만이 아끼는 장소들을 알려 줘."

5-3) 테마별 숨은 명소 찾기

단순히 유명 관광지만을 방문하지 않고, 특정 테마나 관심사를 중심으로 숨은 명소를 찾으면 더 의미 있는 여행을 만들 수 있다. 역사, 예술, 자연, 음식 등 자신의 취향에 맞는 테마로 접근해 보자.

① 질문 준비 노트

[여행지] _____ 를 방문할 예정인데,

[먹방/사진/문화체험/액티비티/역사/예술] _____ 테마로 특화해서 여행 계획을 짜 줘.

[구체적 관심사] _____ 에 맞는 숨은 명소와 체험 프로그램을 중심으로

관광 책자에 없는 진짜 특별한 곳들을 추천해 줘.

② 질문 예시

· 먹거리 여행

"부산을 맛집 탐방 관점에서 파헤쳐 줘. 현지인들이 인정하는 진짜 맛집, 시장 투어 코스, 길거리 음식 체험까지. 배를 터뜨릴 각오로 2박 3일 맛집 탐방 일정을 짜 줘."

· 포토 여행

"경주를 사진 작가 관점에서 돌아볼 계획을 세워 줘. 일출 및 일몰 명소, 전통 건축물, 자연 풍경을 배경으로 한 인생샷 포인트들을 포함해 줘. 시간대별 빛의 방향과 각도도 고려해서."

5-4) 포토 존 포인트 찾기

SNS 시대에는 사진발 나는 장소도 중요하다. 하지만 유명한 포토 존은 사람이 많아서 좋은 사진을 찍기 어렵다. AI에게 숨은 사진 명소를 요청해 보자.

① **질문 준비 노트**

"[목적지] _____ 에서
[사진 컨셉: 자연/전통/모던/로맨틱] _____ 에 맞는 숨은 포토 존을 알려 줘. 촬영 시간대와 각도 팁도 함께 알려 줘."

② **질문 예시**

"제주도에서 인스타그램에 올리면 반응 좋을 만한 숨은 포토 존을 알려줘. 사람이 많지 않으면서 독특한 분위기의 장소로."

"경주에서 전통과 현대가 조화된 사진을 찍을 수 있는 장소를 추천해 줘. 한복 입고 찍어도 자연스러운 곳으로."

5-5) 핫 플레이스 추천받기

AI는 소셜미디어, 리뷰, 블로그 등의 빅데이터를 분석해서 실시간으로 핫한 장소들을 찾아낼 수 있다. 웹 검색 기능을 켜고 검색해 보자. 이런 방식으로 질문하면, 당신의 여행은 남들과 다른 깊이와 스토리를 갖게 된다. "거기 가봤어"가 아니라, "거기서 이런 경험을 했어"라고 말할 수 있는 진짜 여행이 시작된다.

① 질문 준비 노트

"최근 [기간] _____ 내에

[SNS/입소문] _____ 으로 떠오르고 있는

[여행지] _____ 의 새로운 명소들을 알려 줘.

아직 많이 알려지지 않았지만 [특별한 매력/독특함]이 있는 곳들로."

② 질문 예시

"최근 6개월 내에 SNS에서 화제가 된 부산의 새로운 명소들을 찾아 줘. 아직 관광 가이드북에는 나오지 않았지만 젊은 층에게 인기 있는 곳들로. 왜 인기인지 이유도 함께 설명해 줘."

10. 여행 돌발 상황에 대응하기

여행 중에는 예상치 못한 일들이 생긴다. 날씨가 나빠질 수도 있고, 교통편에 문제가 생길 수도 있으며, 갑자기 아플 수도 있다. 당황스러운 마음에 눈앞이 캄캄해질 때, 침착히 AI를 사용하면 빠르게 문제를 해결할 수 있다. 똑똑하고 든든한 일행을 데리고 다니는 것처럼 말이다.

1) 날씨 변화에 대응하기

날씨는 여행의 가장 큰 변수다. 갑작스레 비가 오거나 너무 덥거나 추울 때 AI를 사용해 대안 계획을 짜면 하루를 통으로 날리지 않아도 된다.

① 질문 준비 노트

　　[여행지] _____

　　[몇 일차] _____ 인데

　　[날씨 상황] _____ 으로

　　원래 계획 [기존 계획] _____ 을 변경해야 해.

　　[동행자/선호 사항] _____ 을 고려해서

　　[실내/실외] _____ 대안 일정을 짜 줘.

② 질문 예시

"제주도 여행 둘째 날인데 하루 종일 비가 내린다는 예보야. 원래 계획은 해안 도로 드라이브였는데, 실내에서 즐길 수 있는 대안 일정을 짜 줘. 아이들과 함께여서 지루하지 않은 일정이었으면 좋겠어."

"방콕 여행 중인데 예상보다 너무 더워서 야외 활동이 힘들어. 에어컨 있는 실내 명소나 시원한 곳 위주로 일정을 바꿔 줘."

2) 교통편 문제 해결

항공편 지연이나 대중교통 파업 등으로 이동에 문제가 생겼을 때도 AI의 조언을 들어 보자.

① 질문 준비 노트

　　[출발지] _____ 에서 [목적지] _____ 로 가는

　　[교통수단] _____ 에

　　[문제 상황] _____ 이 생겼어.

대안 교통편과 그에 따른 일정 조정안을 알려 줘.

[시간/비용] _____ 제약이 있어.

② 질문 예시

"인천공항에서 제주행 비행기가 세 시간 지연됐어. 바뀐 도착 시간은 오후 5시야. 일정을 조정해 줘."

"교토에서 오사카로 가는 전철 운행이 중단됐어. 다른 교통수단으로 가는 방법과 소요 시간, 비용을 알려 줘."

3) 예약 취소나 변경

숙소나 레스토랑 예약이 갑자기 취소되거나, 가고 싶었던 곳이 휴무일 때의 대처법도 AI에게 맡기면 된다.

① 질문 준비 노트

[목적지] _____ 에서

[예약 종류] _____ 가 [취소/변경] _____ 됐어.

[당일/내일] _____

[인원] _____ 이 이용할 수 있는 대안을

[지역/예산] _____ 조건으로 찾아 줘.

대안 세 가지와 각각의 장단점도 알려 줘.

② 질문 예시

"오늘 저녁 예약한 교토의 유명 가이세키 레스토랑이 갑자기 휴업한다고 연락이 왔어. 비슷한 수준의 전통 요리를 먹을 수 있는 곳을 당일 예약 가능한 곳으로 추천해 줘."

"부산 게스트하우스 예약이 취소됐어. 오늘 밤 당장 잘 곳을 찾아야 하는데, 해운대 근처에서 2인실 예약이 가능한 숙소를 알려 줘."

4) 긴급 상황 대응

여행 중에는 언어 소통이 원활하지 않은데, 그 가운데 긴급한 상황이 생길 수 있다. 의료진과 대화를 나누어야 할 수도 있고, 법적 문제에 휘말릴 수도 있다. 이때도 AI에게 도움을 받으면 차분하게 소통할 수 있다. 다만 어디까지나 참고용으로만 사용하고, 의학적 진단이나 법적인 자문이나 전문가의 소견을 중시해야만 한다.

① **질문 준비 노트**

[여행지] _____ 에서
[긴급 상황] _____ 이 발생했어.
현지에서 [병원/경찰서/대사관] _____ 연락처와
기본적인 [현지어] _____ 표현을 알려 줘.
[보험/법적] 처리 방법도 단계별로 정리해 줘.

② **질문 예시**

"태국 여행 중인데 동행자가 심한 복통을 호소해. 현지 병원 정보와 의료진과 소통할 수 있는 기본 태국어 표현을 알려 줘. 여행자 보험 처리 방법도 함께."

"파리에서 여권을 분실했어. 대사관 연락처와 재발급 절차, 임시 여행증명 발급 방법을 단계별로 알려 줘."

5) 현지 소통 도우미

해외여행에서 가장 큰 걸림돌 중 하나가 언어다. 언어가 통하지 않을 때 AI는 실시간 번역뿐 아니라 상황별 필수 표현까지 알려 준다.

① 질문 준비 노트

[여행지] _____ 에서
[상황: 쇼핑/식당/교통/숙소] _____ 에서
[필요한 표현] _____ 을 현지어로 번역해 줘.
발음도 한글로 표기해서 바로 사용할 수 있게.
문화적 주의 사항도 알려 줘.

② 질문 예시

"베트남 현지 식당에서 주문하려는데 메뉴를 읽을 수 없어. 일반적인 베트남 음식 이름과 주문할 때 쓸 수 있는 베트남어 기본 표현을 알려 줘. 알레르기나 매운 정도도 물어볼 수 있게."

"태국에서 택시 기사와 의사소통이 안 돼. 목적지 주소를 태국어로 써 주고, 기본적인 택시 이용 표현도 알려 줘."

6) 긴급 연락처와 정보

① 질문 준비 노트

[목적지] _____ 여행 중

필요한 긴급 연락처와 기본 정보를 체크리스트로 만들어 줘.

[영사관/병원/경찰/교통] _____ 정보를 포함해서.

② 질문 예시

"일본 오사카 여행에 필요한 긴급 연락처와 기본 정보를 정리해 줘. 한국 영사관, 병원, 분실신고, 교통 문의처 등을 포함해서."

11. 나에게 맞는 취미 찾기

해보고 싶은 것이 너무 많아서 문제인 사람들이 있다. 그림도 그리고 싶고, 악기도 배우고 싶고, 운동도 하고 싶다. 모든 걸 다 하기엔 시간도 돈도 부족하다. 결국 선택 장애에 빠져 아무것도 하지 못한다. 이럴 때 AI에게 우선순위를 요청하면 현실적인 조언을 얻을 수 있다.

1) 나만의 취미 DNA 분석하기

취미를 고르기 전에 먼저 내가 어떤 사람인지 파악해야 한다. AI에게 나의 성향과 선호도 분석을 요청해 보자.

① 질문 준비 노트

나에게 맞는 취미를 추천할 것

성격: [내향적/외향적/활동적/조용한] _____

선호하는 활동: [혼자/함께/실내/야외] _____

집중력: [긴 시간/짧은 시간] _____ 가능

신체활동: [좋아함/보통/싫어함] _____

가용 시간: 주중 _____ [시간], 주말 _____ [시간]

예산: 월 [금액] _____ 만 원까지 가능

공간: [원룸/아파트/마당 있음] _____

도구: [특별한 장비 없음/기본적인 것만] _____

[스트레스 해소/새로운 기술 습득/사람들과 만남/창작 활동] _____

이 조건에 맞는 취미를 [개수] _____ 가지 추천해 줘.

각각의 시작 비용, 난이도, 예상 성취감을 1-10점으로 평가해서 표로 정리해 줘.

② 질문 예시

"나에게 맞는 취미를 추천해 줘.

성격: 내향적이며 성취감을 좋아함

선호하는 활동: 혼자 집중할 수 있는 것

집중력: 2-3시간 가능

신체 활동: 격렬한 활동은 싫어하나 가벼운 활동은 괜찮음

가용 시간: 주중 1시간, 주말 4시간

예산: 월 10만 원까지 가능

공간: 원룸 (베란다 있음)

도구: 노트북, 기본 문구류 보유

목표: 스트레스 해소 + 창작 활동

이 조건에 맞는 취미를 세 가지 추천해 줘. 각각의 시작 비용, 난이도, 예상 성취감을 1-10점으로 평가해서 표로 정리해 줘."

2) 단계별 시작 가이드

취미를 선택했다면 이제 어떻게 시작할지가 문제다. AI는 완전 초보자도 따라 할 수 있는 단계별 가이드를 만들어 준다.

① 질문 준비 노트

[취미명] _____ 을 시작하고 싶어.

[취미 숙련 정도] _____ 인데

[기간] _____ 동안 [목표] _____ 를 달성하고 싶어.

하루 _____ [시간]씩 투자 가능

예산: [금액] _____ 이내

환경: [공간/도구] _____ 제약

다음을 포함해서 단계별 가이드를 만들어 줘.

준비물과 초기 비용, 주차별 학습 목표, 하루 연습 루틴, 진도 체크 방법, 동기부여 유지 팁

② **질문 예시**

• 그림 그리기

"그림을 처음 시작하려는데, 디지털 드로잉에 관심이 있어. 태블릿도 없고 완전 초보인 상태에서 3개월 안에 간단한 캐릭터 정도는 그릴 수 있게 되고 싶어. 단계별 학습 계획과 필요한 장비, 무료 강의 자료까지 알려 줘."

• 요리

"요리 초보인데 인스타에 올릴 만한 예쁜 요리를 만들고 싶어. 현재 기본적인 칼질도 어려운 수준이야. 6개월 안에 친구들 초대해서 홈파티를 할 수 있을 정도가 목표야. 주방용품부터 레시피 선택까지 차근차근 알려 줘."

3) 시간대별 취미 찾기

AI에게 자신의 라이프 스타일에 맞는 취미 시간을 추천받아 보자. 같은 취미라도 언제 하느냐에 따라 효과가 다르다.

① **질문 준비 노트**

[시간대] _____ 에

[장소] _____ 에서

[시간] _____ 동안 할 수 있는 취미를 추천해 줘.

[목적] _____ 이 목표이고,

[제약조건] _____ 을 고려해서 알려 줘.

② 질문 예시

- 아침형 인간

"새벽 6시에 일어나서 출근 전 1시간 동안 할 수 있는 취미를 추천해 줘. 머리가 맑을 때 하면 좋은 활동으로, 소음이 나지 않는 것으로."

- 올빼미형 인간

"밤 10시 이후에 집에서 할 수 있는 조용한 취미를 추천해 줘. 하루 스트레스를 풀면서 창의성도 기를 수 있는 활동으로."

4) 취미 조합하기

하나의 취미에만 빠지지 말고, 여러 취미를 조합하면 더 나다운 취미를 가질 수 있다. AI는 서로 시너지 효과를 낼 수 있는 취미 조합을 찾아 줄 것이다.

① 질문 준비 노트

[기존 취미] _____ 를 하고 있는데,
이것과 연계해서 더 깊이 있게 즐길 수 있는 취미 조합을 추천해 줘.
[시너지 효과/확장 가능성/수익화]까지 고려해서.

② 질문 예시

"사진 찍기를 좋아하는데, 이거랑 잘 어울리는 다른 취미가 뭐가 있을까? 사진과 연계해서 더 깊이 있게 즐길 수 있는 활동을 추천해 줘."

③ 답변 예시

[사진과 연계 가능한 취미들]

  여행 + 사진: 여행지 사진 블로그 운영

  요리 + 사진: 푸드 스타일링과 음식 사진

  식물 키우기 + 사진: 식물 성장 과정 타임 랩스

  드로잉 + 사진: 사진을 스케치로 재해석

  글쓰기 + 사진: 사진에 스토리를 담은 에세이

12. 글쓰기 시작하기

내 안의 이야기를 세상에 표현하는 것만큼 뿌듯한 일이 또 있을까? 글을 쓰고, 그림을 그리고, 나만의 콘텐츠를 기획하는 일은 단순한 취미가 아니다. 내 안의 이야기를 세상에 꺼내는 일이며 나라는 사람을 다시 들여다 보는 시간이다. 특히 AI가 창작의 파트너가 되어 주는 지금은, 전문가가 아니어도 누구나 쉽게 도전할 수 있다. 에세이든 웹툰이든 이제 잘하는 사람만이 아니라 하고 싶은 사람 누구나 도전 가능하다.

1) 주제 정하기

막막한 글감은 AI와 함께 찾아보자. 내 감정과 상황을 바탕으로, 미처 떠올리지 못한 좋은 소재를 AI가 제안할 수 있다. 특히 감정의 폭이 컸던 순간을 잘 포착하면, 강한 공감을 불러일으키는 소재로 훌륭한 글을 쓸 수 있다.

① 질문 준비 노트

오늘 있었던 일 중 감정이 크게 움직였던 순간을 기반으로
[에세이/소설] _____ 주제를 _____ 가지 추천해 줘.
각 주제는 감정의 배경 설명, 글로 풀면 좋을 방향성, 어울리는 제목까지 포함해서 제안해 줘.
오늘 하루 요약 _____
(예시: 친구와의 말다툼 / 예기치 않은 칭찬 / 혼자 카페에서 울컥함)

② 질문 예시

"오늘 하루를 돌아봤을 때, 감정이 크게 흔들렸던 순간을 바탕으로 에세이 주제 다섯 가지를 추천해 줘.
각 주제에 대해 왜 쓸 만한 글감이 되는지, 그리고 어떤 방향으로 글을 풀면 좋을지도 설명해 줘.
오늘 일상 요약
- 회의 시간에 내 아이디어가 무시당함
- 점심시간에 혼자 밥을 먹으며 고요함을 느낌
- 퇴근길 버스 안에서 눈물이 날 뻔했음"

2) 글 구조 설계하기

글을 어떻게 써야 할지 막막하다면, 글의 구조부터 잡아보자. AI는 글을 4단계 구조로 나눠서, 생각을 정리하는 데 도움을 준다. 보통 에세이는 '상황 → 감정 → 통찰 → 메시지'의 흐름으로 구성하면 자연스럽고, 이 흐름을 단락별로 안내해 주는 것만으로도 글의 방향이 훨씬

명확해진다.

① **질문 준비 노트**

[주제] _____를 주제로 에세이를 쓰고 싶어.

글의 전체 구조를 네 단계(상황 → 감정 → 통찰 → 메시지)로 구성해 줘.

각 단락의 역할과 함께, 예시 문장도 제안해 줘.

문체는 [차분하고 감성적인 / 고백하듯 담백한 / 유쾌하고 솔직한] 톤으로 부탁해.

주제 예시: [퇴근길에 본 노을 / 외로운 식사 / 말하지 못한 후회]

② **질문 예시**

"혼자 밥을 먹을 때 드는 감정"을 주제로 에세이를 쓰고 싶어.

전체 글의 흐름을 네 단계로 나눠서 도와 줘.

1) 상황 소개

2) 당시 느낀 감정

3) 그 감정을 해석하며 생각한 것

4) 마지막에 전하고 싶은 메시지

문체는 담백하고 차분하게, 각 문단마다 쓰면 좋을 문장도 예시로 알려 줘."

3) 첫 문장과 마무리 문장 만들기

글을 시작하는 첫 문장은 독자의 시선을 붙잡아야 하고, 마지막 문장은 오랫동안 여운을 남길 수 있어야 한다. AI는 다양한 스타일의 도입 문장과 마무리 문장을 제안하여 글의 톤에 맞는 감정을 살리는 데 큰 도움이 된다. 특히 초보자일수록 첫 문장을 오랫동안 고민하기 때문에, AI의 도입 문장 제안은 글쓰기 진입 장벽을 낮춘다.

① 질문 준비 노트

"[에세이 제목 또는 주제] _____를 가지고 글을 쓰고 있어. 이 글에 어울리는 첫 문장 세 가지 스타일(질문형/묘사형/단정형)과 마무리 문장 세 가지 스타일(통찰 제시/감성 회수/한 줄 요약형)을 제안해 줘. 문체는 [담백하고 진심 어린 / 따뜻하고 부드러운 / 솔직한 대화체]로 만들어 줘.
예시 주제: [오늘만큼은 나를 위해 살기로 했다]"

② 질문 예시

"'회사보다 나 자신에게 인정받고 싶었던 하루'라는 주제로 에세이를 쓰고 있어.
이 글에서 쓰면 좋을 첫 문장 세 가지와 마무리 문장 세 가지를 추천해 줘.
글의 톤은 진심을 고백하듯 담백하게, 감정을 억지로 과장하지 말고 자연스럽게 표현해 줘."

4) 퇴고하고 공유하기

글을 썼다면, 이제는 다듬어야 한다. AI는 반복되는 말, 어색한 연결, 감정 표현의 과잉 또는 부족 등 퇴고 포인트를 짚어 체크리스트를 만들어 줄 수 있다. 브런치, 인스타그램, 블로그 등 각 플랫폼에 맞는 공유 전략도 함께 제안해 준다. 퇴고와 공유는 글의 완성도를 높이는 마지막 관문이다.

① **질문 준비 노트**

[분량과 톤이 정해진 글] _____ 을 퇴고하고 싶어.

문장 자연스러움, 표현 반복 여부, 감정이 잘 드러났는지를 중심으로

초보자도 따라 할 수 있는 퇴고 체크리스트를 만들어줘.

그리고 이 글을 [공유 플랫폼 1~2개] _____ 에 올리고 싶어.

각 플랫폼에 맞는 말투, 제목 스타일, 해시태그 추천도 포함해서 알려줘.

입력 예시:

- 글 길이: 1,200자

- 문체 톤: 고백하듯 담백

- 플랫폼: 브런치, 인스타그램

② **질문 예시**

"완성한 에세이를 자연스럽게 다듬고 싶어.

문장 연결, 반복 표현, 감정 전달 중심으로 퇴고 가이드를 알려 줘.

또 이 글을 인스타그램과 브런치에 공유할 때,

어떤 말투, 해시태그, 소개 문장이 효과적인지도 각각 알려 줘."

③ **심화 질문 예시**

• **"각 문장의 분량을 [두 배]로 늘려 줘."**

: 감정 묘사 강화, 서정적 에세이, 묘사 중심 글쓰기 등

→ 문장이 너무 짧고 건조할 때, 감정과 설명을 풍부하게 확장하고 싶을 때 사용.

- "각 문단의 분량을 [절반]으로 줄여 줘."

  : SNS용 캡션 요약, 블로그 도입부 다듬기, 카드뉴스 각 장 구성 등

  → 글이 너무 길어 지루하거나, 모바일 콘텐츠(카드뉴스, 릴스 캡션)처럼 짧은 글이 필요할 때 사용.

- "역설법, 반어법, 열거법, 직유법, 은유법 중 [두 가지]를 넣어서 문장을 고쳐 줘."

  : 책 에필로그, 릴스 대사, 브런치 감성 콘텐츠 등.

  → 표현을 문학적으로 바꾸고 싶을 때, 같은 의미를 더 인상 깊게 만들고 싶을 때 사용.

- "전체 문장을 [반말체 / 존댓말 / 일기체 / 대화체]로 바꿔 줘."

  : 인스타그램 → 반말, 브런치 → 일기체, 강의 원고 → 존댓말 등

  → 대상에 따라 말투를 변환할 때.

- "내용은 유지하되, 문장 순서를 재배열해서 흡입력 있게 만들어 줘."

  : 릴스 영상용 내레이션, 카드뉴스 순서 정리, 이메일 오프닝 등.

  → 메시지는 그대로 두되, 도입 문장을 강화하거나 문장 전개를 새롭게 만들고 싶을 때.

- "이 내용을 [스토리텔링 형식]으로 바꿔 줘. 인물, 배경, 상황을 넣어 줘."

  : 강연 대본 구성, 유튜브 스크립트 등.

  → 정보 중심 글을 에세이 · 강연 · 강의 콘텐츠처럼 풀어내고 싶을 때

- "이 문장을 [5단계] 감정 곡선으로 표현해 줘. (시작 → 혼란 → 전환 → 해결 → 확신)"

  : SNS, 책 챕터 구조화, 영상 스크립트 플롯 설계 등

  → 이야기형 콘텐츠를 만들 때 감정의 흐름을 극적으로 설계하고 싶을 때

- "한 문장에 [의외성 요소]를 1개씩 추가해 줘. 예상 밖 반전이 느껴지게."

  : 뉴스레터, SNS, 책 속 한 줄, 웹툰 등

→ '뻔하지 않은 글'을 쓰고 싶을 때, 특히 강렬한 도입 문장을 원할 때
- "전체 내용을 ['왜?'로 시작하는 질문형 흐름]으로 바꿔 줘."

: 콘텐츠 초입, 에세이, 브런치 포스팅 등

→ 호기심을 자극하고 독자의 사고를 유도하는 흐름으로 전환할 때
- "이 글의 단어 중 [감정 표현/형용사/동사]를 더 구체적으로 바꿔 줘."

: AI가 준 초안에서 감정 묘사나 장면 묘사를 강화

→ 글의 추상성을 제거하고 몰입도를 높이고 싶을 때

5) 챗GPT '캔버스' 기능을 활용하기

글쓰기를 혼자 시작하려 하면, 머릿속이 너무 시끄럽다. 생각은 많은데 말이 되지 않아 지우기를 반복하다 보면 멈춰 있다. 챗GPT의 '캔버스(Canvas)' 기능은 글쓰기 초안을 작성하고, 수정하는 데 큰 도움이 된다.

캔버스 기능은 단순한 메모장이 아닌, 나만의 AI 에디터와 협업하는 문서 작업 공간과도 같다. 글을 써서 저장해 두면, 특정 문장을 클릭해 직접 수정해 볼 수도 있고, 심지어 AI에게 "이 부분만 톤을 바꿔줘", "이 문장만 강조해 줘"라고 시켜 문장을 바꾸어 보고, 변경 이력까지도 확인할 수 있다. AI에게 단순히 한 번 답변받고 끝나는 것이 아니라, 하나의 글을 AI와 함께 점점 다듬어 볼 수 있다.

예를 들어 처음에 "혼자 밥 먹는 시간을 주제로 글을 쓰고 싶어"라고 입력하면 캔버스에 초안이 생성된다. 그 뒤 제목, 구성, 문단 흐름을 추가 시시늘 내려 수정할 수도 있고, 하나의 문장을 직접 클릭해 "이 문장 좀 더 감정적으로 바꿔 줘" 또는 "대화체로 바꿔 줘"라고 지시하

면 바로 그 문장만을 수정할 수 있다. AI가 글을 그냥 써주기만 하던 시대는 지났다. 이제는 글의 길이, 편집, 이모티콘까지 쓰는 사람의 요청에 따라 섬세하게 조절하도록 진화했다.

챗GPT의 '캔버스(Canvas)' 기능에서는 직접 쓴 문장이나 AI가 제안한 초안을 선택한 뒤, 오른쪽 하단의 버튼 하나로 글의 깊이와 길이를 조정할 수 있다.

① 문장 단위 편집
문장을 클릭하면 해당 문장을 기준으로 수정 요청 가능

② 난이도 조절
유치원생, 초등학생, 중학생, 고등학생, 대학원생 수준으로 조절 가능
독자 대상에 맞는 어휘와 구조로 재작성 가능

③ 길이 조절
'가장 짧게' 또는 '가장 길게' 총 5단계로 문단 길이 조절
카드뉴스, 블로그, 인스타그램 등 목적별 맞춤 편집 가능

④ 버전 비교 및 반복 편집
수정 전과 수정 후 내용 비교 가능
피드백을 반영한 반복 글쓰기 학습에 적합

13. 웹툰 기획하기

AI와 함께라면, 그림을 못 그려도 웹툰 작가가 될 수 있다. 웹툰의 첫 단추는 캐릭터다. 이야기를 끌어가는 주인공이 명확할수록, 에피소드도 자연스럽게 짜볼 수 있다. AI는 캐릭터의 성격, 말투, 직업, 버릇 같은 작은 요소들도 현실감 있게 설정해 주며, 이미지 생성 기능으로 캐릭터 외형을 그려볼 수도 있다.

1) 캐릭터와 세계관 만들기

① **질문 준비 노트**

[웹툰 장르]에 어울리는 주인공 캐릭터 제작

아래 항목을 포함해 구성할 것

1. 이름 + 나이 _____
2. 성격 키워드 3개 _____
3. 자주 쓰는 말투나 대사 _____
4. 직업/취미/고민 _____
5. 외형 묘사 (헤어스타일, 옷 스타일, 분위기) _____
6. 이미지 생성용 프롬프트 (웹툰의 장르, 키워드 등)

② **질문 예시**

"직장인 공감툰을 만들고 싶어. 주인공은 30대 후반의 여성이야. 성격은 무심한 듯 다정하고, 말은 툭툭 내뱉는 스타일. 커피 없으면 하루가 시작되지 않고, 야근을 너무도 싫어해. 이 캐릭터를 기반으로 이름, 성격 키워드 3개, 자주 쓰는 말투, 외형 묘사, 이미지 생성 프롬프트까지 정리해 줘."

2) 네 컷 만화 시나리오 구성

웹툰은 한 화 안에 감정 흐름이 있어야 몰입된다. 특히 네 컷 구성은 상황 – 갈등 – 반전 – 결말이라는 기본 공식을 갖추면 짧은 분량 안에도 메시지와 재미를 담을 수 있다. AI는 자연스러운 컷 구성과 대사 흐름까지 설계해 준다.

① 질문 준비 노트

[주제/상황 키워드] _____ 를 기반으로 네 컷 만화를 구성. 다음 항목을 포함해서 정리할 것.

1. 컷별 장면 설명 (상황 → 갈등 → 반전 → 결말)
2. 각 컷의 주요 대사
3. 컷마다 중심 키워드
4. GPT 이미지 생성용 프롬프트 (컷별로 인물/배경/감정 중심)

② 질문 예시

"소개팅 당일 알람 꺼둔 채로 잔 날을 주제로 네 컷 웹툰을 만들고 싶어.

1컷: 상황 제시 (꿈속에서 소개팅 중)
2컷: 현실 전환 (알람 끄고 다시 잠듦)
3컷: 깨달음 (일어나 보니 오후 2시)
4컷: 마무리 (핸드폰에 상대방 메시지 "혹시 무슨 일 있으세요?")

컷별 상황 설명, 대사, 컷 주제 키워드, 이미지 생성 프롬프트까지 만들어 줘."

3) 컷 이미지 생성하기

스토리와 콘티가 생겼으니, 이제는 그림 차례다. 챗GPT의 이미지 생성 기능을 활용하면 컷별 장면에 맞춘 그림을 AI가 대신 그려준다. 특히 장면별로 배경과 캐릭터의 감정과 표정을 명확히 묘사해 주면 시각적인 완성도가 꽤 높아진다.

① **질문 준비 노트**

다음 컷에 어울리는 이미지를 만들고 싶어.

1. 장면 설명

장소 _____

시간 _____

분위기 _____

2. 캐릭터 설정

외형 _____

감정 _____

포즈 _____

3. 스타일 _____

(예: 수채화/손그림/만화풍/애니메이션풍 등)

4. 배경 요소 _____

(예: 벽, 책상, 창문, 거리 등)

5. 색감 톤 _____

(예: 따뜻함/차가움/채도 낮은/파스텔 등)

② 질문 예시

"[앞서 받은 이미지 생성용 프롬프트와 함께 사용한다]

20대 여성 캐릭터가 아침에 알람을 끄고 피곤한 표정으로 이불 속에서 눈을 비비는 장면

- 배경: 햇빛이 드는 자취방
- 캐릭터: 반쯤 묶은 머리를 하고 파자마 차림새
- 표정: 눈 반쯤 감고, 얼굴 붓기 있음
- 스타일: 손그림풍, 따뜻한 색감, 미니멀 배경

이렇게 해서 이미지 생성해 줘."

14. 운동 루틴 만들기

운동이야말로 시작이 반이라는 말이 가장 잘 어울리는 분야다. AI는 당신의 신체 조건, 운동 경력, 생활 패턴까지 고려해 세상에 단 하나뿐인 맞춤형 운동 계획을 짜주는 개인 트레이너가 될 수 있다.

1) 맞춤형 운동 계획 세우기

① 질문 준비 노트

  나이: _____ 세

  성별: _____

체력 수준: [초보/보통/좋음]

운동 경험: [없음/헬스장/홈트/스포츠]

건강 상태: [특이 사항/부상 경력]

주 목표: [체중 감량/근력 증가/체력 향상/스트레스 해소]

구체적 목표: [감량 목표 체중/목표 기간 등]

운동 공간: [집/헬스장/야외/사무실]

가용 시간: [하루 몇 분/주 몇 회]

운동 도구: [없음/기본 도구/풀 세트]

예산: [무료/월 얼마까지]

조건 1. 이 조건에 맞는 8주 운동 계획을 주차별로 작성

조건 2. 운동 방법과 주의 사항을 포함

② **질문 예시**

"나만의 운동 계획을 세워 줘.

나이: 28세

성별: 여성

체력 수준: 초보 (계단만 올라가도 숨 참)

운동 경험: 작년에 헬스장 3개월 다니다 중단

건강 상태: 허리 디스크 초기

주 목표: 체력 향상 + 허리 건강 향상

구체적 목표: 3개월 뒤 30분을 연속으로 걸을 수 있게 되기

운동 공간: 집 (원룸, 베란다 있음)

가용 시간: 하루 20-30분, 주 4-5회

운동 도구: 요가 매트만 있음

예산: 월 5만 원까지

이 조건에 맞는 12주 운동 계획을 주차별로 짜줘. 허리에 무리 없는 운동 위주로, 점진적 강도 증가 방식으로."

2) 부위별 맞춤형 운동 계획 세우기

① 질문 준비 노트

운동 목적: _____ (예시: 특정 부위 강화/전신 운동 중심)

장소: _____ (예시: 집/헬스장)

장비: _____

시간: _____ (총시간 / 회당 시간)

할 수 있는 프로그램을 설계해 줘.

② 질문 예시

- **코어 강화**

  "오래 앉아 생활해서 허리와 복부가 약해졌어. 코어 근력을 집중해서 기르고 싶은데, 집에서 하는 30분 운동 루틴을 주 4회 프로그램으로 계획해 줘."

- **상체 근력**

  "팔힘이 너무 없어서 일상생활이 불편해. 상체 근력을 기르고 싶은데, 헬스장 없이 집에서 덤벨과 푸시업으로 할 수 있는 프로그램을 짜 줘."

3) 운동별 맞춤형 운동 계획 세우기

① **질문 준비 노트**

[운동 종류] _____를 시작하고 싶어.

[현재 수준/경험] _____이고,

[신체 특이사항/제약] _____이 있어.

[목표/기간] _____을 달성하고 싶어.

다음을 포함해서 가이드해 줘.

1. 기초 동작과 자세
2. 단계별 훈련 방법
3. 부상 예방 주의 사항
4. 진도 체크 방법
5. 동기부여 유지 팁

② **질문 예시**

"집에서 할 수 있는 전신 근력 운동을 배우고 싶어. 기구 없이 맨몸으로 하는 운동 가운데 효과 좋은 것들을 난이도별로 알려 줘."

"러닝을 시작하고 싶은데 무릎이 약해. 부상 없이 러닝 실력을 늘리는 방법과 주의 사항을 알려줘. 목표는 3개월 후 5km 완주야."

③ **심화 질문 준비 노트** (러닝 스케줄 표 만들기)

현재 달리기 수준: _____

(예시: 완전 초보(1km도 힘듦) / 5km는 완주 가능 / 10km 1시간 이내)

구체적인 목표: _____

(예시: 12주 후 10km 마라톤 완주 / 8주 안에 30분 연속 달리기 / 다이어트를 위해 주 3회 40분 달리기)

훈련 가능 빈도와 시간: _____

(예시: 주 3회 / 퇴근 후 1시간)

주요 훈련 장소: _____

(예시: 아파트 헬스장 트레드밀 / 동네 공원 야외 트랙)

건강상 특이 사항: _____

(예: 발목이 약함 / 체중이 많이 나가 무릎에 부담)

결과물 형식: _____

(예: 목표 달성을 위한 주차별 훈련 계획을 표로 작성. 각 훈련 내용은 거리, 시간, 페이스를 포함하여 구체적으로 제시)

위 조건에 맞는 개인 맞춤형 러닝 계획을 짜 줘.

④ 심화 질문 예시

"내년 춘천 마라톤 풀 코스(42.195km) 완주가 목표야. 현재 10km 최고 기록은 55분. 6개월간의 장기 훈련 계획을 짜 줘. LSD(장거리 저속 달리기), 인터벌, 회복 훈련을 포함한 체계적인 프로그램으로."

"현재 10km 기록이 1시간인데, 8주 안에 50분 안으로 기록을 줄이고 싶어. 기록 단축을 위한 스피드 훈련(인터벌, 파틀렉) 위주의 프로그램을 짜 줘."

4) 운동 루틴 관리

운동을 꾸준히 하려면 루틴 관리가 중요하다. AI에게 자신의 라이프 스타일에 맞는 운동 스케줄을 요청하고, 지속 가능한 방법을 찾아보자.

① 질문 준비 노트

[생활 패턴/직업] _____인 내가 꾸준히 운동할 수 있는 스케줄을 짜 줘.

[가용 시간/환경] _____이고,

[목표/제약 조건] _____을 고려해 줘.

아래 내용을 포함할 것.

1. 주간 운동 스케줄
2. 시간대별 운동 종류
3. 컨디션별 조절 방법
4. 습관 형성 전략
5. 중단 시 재시작 방법

② 질문 예시

- **직장인 운동 루틴**

"9시에 출근하고 6시에 퇴근하는 직장인이야. 퇴근 후나 주말에 할 수 있는 운동 스케줄을 짜 줘. 피곤할 때와 에너지 있을 때를 구분해서."

- **육아맘 운동 루틴**

"세 살 아이를 키우는 엄마야. 아이가 낮잠 자는 1시간을 활용하거나, 놀이터에서 아이를 놀게 하면서 할 수 있는 운동을 알려 줘."

5) 동기 부여, 목표 관리

적절한 목표를 설정하여 단계별로 지속적으로 성취감을 느끼면 운동을 오래 지속할 수 있다. AI에게 동기부여 방법과 목표 관리 시스템을 요청해 보자.

① 질문 준비 노트

[운동 목적/현재 상태] _____를 고려해 동기부여 시스템을 만들어 줘.

조건. 아래 내용을 포함할 것.

1. 단기/중기/장기 목표 설정
2. 성과 측정 방법
3. 보상 시스템
4. 슬럼프 극복법
5. 동기부여 유지 전략

② 질문 예시

- **목표 설정**

"운동 목표를 세우고 싶은데 너무 어려우면 포기하게 되고, 너무 쉬우면 재미가 없어. 현실적이면서도 도전 의식을 느낄 수 있는 운동 목표 설정법을 알려 줘."

- **진도 체크**

"운동 효과를 확인할 수 있는 방법을 알려 줘. 체중 외에 체력 향상을 눈으로 볼 수 있는 지표들을 알고 싶어."

15. 마음 건강 돌보기

몸의 건강 이상으로 중요한 것이 마음의 건강이다. 하지만 우리는 자신의 부정적인 감정을 털어놓는 것을 어려워한다. 누군가에게 섣불리 말했다가 나약한 사람으로 비칠까 두렵고, 그렇다고 혼자 끙끙 앓자니 감정의 골만 깊어진다.

AI는 세상에서 가장 안전하고 편견 없는 대나무숲이자, 감정을 객관적으로 분석해 주는 심리상담사다. AI는 당신을 판단하지 않는다. 그저 당신의 이야기를 들어주고, 엉킨 생각의 실타래를 푸는 데 도움을 줄 뿐이다. 다만 AI를 사용해 마음 건강을 돌볼 때는 참고용으로만 사용해야 한다. 의학적인 자문이나 진단을 할 경우 전문가에게 문의해야 가장 확실하다.

1) 현재 상태 체크하기

마음 건강 관리의 첫 단계는 현재 자신의 상태를 정확히 파악하는 것이다. 막연하게 "우울하다", "스트레스 받는다"가 아니라 구체적인 원인과 정도를 알아보자.

① 질문 준비 노트

"내 마음 상태를 분석해서 멘탈 케어 계획을 세워 줘.

나이: [나이] _____ 세

성별: [성별] _____

직업/상황: [직장인/학생/주부 등] _____

생활 환경: [혼자/가족과/룸메이트와] _____

감정: [우울/불안/짜증/무기력/외로움] _____

정도: [일상생활 지장 없음/약간 힘듦/매우 힘듦] _____

지속 기간: [언제부터, 얼마나 지속] _____

수면/식욕: [변화 정도] _____

주요 원인: [업무/학업/인간관계/건강/재정 등] _____

최근 변화: [이사/이직/이별/질병 등] _____

대처 방식: [현재 어떻게 해결하려 하는지] _____

가족/친구: [가까운 사람과의 관계] _____

취미/관심사: [스트레스 해소 방법] _____

과거 경험: [비슷한 어려움을 어떻게 극복했는지] _____

우선 개선하고 싶은 것: [수면/감정조절/스트레스 등] _____

투자 가능 시간: [하루/주간] _____

선호하는 활동: [혼자/함께/실내/야외] _____

이 정보를 바탕으로 1개월 멘탈 케어 계획을 단계별로 세워 줘."

② 질문 예시

"내 마음 상태를 분석해서 멘탈 케어 계획을 세워 줘.

나이: 29세, 성별: 여성

직업: 마케터 (3년차)

생활 환경: 홀로 원룸 생활

감정: 무기력감과 불안을 자주 느끼며, 가끔 우울

정도: 일상생활은 하지만 의욕이 없고 자주 피곤함

지속 기간: 6개월 전 팀 이동 후부터 계속

수면/식욕: 새벽 2시까지 잠을 못 자고, 식욕이 없어 대충 식사함

주요 원인: 새로운 팀 적응, 업무량 증가, 사내 인간관계

최근 변화: 팀장이 까다로워서 매일 야근

대처 방식: 유튜브 보거나 온라인 쇼핑으로 스트레스 해소

가족/친구: 가족은 지방에 있고, 친구들과는 자주 못 만남

취미: 원래 책 읽기, 카페 가기 좋아했는데 요즘 안 함

과거 경험: 대학교 때도 비슷했는데 여행 가고 친구들 만나서 극복

원하는 목표: 수면 문제 해결과 무기력감 해소

투자 가능 시간: 하루 30분~1시간

선호 활동: 혼자 할 수 있는 조용한 것

현실적이고 실행할 수 있는 계획을 세워 줘."

2) 일상 스트레스 관리

① 질문 준비 노트

[상황] _____ 에서 스트레스 관리법을 알려 줘.

주요 스트레스: [구체적 상황] _____

발생 시점: [언제 주로 발생하는지] _____

신체 반응: [두통/속쓰림/근육긴장 등] _____

감정 반응: [화남/불안/무력감 등] _____

장소: [직장/집/학교/이동 중] _____

시간: [언제 실천 가능한지] _____

제약: [소음 불가/시간 부족/도구 없음 등] ＿＿＿＿＿＿＿＿＿

즉시 효과: [지금 당장 진정하기] ＿＿＿＿＿＿＿＿＿＿＿

예방 효과: [스트레스 쌓이지 않게 하기] ＿＿＿＿＿＿＿＿

회복 효과: [하루 마무리하며 해소하기] ＿＿＿＿＿＿＿＿

조건 1. 다음 사항을 포함할 것.

즉시 활용할 수 있는 응급처치법, 예방을 위한 일상 루틴, 장기적 스트레스 관리 전략, 위험 신호와 대응법

② **질문 예시**

- **직장 스트레스**

  "상사가 까다로워서 매일 스트레스받아. 직장에서 바로 쓸 수 있는 감정 조절법과 퇴근 후 스트레스 해소법을 알려 줘."

- **시험 스트레스**

  "수능까지 3개월 남았는데 불안해서 집중이 안 돼. 공부하면서 불안감을 줄이고 멘탈을 유지하는 방법을 알려 줘."

3) 감정의 쓰레기통으로 활용하기

감정은 요동칠 수 있다. 하지만 그 감정을 정리할 시간도 없이 하루를 밀어붙이다 보면, 결국 '나는 왜 이럴까?'라는 자책만 남는다. 머릿속이 복잡한 생각들로 터져 버릴 것 같을 때, 그 생각들을 모두 쏟아 내면 좋다. 이때 AI와 대화하면 매우 실용적이다. 그저 의식의 흐름대로 모든 감정과 생각을 토해내 보자.

• 질문 예시: 직장 상사 때문에 너무 힘들고 화가 날 때

"진짜 김 부장 때문에 미치겠어. 오늘 회의에서 내 보고서 이야기를 하면서 사람들 앞에서 나를 망신을 줬어. 내가 며칠 밤새워서 만든 건데, 자기는 제대로 읽어 보지도 않고. 너무 억울하고 화나는데 이걸 어디다 말할 수도 없고. 내가 진짜 실력이 없어서 그런가? 자존감도 떨어지고, 내일 회사 가기가 너무 싫어. 그냥 다 그만두고 싶어."

이처럼 정제되지 않은 날것의 감정을 쏟아내면, AI는 당신의 감정을 먼저 인정하고('정말 힘드셨겠네요. 억울하고 화나는 감정이 드는 것은 당연합니다.'), 그 감정의 원인을 객관적인 사실과 분리해서 볼 수 있도록 도와준다.

AI는 당신의 말을 바탕으로 "부장님의 피드백이 정말 '나의 실력 부족' 때문일까요, 아니면 다른 이유(예: 부장님의 개인적인 기분, 소통 방식의 문제)가 있었을 가능성은 없을까요?"와 같은 질문을 던지며, 당신이 한 걸음 떨어져 상황을 볼 수 있도록 돕는다. 혼자였다면 자책만 했을 문제도, AI는 사고의 균형을 찾도록 도와준다.

4) 부정적인 생각 바꾸기

사건이 우리를 힘들게 하는 게 아니라, 그 사건을 해석하는 방식이 문제일 때가 많다. AI는 부정적인 생각을 새로운 관점으로 바꾸도록 연습시켜 준다.

① **질문 준비 노트**

내가 공유하는 상황에서 나의 부정적인 사고를, 더 현실적이고 긍정적인 관점으로 재구성하는 방법을 다른 시각으로 세 가지를 제안해 줘.

현재 상황 (사실): _____

(예: 중요한 발표에서 실수를 했다.)

나의 생각 (부정적 해석): _____

(나는 역시 무대 체질이 아니야. 모두가 나를 비웃었을 거야. 난 뭘 해도 안 돼.)

그로 인한 감정: _____

(예: 창피함, 좌절감, 무기력함)

② **답변 예시**

관점 1 (성장의 기회): 실수는 배움의 과정입니다. 이번 실수를 통해 어떤 점을 보완하면 다음 발표를 더 잘할 수 있을지 구체적인 계획을 세워보는 건 어떨까요?

관점 2 (사실 확인): '모두가 나를 비웃었을 것'이라는 생각은 사실일까요? 대부분의 청중은 발표자의 작은 실수에 크게 신경 쓰지 않습니다. 오히려 실수를 인정하고 끝까지 마무리한 당신의 용기를 좋게 봤을 수도 있습니다.

관점 3 (자기 공감): 중요한 발표를 앞두고 얼마나 긴장하고 노력했나요? 결과가 아쉬울 수 있지만, 그 과정에 쏟은 당신의 노력을 스스로 인정하고 다독이는 시간이 필요합니다.

5) 인간관계 점검하기

많은 스트레스와 우울감의 원인은 인간관계에 있다. AI에게 관계 개선과 의사소통 방법을 요청해보자.

① 질문 준비 노트

관계 개선을 위한 소통법을 알려 줘.

대상: [가족/친구/동료/연인] _____

문제점: [갈등/소외/오해/냉담 등] _____

원인: [성격 차이/가치관/과거의 사건 등] _____

현재 상태: [관계 정도와 만남 빈도] _____

내 스타일: [직설적/돌려 말함/피함] _____

상대 스타일: [감정적/논리적/무반응] _____

갈등 상황: [주로 어떤 주제에서] _____

최소 목표: [더 이상 악화되지 않기] _____

희망 목표: [건강한 관계 회복] _____

투자 의향: [시간과 노력 정도] _____

조건 1. 다음 사항을 포함하여 알려줄 것. 갈등 상황 예방법, 건설적 대화 기법, 감정 표현과 경청 방법, 관계 회복 단계별 접근, 한계 설정과 거리두기

② 질문 예시

• 직장 관계

"동료들과 관계가 어색해서 회사에 가기 싫어. 자연스럽게 관계를 개선하고 소통하는 방법을 알려 줘."

• 가족 관계

"부모님과 대화하면 항상 갈등이 생겨. 서로 상처를 주지 않으면서 소통하는 방법이 필요해."

16. 가계부 똑똑하게 짜기

돈 관리가 어려운 이유는 우리가 숫자에 약해서가 아니다. 나의 소비 패턴을 객관적으로 마주할 용기가 없거나, 수많은 지출 내역을 정리하는 과정이 너무 번거로워서다. 이럴 때 AI를 활용하면 돈 관리가 훨씬 쉽다. 복잡한 가계부 대신 간단한 질문 몇 개로 맞춤형 예산 계획을 세울 수 있다.

1) 내 상황에 맞는 예산 계획하기

예산 관리의 첫걸음은 현재 상황을 정확히 파악하는 것이다. AI에게 수입과 지출을 입력하고 최적의 예산 배분 계획을 받아 보자.

① 질문 준비 노트

내 상황에 맞는 월 예산 계획 세우기

본업 월급: [금액] _____ 만 원 (세후)

부업/용돈: [금액] _____ 만 원

기타 수입: [금액] _____ 만 원

주거비 (월세/관리비): [금액] _____ 만 원

통신비 (폰/인터넷): [금액] _____ 만 원

보험료: [금액] _____ 만 원

대출 상환: [금액] _____ 만 원

구독 서비스: [금액] _____ 만 원

가족 구성: [혼자/부부/자녀 있음]

나이: [나이] _____

주요 관심사: [취미/여행/쇼핑 등] _____

재정 목표: [비상금/주택 자금/여행 자금 등] _____

조건. 다음 내용을 포함해 예산안을 작성할 것: 항목별 권장 지출액, 저축 목표와 방법, 변동비 관리 전략, 비상시 대응 방안

② **질문 예시**

내 상황에 맞는 월 예산 계획을 세워 줘.

본업 월급: 250만 원 (세후)

부업: 50만 원 (프리랜서)

월세 + 관리비: 70만 원

통신비: 8만 원

보험료: 15만 원

학자금 대출: 30만 원

가족 구성: 혼자 생활

나이: 20대 후반

주요 관심사: 카페, 책, 여행

재정 목표: 5년 후 전세자금 7천만 원

이 조건으로 예산안을 만들어 줘. 너무 빡빡하지 않으면서도 목표를 달성할

수 있는 수준으로.

2) 지출 분석 요청하기

무작정 아끼기보다는 똑똑하게 절약하는 방법을 찾아야 한다. AI에게 자신의 소비 패턴을 분석해달라고 요청하고 맞춤형 피드백을 받아 보자. 예를 들어 AI는 배달 음식(식비)과 온라인 쇼핑(쇼핑) 지출이 비중이 크다는 사실을 지적하고, '주 2회 배달을 1회로 줄이기'나 '쇼핑 앱 삭제 후 필요할 때만 웹으로 접속하기' 같은 현실적인 대안들을 제시해 줄 것이다.

① 질문 준비 노트

분석 대상: 지난 한 달간의 [신용카드/체크카드/현금] 지출 내역

분류 항목: [식비(외식/배달/마트), 교통비, 쇼핑, 문화/여가, 주거/통신, 교육비 등]

분석 요청:

1. 항목별 지출 금액 및 전체 비중을 계산해 줘.

2. 나의 소비 패턴에서 가장 큰 문제점 두 가지를 지적해 줘.

3. 다음 달에 10%의 지출을 줄일 수 있는 가장 효과적인 방법 세 가지를 제안해 줘.

추가 목표: _____ [예: 연말까지 300만 원 여행 자금 모으기]라는 목표를 달성하기 위한 월별 저축 계획도 세워 줘.

(지난달 지출 내역 텍스트를 함께 첨부)

② **질문 예시**

"아래는 지난달 내 신용카드 지출 내역이야. 이 내역을 '식비, 교통, 쇼핑, 문화생활, 고정지출'로 분류해 줘. 그리고 각 항목별로 총 얼마를 썼는지, 전체 지출에서 몇 퍼센트를 차지하는지 알려 줘. 특히 내가 줄일 수 있는 '낭비성 지출'이 있다면 3가지만 짚어주고, 다음 달에 이 항목에서 20%를 절약할 수 있는 구체적인 실천 방안도 제안해 줘."

(카드 명세서 텍스트나 지출 내역을 첨부)

AI 전략 수업
AI 시대의 유일한 인간 생존 로드맵

초판 1쇄   2025년 8월 27일

지은이   리더인(이다인)

마케팅 책임   염시종 고경표
편집   이세준
디자인   유미소 박인미
제작처   책과6펜스
펴낸곳   (주)하이스트그로우
이메일   highest@highestbooks.com
출판등록   2021년 5월 21일 제2021-000019호

ⓒ이다인, 2025
이 책은 저작권법에 의해 보호를 받는 저작물이므로
책 내용의 전부 또는 일부를 이용하려면
반드시 저자와 (주)하이스트그로우의 서면 동의를 받아야 합니다.

책값은 뒤표지에 있습니다.
ISBN 979-11-93282-34-2 (03190)